NCS 항공객실서비스

비행 준비부터 이륙 전 서비스

Cengage

Introduction to Airlines Services Based on NCS: from Crew Pre-flight Preparation to Duties Before Take-off

Lee Soo Kyoung

ISBN-13: 978-89-6218-484-6

Cengage Learning Korea Ltd.
14F YTN Newsquare 76 Sangamsan-ro
Mapo-gu Seoul 03926 Korea
Tel: (82) 2 330 7000
Fax: (82) 2 330 7001

Cengage Learning is a leading provider of customized learning solutions with office locations around the globe, including Singapore, the United Kingdom, Australia, Mexico, Brazil, and Japan.
Locate your local office at: **www.cengage.com**

Cengage Learning products are represented in Canada by Nelson Education, Ltd.

To learn more about Cengage Learning Solutions, visit **www.cengageasia.com**

Printed in Korea
Print Number: 02 Print Year: 2022

NCS 항공객실서비스

비행 준비부터 이륙 전 서비스

이수경 저

Introduction to Airlines Services Based on NCS

from Crew Pre-flight Preparation to Duties Before Take-off

Cengage

Australia • Brazil • Canada • Mexico • Singapore • United Kingdom • United States

저자 | **이수경**

이화여자대학교 독어독문학 학사
이화여자대학교 교육공학 석사
인하대학교 경영학 박사과정 수료
California State University Long Beach TESOL 수료

대한항공 사무장
대한항공 객실훈련원: 신입훈련 및 최상위 클래스 훈련 전문강사
대한항공 서비스계획팀: 대한항공 서비스 매뉴얼 개정 TF 담당
대한항공 객실승무원 진급시험 출제위원

아세아항공직업전문학교 항공운항과 교수 역임
인하공업전문대학 항공운항과 외래교수 역임
현재 중부대학교 항공서비스학전공 교수

NCS 항공객실서비스
비행 준비부터 이륙 전 서비스

초판 1쇄 발행 | 2020년 2월 21일
초판 2쇄 발행 | 2022년 10월 11일

지은이 | 이수경
편　집 | 김민정
발행인 | 송성헌
발행처 | 센게이지러닝코리아㈜
등록번호 | 제313-2007-000074호(2007.3.19.)
주　소 | 서울시 마포구 상암산로 76 YTN 뉴스퀘어 14층
전　화 | 02) 330-7000
이메일 | asia.infokorea@cengage.com
홈페이지 | www.cengage.co.kr

ISBN-13 | 978-89-6218-484-6

정가 22,000원

머리말

학생들에게 객실 서비스 업무를 가르치면서 매번 느끼는 것이 있다. 교수자의 설명과 학생들의 이해 사이에는 다양한 간극이 존재한다는 것이다. 어쩌면 당연한 이야기일 것이다. 교수자는 경험을 하였으나, 학생들은 경험을 하지 못한 채 교수자의 설명을 피상적으로 이해할 수밖에 없기 때문이다. 아무리 교수자가 '언어의 연금술사'가 되어 생생하게 설명해도 학생들 개개인이 이해한 내용은 사뭇 달랐고 그래서 종강이 다가오면 늘 안타깝고 아쉬웠다. 어떻게 하면 쉽고 간결하게 알아야 할 것을 알게 할 수 있을까…….

이러한 고민 끝에 새 교재를 만들게 되었으며, 이 교재가 효과적인 수업 운영의 도구가 될 수 있도록 다음의 몇 가지 원칙을 적용하였다.

첫째, **생소한 용어에 대해 상세히 설명**하였다. 외국어를 배울 때 맞닥뜨리듯이 수업마다 출현하는 낯선 용어들은 학생들을 버겁게 한다. 이때 용어를 이해시키지 않고 내용을 설명하는 데 급급하다 보면 학생들은 의미를 정확히 파악하지 못하고 결국 흥미를 잃게 된다. 따라서 학생들에게 익숙하지 않은 객실 서비스 관련 용어에 대한 설명을 충분히 하고자 하였다.

둘째, **실물과 현장의 사진을 게재**하였다. 백문이 불여일견이듯이 동영상 자료를 보여주는 것이 가장 좋겠으나, 지면의 한계상 차선책으로 현장감을 느낄 수 있는 다양한 사진을 실어 이해도를 높이고자 하였다.

셋째, **필수 지식을 점검하는 퀴즈를 삽입**하였다. 각 챕터와 필요한 부분에 퀴즈를 만들어 학생들이 반드시 알아야 할 내용을 정리할 수 있게 하였으며, 문제는 교재에 충분히 설명된 내용에 국한하였다.

넷째, 4년제 대학교에서 필수사항은 아니지만, **NCS 능력단위**를 기준으로 학습 내용을 구성하여 **학습 지향점에 대한 객관성을 확보**하고자 하였다.

본서에서는 '비행 전 준비부터 이륙 전 서비스'까지를 다루며, '이륙 후 서비스부터 착륙 후 업무'는 후속편에 수록할 예정이다. **챕터 1에 항공 객실 서비스의 기초가 되는 '직책별 업무 타임라인'과 'NCS 기반 객실 승무원의 근무절차'를 설명하여 서비스의 전반을 이해하도록 구성**하였다. 아무쪼록 본서가 관련학과 학생들의 객실 서비스 직무에 대한 이해와 흥미 유발에 도움이 되기를 희망한다.

감사의 말

'객실 승무원 기내방송 실전'에 이어 본서의 발행을 협조해 주신 센게이지출판사 관계자 여러분께 감사드립니다. 편안한 마음으로 시작하게 해주신 권오영 차장님과 늦은 시간까지 메일로 왕래하며 알찬 내용 작성에 도움을 주신 김민정 대리님, 가독성을 고려해 세심한 교정에 힘써 주신 김묘선 님과 번거로웠을 다량의 사진과 그림을 정성스럽게 다듬어 주신 편집자께 진심으로 감사드립니다.

NCS 들어가기

1 NCS(국가직무능력표준)란 무엇인가?

정의

국가직무능력표준(National Competency Standards, NCS)이란 산업현장에서 직무를 수행하기 위해 요구되는 지식·기술·태도 등의 내용을 국가가 체계화한 것을 말한다.

도입배경

지금까지는 직업교육/훈련 및 자격제도가 산업현장과 일치하지 않아 인적 자원을 효율적으로 관리하는 데 어려움이 있었기에 국가직무능력표준을 중심으로 일-교육-훈련-자격을 연계하는 시스템을 활용하여 산업현장 직무 중심의 인적 자원 개발을 돕고, 능력중심의 사회를 구현하여 핵심 인프라를 구축해 나가고 고용과 평생 직업능력 개발 연계가 가능토록 하여 궁극적으로 국가 경쟁력을 향상하기 위하여 도입되었다.

연혁

2002년에 NCS 제도를 도입하여 2010년 고용부와 한국산업인력공단 주체로 NCS 명칭이 통일되고 개발주체가 일원화되었으며 교육부와 한국직업능력개발원에서는 NCS 연구와 교육과정 지원이 시작되었다. 2013년부터 '능력중심 사회를 위한 여건 조성'을 위해 핵심 국정과제로 확정되었다.

2019년 6월 1일 「자격기본법」 제5조, 같은 법 시행령 제6조 제1항에 따라 국가직무능력표준 개정 고시가 완료(고용노동부고시 제2019-29호)되었다.

분야별 훈련과정

현재(2019년) NCS 분야는 한국고용직업분류(Korean Employment Classification of Occupations, KECO) 등을 참고하여 분류하였으며 '대분류(24) → 중분류(79) → 소분류(253) → 세분류(10,225개)'의 순으로 구성되어 있다.

구체적으로 살펴보면 1. 사업관리, 2. 경영/회계/사무, 3. 금융보험, …… 12. 이용/숙박/여행/오락/스포츠 …… 24. 농림/어업 등 총 24개 대분류와 이를 다시 중분류, 소분류, 세분류로 나누어 총 10,225개의 훈련과정으로 구분되어 있다.

이 중 항공객실서비스는 훈련과정 12. 이용/숙박/여행/오락/스포츠 분류 중 03. 관광/레저(중분류) - 01. 여행서비스(소분류) - 05. 항공객실서비스(세분류)에 속하며 NCS 학습모듈도 이를 기준으로 구성되어 있다.

예시: 항공객실서비스-NCS 분야별 훈련과정 분류

대분류	중분류	소분류	세분류
12. 이용/숙박/여행/오락/스포츠	03. 관광/레저	01. 여행서비스	05. 항공객실서비스

항공객실서비스 직무 이해

항공객실서비스란 객실의 안전관리, 승객 탑승 전 준비, 승객 탑승 서비스, 이륙 전 서비스, 비행 중 서비스, 착륙 전 서비스, 착륙 후 서비스, 승객 하기 후 관리, 응급환자 대처, 객실 승무 관리를 하는 일이다.

항공객실서비스 직무 능력단위별 능력단위 요소 이해

항공객실서비스 직무의 능력단위는 총 14개로 나뉘며 각 능력단위는 여러 개의 능력단위 요소로 다시 구분되어 있다.

- 능력단위: 특정 직무를 성공적으로 수행하기 위해 요구되는 능력을 교육훈련과 평가가 가능하도록 기능단위로 개발한 것을 말한다.
- 능력단위 요소: 해당 능력단위를 구성하는 중요한 핵심 하위능력을 말하며, 능력단위

내에서 수행하는 기능을 구체화한 것을 말한다.

수준체계

국가직무능력표준의 수준체계는 산업현장 직무의 수준을 체계화한 것으로, 총 8단계의 수준체계에 따라 능력단위 및 능력단위 요소별 수준을 분류한다.

수준	수준의 정의
1	구체적인 지시 및 철저한 감독하에 문자를 이해하고, 계산능력 등 기초적인 일반 지식을 사용하여 단순하고 반복적인 과업을 수행하는 수준
2	일반적인 지시 및 감독하에 해당 분야의 일반 지식을 사용하여 절차화되고 일상적인 과업을 수행하는 수준
3	제한된 권한 내에서 해당 분야의 기초이론 및 일반 지식을 사용하여 다소 복잡한 과업을 수행하는 수준
4	일반적인 권한 내에서 해당 분야의 이론 및 지식을 제한적으로 사용하여 복잡하고 다양한 과업을 수행하는 수준
5	포괄적인 권한 내에서 해당 분야의 이론 및 지식을 사용하여 매우 복잡하고 비일상적인 과업을 수행하고, 타인에게 해당 분야의 지식을 전달할 수 있는 수준
6	독립적인 권한 내에서 해당 분야의 이론 및 지식을 자유롭게 활용하고, 일반적인 숙련으로 다양한 과업을 수행하고, 타인에게 해당 분야의 지식 및 노하우를 전달할 수 있는 수준
7	해당 분야의 전문화된 이론 및 지식을 활용하여, 고도의 숙련으로 광범위한 작업을 수행할 수 있으며 타인의 결과에 대해 의무와 책임이 필요한 수준
8	해당 분야에 대한 최고도의 이론 및 지식을 활용하여 새로운 이론을 창조할 수 있고, 최고도의 숙련으로 광범위한 기술적 작업을 수행할 수 있으며 조직 및 업무 전반에 대한 권한과 책임이 부여된 수준

예시: 항공객실서비스 직무 능력단위별 능력단위 요소

	능력단위	능력단위 요소	수준
1	기내 안전관리 1203010501_15v2	1. 승객 탑승 전 안전 · 보안 점검하기 2. 항공기 이 · 착륙 전 안전 · 보안 관리하기	3

	능력단위	능력단위 요소	수준
1	기내 안전관리 1203010501_15v2	3. 비행 중 안전 · 보안 관리하기 4. 착륙 후 안전 · 보안 점검 · 관리 5. 비상사태 발생 시 대응하기 6. 상황별 안전안내 방송하기	3
2	승객 탑승 전 준비 1203010502_13v1	1. 기내 서비스 용품 점검하기 2. 서비스 설비 및 기물 점검하기 3. 특별 서비스 요청사항 점검하기	3
3	승객 탑승 및 이륙 전 서비스 1203010503_16v2	1. 탑승위치 대기하기 2. 탑승권 재확인하기 3. 좌석 안내하기 4. 수화물 정리 지원하기 5. 특수 고객 지원하기 6. 탑승 환영 안내 방송하기	3
4	비행 중 서비스 1203010504_13v1	1. 기내 음료 제공하기 2. 기내식 제공하기 3. 기내 오락물 제공하기 4. 면세품 판매하기 5. 객실상태 점검하기	3
5	착륙 전 서비스 1203010505_16v2	1. 입국서류 배포 및 작성 지원하기 2. 기내 용품 회수하기 3. 기내 서비스 용품 및 면세품 재고 확인하기 4. 목적지 도착 안내 방송하기	3

	능력단위	능력단위 요소	수준
6	착륙 후 서비스 1203010506_16v2	1. 도착 안내 방송하기 2. 승객 하기 지원하기 3. 특수 승객 지원하기	3
7	승객 하기 후 관리 1203010507_13v1	1. 유실물 점검하기 2. 잔류 승객 점검하기 3. 기내 설비 점검하기 4. 기내 용품 인수 · 인계하기	3
8	응급환자 대처 1203010508_13v1	1. 응급환자 발생상황 파악 · 보고하기 2. 응급환자 초기 대응하기 3. 응급환자 후속 관리하기 4. 환자 대처상황 기록하기	3
9	객실 승무 관리 1203010509_16v2	1. 객실 승무원 근무 배정하기 2. 운항 객실 간 정보 공유하기 3. 불만 승객 관리하기 4. 출 · 도착 서류 작성 관리하기 5. 객실 서비스 관리하기	4
10	기내 음료 서비스 1203010510_16v1	1. 기내 음료 파악하기 2. 기내 음료 제공하기	2
11	항공 서비스 업무 기본 1203010511_16v1	1. 항공 서비스 관련 서류 확인하기 2. 항공 여객정보 확인하기	2
12	항공 기내 방송 업무 1203010512_16v1	1. 항공 기내 방송 준비하기 2. 정상적 상황 방송하기 3. 비정상 상황 방송하기	3

	능력단위	능력단위 요소	수준
13	고객만족 서비스 1203010513_16v1	1. 비상 상황 방송하기 2. 서비스 마인드 함양하기 3. 이미지 메이킹하기	3
14	항공 서비스 매너 1203010514_16v1	1. 불만 고객 대처하기 2. 기본 매너 갖추기	2

출처: NCS 홈페이지(www.ncs.go.kr)

CONTENTS

차례

2장 객실 서비스

3장 객실 승무원 항공기 탑승 전 준비

4장
객실 승무원 항공기 탑승 후 승객 탑승 전 준비

5장
승객 탑승 시 및 이륙 전 서비스

부록

CABIN CREW AND **AIRCRAFT**

Chapter 1

객실 승무원과 항공기

Stoyan Yotov / Shutterstock.com

학습 목표

I. 객실 승무원의 유래와 임무를 이해할 수 있다.

II. 객실 승무원의 직급체계와 근무방식을 이해할 수 있다.

III. 객실 승무원의 근무절차를 이해할 수 있다.

IV. 항공기 구조를 이해할 수 있다.

V. 객실 등급의 종류와 특성을 이해할 수 있다.

1 객실 승무원과 항공기

1 객실 승무원의 이해

1) 객실 승무원의 유래

(1) 객실 승무원의 유래

여객기에 운항 승무원, 즉 조종사 외에 객실 승무원이 탑승한 것은 비행선(Airship)의 역사에서 시작되었다. 세계 최초로 운항 승무원이 아닌 승객을 위해 탑승한 항공 승무원은 비행선에서 근무한 남성으로, 독일인 하인리히 쿠비스(Heinrich Kubis)이다. 그는 1912년 독일의 비행선 Zeppelin에서 Chief Steward로 근무하며 Dining Room에서 식사 서비스를 담당하였고 안전 업무는 맡지 않았다.

To Be More Professional Crews!

LZ과 하인리히 쿠비스(Heinrich Kubis)

LZ은 Luftship Zeppelin의 약어로 Luftship은 독일어로 Airship을 뜻한다. 비행선(飛行船, Airship)은 양력을 이용하는 비행기나 헬리콥터와 달리 수소나 헬륨처럼 가벼운 기체의 부력을 이용하여 하늘을 나는 항공기로 일반적인 항공기(Fixed Wing Airliner)와는 차이가 있다.

하인리히 쿠비스는 1947년 탑승하고 있던 비행선인 Zeppelin Hindenburg 호가 뉴욕 도착 전 폭발하는 사고를 겪었으며 1970년에 생을 마감하였다.

▲ 비행선(飛行船, AIRSHIP)의 모습

https://commons.wikimedia.org/wiki/File:Hindenburg_at_lakehurst.jpg

▲ 비행선 LZ 129 HINDENBURG의 최후 모습

https://en.m.wikipedia.org/wiki/File:Hindenburg_burning.jpg

그 이후 여승무원이 여객기에 탑승한 것은 미국이 처음으로, 오늘날 유나이티드 항공(United Airlines)의 전신인 보잉항공수송회사(Boeing Air Transport Co.)가 1930년 간호사를 채용하여 탑승케 한 것이 최초의 사례이다. 항공사상 최초의 여승무원은 미국 아이오와(Ioa) 주 출신의 젊은 간호사 앨런 처치(Ellen Church)이다.

▲ 1930년대 여승무원 모습

© Smithsonian National Air and Space Museum (NASM 00131171)

To Be More Professional Crews!

최초의 객실 승무원은 남성인가, 여성인가?

최초의 객실 승무원은 여객기의 형태에 따라 유래가 달라진다고 할 수 있다. Airship을 기준으로 한다면 최초의 객실 승무원은 독일인 남성 하인리히 쿠비스(1912년)로 그는 Dining Room에서 식음료 서비스를 제공하는 업무를 담당하였다.

반면 Fixed Wing Airliner의 형태인 Airplane을 기준으로 하면 미국인 여성 엘런 처치(1930년)로, 그녀의 직업은 간호사였다. 그녀는 당초 보잉사에 조종사로 취업하기를 희망하였으나 거절당하고, 그 제안에 대한 타협안으로 1개월 조건부로 객실에 탑승하게 되었다. 그 후 그녀의 서비스에 대한 승객들의 호평이 이어졌으며, 이를 계기로 보잉사는 본격적으로 여성 객실 승무원 제도를 채택하게 되었다.

그 여파로 미국의 20여 개 항공사를 비롯한 유럽의 파아망 항공사(현재의 에어프랑스)를 시작으로, 1934년 스위스 항공이, 1935년 KLM이, 그리고 1938년 당시 유럽 최대 항공사였던 루푸트한자 항공이 이 제도를 운용함으로써 유럽에서도 여승무원의 활약이 시작되었다. 이것이 계기가 되어 유럽 여러 항공사에서도 적극적으로 여성 승무원을 채용하게 되었다.

To Be More Professional Crews!

객실 승무원의 명칭

객실 승무원을 일컫는 말은 Air Hostess, Steward, Stewardess, Flight Attendant, Cabin Crew, Cabin Attendant 등 다양하다.

하지만 1980년대 인종, 민족, 종교와 성 차별을 폐지하자는 Political Correctness(PC 운동)가 사회 전반에 확산된 이후 객실 승무원의 명칭도 그 영향을 받았다. 현재 Air Hostess, Steward, Stewardess보다는 성 차별적 요소가 제거된 Flight Attendant, Cabin Crew, Cabin Attendant가 바람직한 호칭으로 사용되고 있다.

(2) 객실 승무원의 정의

『항공법』 제1장 제2조 5항에는 "항공기에 탑승하여 항공기 안전운항과 승객의 안전을 위하여 객실 내 업무를 수행하여 비상탈출 시 안전하고 신속하게 비상탈출 업무를 수행하는 자를 말한다."라고 명시되어 있다.

객실 승무원의 정의는 그들이 어떤 업무를 수행하는지를 살펴봄으로써 파악할 수 있으므로, 객실 승무원의 임무를 먼저 살펴보고자 한다. 객실 승무원의 임무는 크게 두 가지, 즉 '서비스'와 '안전'으로 구분되며 각각에서 다루는 업무는 다음과 같다.

첫째, 서비스 업무로, 객실 승무원은 기업이념이 반영된 객실 서비스 정책이 실현되고 제반 규정과 서비스 절차가 준수되어 승객에게 최상의 서비스가 제공되도록 최선을 다해야 한다.

둘째, 안전에 대한 업무로, 객실 승무원은 항공기의 안전운항을 위해 기장과 협조하여 운항 중의 승객 안전과 비상탈출에 관한 임무를 수행해야 한다. 또 객실 승무원은 안전하고 쾌적한 비행 환경을 조성, 유지하는 일에 책임을 진다.

따라서 객실 승무원은 객실의 안전과 서비스를 책임지며, 각 항공사를 대표하는 최고의 전문 서비스인으로서 세련된 글로벌 매너를 겸비한 민간 외교관이라 할 수 있다.

▲ 항공사 이미지에 어울리는 유니폼 착용 모습
Leonard Zhukovsky / Shutterstock.com

2) 객실 승무원의 자격

객실 승무원은 항공기의 비상시 필요한 조치를 취할 수 있는 지식과 능력을 갖추어야 하며 이를 습득·유지하기 위해 회사 내규에 명시된 소정의 교육 훈련을 이수하고 합격해야 한다. 교육에는 신입 훈련, 정기 훈련, 재임용 훈련 등이 있다. 또 객실 승무원은 항공기 탑승 근무에 적합한 신체조건을 유지해야 하며, 그 조건에 미비되거나 미달될 경우에는 승무원 자격이 일시정지 또는 상실된다.

(1) 항공법에 명시된 객실 승무원의 자격

항공법에서 객실 승무원을 "항공기에 탑승하여 비상탈출 진행 등 안전 업무를 수행하는 승무원"이라고 정의했듯이, 객실 승무원은 항공기 비상시 또는 비상탈출이 요구되는 경우에, 항공기에 비치된 비상장비 또는 구급용구를 이용하여 필요한 조치를 취할 수 있는 지식과 능력이 있어야 한다.

(2) 운항기술기준에 명시된 객실 승무원의 자격

운항기술기준(FSR: Flight Safety Regulations)에 명시된 객실 승무원의 자격을 살펴보면, 객실 승무원은 임무를 수행하기 위해 국토교통부 장관으로부터 승인받은 항공사 절차 기본교육과 초기 위험물 훈련, 초기 보안 훈련, 승무원 자원관리(Crew Resource Management) 과정, 초기 비상장비 훈련, 초기 항공기 지상 훈련을 이수해야 한다. 또 객실 승무원으로서 자격을 취득하고자 하는 자는 객실 승무원 비행실습감독관(Operating Experience Supervisor)의 감독하에 최소한 2편(편도)의 비행에서 객실 승무원으로서의 임무를 수행해야 한다.

이상에서 살펴본바, 안전에 관련한 승무원의 자격은 국가기관의 법령을 기준으로 한 것이므로 반드시 기준을 충족하도록 해야 하며, 이외에 서비스와 관련한 자격에 대한 개요는 다음과 같다.

객실 승무원은 객실 업무 수행을 위한 신입 훈련을 이수하고 심사에 합격해야 하며, 이후 직급과 경력에 따라 정해진 소정의 교육과정을 이수하여 자격을 취득해야 한다.

To Be More Professional Crews!

항공법과 운항기술기준

- **항공법:** 국토교통부의 항공 관련법 규정으로서 최상위법이다.
- **운항기술기준:** 국토교통부의 항공 관련 고시로서 '항공운송사업, 항공기사용 사업 및 일반 항공'에 적용되는 기준이다.

3) 객실 승무원의 임무

NCS 능력 단위 명칭	능력 단위 요소
객실 승무 관리 1203010509_16v2	1. 객실 승무원별 근무 배정하기 1203010509_16v2.1
	2. 운항 · 객실 간 정보 공유하기 1203010509_16v2.2
	3. 불만 승객 대처하기 1203010509_16v2.3
	4. 출 · 도착 서류 작성 · 관리하기 1203010509_16v2.4
	5. 객실 서비스 관리하기 1203010509_16v2.5

5. 객실 서비스 관리하기 수행준거

1 승무원 근무 규정에 따라 스페셜 식사는 객실 사무장이 직접 제공하면서 오전달이나 누락이 발생하지 않도록 재확인할 수 있다.

2 객실 서비스 규정에 따라 비행 중 기내 질서 유지 및 쾌적한 휴식환경 조성을 위해 단체승객에 의한 소란, 소음 등을 항시 점검할 수 있다.

3 객실 서비스 규정에 의해 화장실 청결 상태를 확인하며 비행 중에 발생할 수 있는 안전과 환자 발생에 대한 안전사항을 점검할 수 있다.

4 승무원 근무 규정에 따라 기내 소음에 대한 관리를 할 수 있다.

5 조리실(Galley) 내에서 작업 시, 통로(Aisle)를 걸어 다닐 때, 승무원들 간의 대화, 컴파트먼트(Compartment), 카트(Cart), 캐리온 박스(Carry-on Box) 등의 문을 열고 닫을 때, 객실 수화물 선반(Overhead Bin)의 손잡이를 열고 닫을 때 등 승무원을 관리 감독할 수 있다.

객실 승무원은 항공기 안전운항을 위해 기장을 보좌하여 운항 중에 승객 안전과 비상탈출에 관한 임무를 수행함과 동시에 승객의 요구를 만족시킬 수 있도록 행동해야 한다. 또 객실 승무원은 안전하고 쾌적한 비행 환경을 조성하고 유지하는 데 대한 책임을 진다.

(1) 직책별 업무 타임라인

<table>
<tr><th>타임라인</th><th>객실 사무장</th><th>일반 승무원</th></tr>
<tr><td>항공기
탑승 전</td><td>1. 필수 휴대품 확인(ID CARD, 여권, 비자, 각종 서류)
2. 객실 브리핑 준비
- 업무 지시/공지 확인
- 항공기 기종 및 기번, 승객 현황, 승무원 명단, 기장 명단 확인
- DUTY 부여(방송 담당, 면세품 판매 담당, Taser 확인 담당 등)
- 안전 및 보안 규정 재확인
- 노선 특성 확인
- GATE NO. 확인
- VIP, 특별 서비스 요청 승객 탑승 사항 확인
3. 브리핑 주관
4. 합동 브리핑 참석</td><td>1. 필수 휴대품 확인(ID CARD, 여권, 비자, 각종 서류)
2. 객실 브리핑 준비
- 업무 지시/공지 확인
- 항공기 기종 및 기번, 승객 현황, 승무원 명단, 기장 명단 확인
- DUTY 확인
- 서비스 절차 확인(기내식 지식 습득)
- GATE NO. 확인
- VIP, 특별 서비스 요청 승객 탑승 시 주의사항 확인
3. 브리핑 참석
4. 합동 브리핑 참석</td></tr>
<tr><td>승객
탑승 전</td><td>1. 승무원 짐 정리
2. 객실 점검
- 비상 및 보안장비 점검 및 보고
- 기타 서비스 장비 및 설비 점검 청소상태 최종 확인
- CDLM 기록 사항 확인 및 조치 결과 확인
3. 서비스 용품 최종 점검
- 서비스 용품 확인 후 부족 시 조치 (특별식 탑재 최종 확인)
4. IFE(In-Flight Entertainment) 시스템 점검
- 안전영상 및 IVS작동 상태 점검
- PA 상태 모니터링
- BGM(Back Ground Music) 확인
- Pre Recorded Announcement 확인
5. 객실 조명 점검
6. Potable Water 탑재량 확인
7. 승객 탑승 시각 기장과 협의
8. 탑승 인사 Position 대기(정복 착용)
9. BGM On</td><td>1. 승무원 짐 정리
2. 객실 점검
- 비상 및 보안장비 점검 및 보고
- 기타 서비스 장비 및 설비 점검 (AVOD 시스템, 갤리 장비, 화장실, 벙크) 청소상태 확인 이상 시 보고
3. 서비스 용품 점검
- 서비스 용품 확인 후 부족 시 보고 (소모품, 기내식, 기물, 특별식 확인)
4. IFE(In-Flight Entertainment) 시스템 점검
- 안전영상 및 IVS 작동 상태 점검
- PA 상태 모니터링(방송 담당자는 테스트 방송 실시)
5. Potable Water 탑재량 보고 (Indicator가 객실 후방에 설치된 기종의 경우)
6. 승객 탑승 시각 감안하여 지상 서비스 준비(신문카트, 화장실 세팅/상위 클래스: 음료, 편의용품, 헤드폰, 코트룸 정리 등)
7. 탑승 인사 Position 대기(정복 착용)</td></tr>
</table>

타임라인	객실 사무장	일반 승무원
승객 탑승 시	1. 입국서류 및 입항서류 탑재 확인 2. 기내식 탑재 이상 여부 최종 확인 3. 초과 휴대 수화물, 좌석 중복 승객 등 이례상황 정리 4. 기장 보고 후 Door Close 5. Safety Check 지시 6. All Attendant Call로 Safety Check 점검 7. Welcome 인사 8. Safety Check 및 안전 업무 수행 재확인 9. 기장에게 PUSH BACK 준비 완료 보고 10. BGM 종료 11. 안전영상 상영: 객실 조명 조절(Dim) 12. 상위클래스 및 VIP, High Miler 승객 인사 13. 이륙 전 안전 점검 최종 확인 및 착석 14. 기장에게 객실 이륙 준비 완료 보고 후 Take Off 방송 직접 실시	1. 환영인사 및 승객 수화물 정리 협조, 좌석 안내 2. 좌석 안내 및 도움이 필요한 승객 Care 3. 비상구 좌석 착석 승객 적정성 확인 및 브리핑 4. 담당 Door 대기 5. Safety Check 지시에 따른 Slide Mode 변경 완료 및 보고 6. Welcome 인사 7. 안전영상 상영에 따른 안전 업무(UM, 장애 승객 개별 브리핑 등) - 모니터 고장 혹은 미장착 기종은 승무원이 실연하므로 안전데모 장비 준비 및 실연 8. 상위클래스 및 VIP, High Miler 승객 인사 9. 최종 객실 안전 점검 및 승무원 착석
비행 중	1. Fasten Seatbelt Sign Off에 따른 객실 조명 조절/객실 온도 확인 2. 객실 순회 3. 갤리 브리핑 실시 지도 4. 음료 및 기내식 서비스 지원 5. 면세품 판매 시 객실 조명 조절 6. 입국서류 배포 7. 기내 순회 및 승객 Care 8. 이례 상황 대처(불만 고객, 환자 발생 시)	1. Fasten Seatbelt Sign Off 후 서비스 준비 시작/객실 공석 없도록 객실 순회 2. 갤리 브리핑 참석 3. 일반석 편의용품, 헤드폰 서비스 4. 어린이 기념품 증정 5. 음료 및 기내식 서비스 6. 면세품 판매 7. 입국서류 작성 협조 8. 객실 청소 및 기내 순회, 승객 Care
착륙 준비	1. 인수인계 물품 정리(입항서류, 환자 승객 서약서, 재고조사 리스트, 면세품 판매 장부 사본, 승객 제언 등) 2. 기내 설비 이상 여부 기록(CDLM) 3. 갤리 정리 및 안전 업무 확인 4. 특별 서비스 요청 승객 하기 협조사항 재확인 5. 승객 코트 및 보관품 반환 협조 및 확인 6. 서비스 용품 회수(잡지, Used Cup, 헤드폰 등) 7. 주류 및 면세품 Red Sealing/소모품 보관 장소 Blue Sealing(모기지 도착 제외) 확인	1. 객실 사무장 전달 서류 취합 및 전달(면세품 판매 장부 사본, 재고조사 리스트, 승객 제언 등) 2. 기내 설비 이상 보고 3. 갤리 정리 및 안전 업무 4. 특별 서비스 요청 승객 하기 절차 안내 5. 승객 코트 및 보관품 반환 6. 서비스 용품 회수(잡지, Used Cup, 헤드폰 등) 7. 주류 및 면세품 Red Sealing/소모품 보관 장소 Blue Sealing(모기지 도착 제외)

타임라인	객실 사무장	일반 승무원
착륙 후	1. 항공기 완전 정지 후 Safety Check: All Attendant Call로 지시 2. 하기 인사(하기 우선 승객 배려) 3. 특별 서비스 요청 승객 인계 확인 4. 도착지 공항 요청 시 승객 하기 지연 안내방송 실시 및 승객 불편 예상에 따른 안내 방송 실시(탑승교 연결 지연, Step Car 이용 하기 시 등) 5. 유실물 점검 최종 확인 6. 객실 순회/안전 점검 7. 디브리핑 실시 8. 비행 관련 서류 해당 부서 전달 9. 비정상 상황에 대한 보고	1. Taxing 중 승객 착석 유도 2. 항공기 완전 정지 후 사무장 Safety Check PA에 따라 Safety Check 실시: All Attendant Call로 보고 3. 하기 인사(하기 우선 승객 배려) 4. 특별 서비스 요청 승객 하기 협조 5. 기물 등 하기 용품 정리(모기지 도착 시 세척을 위해 하기됨) 6. 유실물 점검 7. 디브리핑 참석

4) 객실 승무원의 조직

NCS 능력 단위 명칭	능력 단위 요소
객실 승무 관리 1203010509_16v2	**1. 객실 승무원별 근무 배정하기 1203010509_16v2.1**
	2. 운항 · 객실 간 정보 공유하기 1203010509_16v2.2
	3. 불만 승객 대처하기 1203010509_16v2.3
	4. 출 · 도착 서류 작성 · 관리하기 1203010509_16v2.4
	5. 객실 서비스 관리하기 1203010509_16v2.5

1. 객실 승무원별 근무 배정하기 수행준거

1 객실 서비스 및 객실 안전 규정에 따라 객실 승무원에게 업무를 할당할 수 있다.

2 효율적 서비스를 위해, 노선 특성에 따라 객실 승무원별 업무 배정을 조정할 수 있다.

3 효율적 서비스를 위해, 객실 승무원의 역량을 고려하여 업무 배정을 조정할 수 있다.

객실 승무원이 속한 부서는 항공사별로 그 소속이 상이하며 국내 항공사의 경우 아래와 같은 조직 구조를 이루고 있다.

국내 항공사 조직도의 예

To Be More Professional Crews!

CIS

독립국가연합(Commonwealth of Independent States)으로 1991년까지 구소련 연방의 일원이었던 독립국가를 지칭한다.

이중 객실승무본부는 교육을 담당하는 부서인 객실 훈련원, 현장 지도와 비행 근무를 지원하는 승원부, 승격, 장단기 계획, 규정 및 기본 정책 수립을 담당하는 승무기획부로 구분할 수 있다.

객실승무본부 조직도의 예

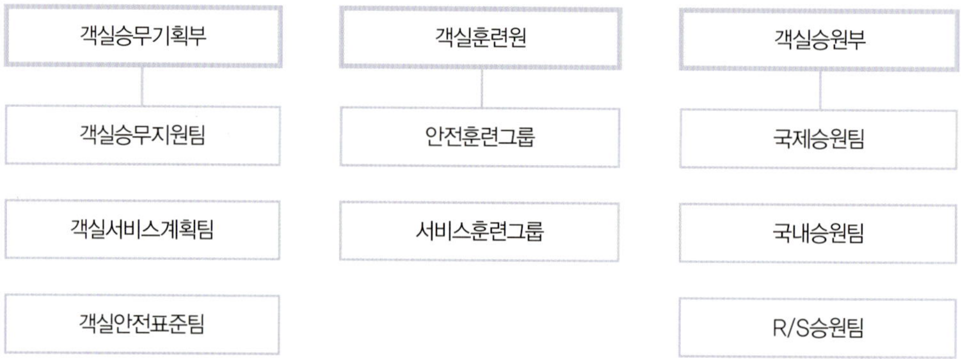

(1) 객실승무기획부

객실승무지원팀

인사와 노무관리를 담당하는 부서로 현지 승무원을 포함한 모든 객실 승무원의 승격, 상벌, 배치(편조 계획 수립, 비행 스케줄 수립 및 배포) 등의 인사관리와 급여, 수당, 각종 지급품(유니폼 등), 제증명 서비스 등의 노무관리를 담당한다.

객실서비스계획팀

크게는 객실 본부의 장단기 계획을 세우고 각종 제도와 규정 지침 등을 제정하고 조정하는 업무와 세부적으로는 객실 서비스의 기본 정책과 업무 절차를 세우고 승무에 관련된 규정을 개정하고 조정하는 업무를 담당한다. 서비스에 필요한 기자재와 식재료 구매 및 관련공지 업무를 포함한다.

객실안전표준팀

안전관련 규정을 제정 및 수정, 공지하며 기내 안전관련 보고서 취합 및 관리 업무를 담당하는 곳으로 객실 안전 기본 정책과 절차를 수립하고 안전뿐만 아니라 보안관련 업무를 담당한다.

(2) 객실훈련원

객실 승무원의 교육훈련 계획을 수립하고 안전 및 서비스 교육훈련에 관한 규정을 제정, 조정하는 업무를 담당한다. 안전 훈련그룹은 신입 안전훈련을 포함하여 정례 안전훈련을 담당하여 승무 자격을 유지할 수 있도록 지원하며, 서비스 훈련그룹은 신입 서비스교육을 포함하여 방송교육, 상위클래스 진급 시 보수교육, 팀 관리자 교육, 강사 교육 등을 지원한다.

(3) 객실승원부

국제승원팀

국제승원팀에 소속된 객실 승무원의 현장 지도 및 평가, 상담 및 비행 근무 지원 업무를 담당한다.

국내승원팀

국내승원팀에 소속된 객실 승무원의 현장 지도 및 평가, 상담 및 비행 근무 지원 업무를 담당한다.

R/S승원팀

R/S(Regional Stewardess: 현지 승무원)의 현장 지도 및 평가, 상담 및 비행 근무 지원 업무를 담당한다.

5) 객실 승무원의 직급체계

(1) 직급체계

객실 승무원은 '직급'과 '직책'으로 구분하여 조직 내 역할을 구분하고 있다. 직책이란 직무상의 책임을 말하고, 직급이란 직무의 등급을 말하는 것으로 일의 종류나 난이도, 책임도 따위가 상당히 비슷한 직위를 한데 묶은 최하위의 구분이다. 동일한 직급에 속하는 직위에 대해서는 임용자격, 시험, 보수 따위의 인사행정에 있어 동일한 취급을 할 수 있다.

객실 승무원 직급체계의 예

직급코드		직급명	일반직 직급명	체류연한 (항공사별로 상이함)
VP	Vice President Purser	상무대우 수석사무장	상무대우	없음
CP	Chief Purser	수석사무장	부장	없음
SP	Senior Purser	선임사무장	차장	4년
PS	Purser	사무장	과장	4년

직급코드		직급명	일반직 직급명	체류연한 (항공사별로 상이함)
AP	Assistant Purser	부사무장	대리	3년
SS	Stewardess	여승무원	사원	3년
SD	Steward	남승무원		
인턴 승무원	Stewardess	여승무원	인턴	2년
	Steward	남승무원		

현지 여승무원 직급체계의 예

직급	체류연한
CR(Chief Supervisor)	없음
PR(Supervisor)	5년
SR(Senior)	3년
JR(Junior)	3년

현지 여승무원은 항공사가 취항하는 국가의 취항지에 거주(현지 국적)하는 여승무원을 말하며 기내에서 현지인과의 통역과 기내방송 등을 전담한다.

(2) 승무직책

객실 승무원의 비행 근무 시 승무직책은 다음과 같다.

국제선	국내선
객실 사무장	객실 사무장
객실 부사무장	
일반 승무원	일반 승무원
현지 여승무원	

(3) 팀 구성

대부분의 항공사에서 팀을 구성하여 객실승원부 조직을 운영하고 있으며, 팀을 통해 승무 인력을 체계적으로 관리하고 있다. 팀 단위의 근무 배정을 원칙으로 하나 기종이 상이하고 개인 휴가 및 예약 승객에 따른 인력 배치가 다르므로 팀 단위 인력 배치에 한계가 있다.

6) 객실 승무원의 근무방식

객실 승무원의 근무란 회사가 객실 승무원에게 수행하도록 요구하는 모든 임무를 수행하는 것으로, 브리핑뿐만 아니라 휴게시간을 제외한 비행근무, 지상근무, 공항대기 및 교육훈련, 행정업무, 편승을 모두 포함한다.

(1) 승무

승무(On Duty Flight)란 객실 승무원이 비행기에 탑승하여 정해진 업무를 수행하는 것을 말한다. 비행기가 이륙하기 위하여 최초로 움직이기 시작한 시각부터, 비행이 종료되어 완전히 정지한 시각, 즉 Crew Block Time을 기준으로 승무시간을 산정하니 견인차에 의한 이동시간은 제외한다.

To Be More Professional Crews!

비행 근무 시간과 견인차

- **비행 근무 시간:** 항공사마다 산정기준에 차이가 있으며 해당 편 브리핑 시작 시각부터 마지막 비행 완료 후 항공기가 정지한 시각까지를 의미하기도 한다.
- **견인차(Towing Car):** 항공기가 자력으로 움직일 수 있는 지점까지 밀고 가는 차를 말한다.

▲ 항공기 후진을 하는 견인차의 모습

(2) 편승

편승(Deadheading)이란 객실 승무원이 다음 승무를 위해 또는 승무를 마치고 할당된 업무 없이 공항과 공항 간을 자사 또는 타사 항공편으로 이동함을 말한다. 따라서 편승으로 이동하는 경우, 준정장을 준비하며 일반 승객들에게 피해가 가지 않도록 유의해야 한다. 국내선의 편승인 경우 비행시간을 감안하여 유니폼 상의만 사복으로 환복하기도 한다.

(3) Ferry Flight

Ferry Flight는 항공기 정비나 Delivery(항공기 인수) 혹은 전세기 편도 운항 등의 이유로 일반 승객의 탑승이 없는 채로 항공기가 이동하는 것을 말한다.

(4) 대기

대기(Stand-by)라 함은 모든 비행 편에서 결원이 발생한 경우, 이를 충원하기 위해 지정된 장소에서 대기함을 말한다. 여기에는 공항 내 지정된 장소에서 대기하는 형태와 자택에서 대기하는 형태 등이 있다.

(5) 휴식

모기지 및 국내외 스테이션에서 근무를 마친 후, 다음 근무에 들어가기 전까지 회사 업무로부터 벗어나 있는 시간을 말한다.

To Be More Professional Crews!

모(母)기지

객실 승무원이 거주하는 지역을 말하는 것으로, 내국인 승무원의 경우에는 별도의 규정이 없는 한 서울(ICN, GMP)을 의미하며 부산이나 다른 지역(예: 청주, 강원) Base 승무원의 모기지는 부산 혹은 다른 지역(예: 청주, 강원)을 의미한다.

(6) 비행 중 Crew Rest

Crew Rest란 비행 근무 중의 휴식을 의미한다. 비행 소요 예상시간(Scheduled Flight Time)이 8시간 이상인 경우 Rest 조를 2개로 나누어 운영하며, 이때 근무조 승무원은 Rest 승무원의 담당구역에 공석이 발생하지 않도록 유의해야 한다. 또 Rest 시에는 다음 근무를 위하여 충분히 휴식을 취하며, Rest가 끝난 승무원은 근무 시작 전 자신의 용모를 재점검해야 한다.

(7) 해외체류 시 준수사항

숙소체류 관련

객실 승무원은 해외체재 시 회사에서 지정한 숙소 이외의 장소에서 허가 없이 숙박해서는 안 되며, 장시간 외출 시에는 객실 사무장에게 보고하고 허가를 받아야 한다.

그리고 계속되는 근무를 위해 Hotel Pick Up 12시간 전부터는 휴식 상태를 유지하는 것을 원칙으로 하며, 여가시간을 자유롭게 보내는 것은 허락되나 도박 및 풍기문란 행위는 금지되어 있다. 또 체류지에 따라 껌을 반입하는 것이 불가하거나 담배의 반입 개수가 정해진 곳 등이 있으므로, 체류지 출발 전 규정에 맞는 승무원 면세 허용량을 숙지하여 이를 준수한다.

To Be More Professional Crews!

해외체류 시 주의점

승무원은 체류지별로 주의할 사항을 사전에 숙지해야 하며, 특히 싱가포르에서는 껌을 판매하거나 씹는 행위 모두 불법으로, 싱가포르 도착 전 기내방송을 통해 관련규정을 고객에게도 안내하고 있다.

싱가포르 도착 전 기내 안내방송의 예

안내 말씀 드리겠습니다.
곧 싱가포르 창이 국제공항에 도착하겠습니다.
……
껌과 담배 관련 제품을 갖고 계신 분은 세관에 신고하시기 바랍니다. 감사합니다.
Ladies and gentlemen, we are approaching Singapore Changi International Airport.
……
Please note that you are not permitted to bring chewing gum into Singapore. Thank you.

참고: 대한항공 방송문 일부

호텔규칙 준수

객실 승무원은 기본적으로 호텔에서 정한 일반적인 규칙을 준수해야 하며, 특히 호텔룸에서 취사행위를 하거나 카펫 등에 이물질을 쏟는 등 지나치게 지저분한 상태로 사용해서는 안 된다. 그리고 호텔의 다른 손님에게 불편을 끼치거나 취침을 방해하는 행동을 해서는 안 되며, 체재 중에는 다음 근무를 위하여 충분한 휴식을 취하도록 한다.

(8) 스케줄 예시

Roster Summary from 01 FEB19 - 28 FEB19
(Time shown are in Port Local Times)

Actual Flight Times

Latest 30 Days: 78:56 Current Month: 89:56 Latest 90 Days: 295:05 Latest 1 Year: 1035:45

Deadhead Times

Latest 30 Days: 18:36 Current Month: 18:36 Latest 90 Days: 34:17 Latest 1 Year: 87:16

Sunday	Monday	Tuesday	Wednesday	Thursday	Friday	Saturday
Feb 01 LO 0000 CDG CDG 1950 KE 0910 2112 CDG ICN 2359	Feb 02 KE 0910 0000 CDG ICN 1530	Feb 03 ATDO 0000:2359 ICN	Feb 04 ATDO 0000:2359 ICN	Feb 05 KE 0857 0915 ICNBKK 1244 LO 1244 BKK BKK 2359	Feb 06 LO 0000 BKK BKK 0840 KE 0660 0959 BKK ICN 1724	Feb 07 ATDO 0000:2359 ICN
Feb 08 KE 9837 2103 ICN KBV 2359	Feb 09 KE 9838 0000 KBV ICN 0107	Feb 10 ATDO 0000:2359 ICN	Feb 11 ATDO 0000:2359 ICN	Feb 12 KE 0031 0930 ICN DFW 0815 LO 0815 DFW DFW 2359	Feb 13 LO 0000 DFW DFW 1010 DFW ICN 2359 DH 0032 1156	Feb 14 DH 0032 0000 DFW ICN 1635
Feb 15 ATDO 0000:2359 ICN	Feb 16 ATDO 0000:2359 ICN	Feb 17 KE 0017 1430 ICN LAX 1025 LO 1025 LAX LAX 2359	Feb 18 LO 0000 LAX LAX 2230 KE 012 2330 LAX ICN 2359	Feb 19 KE 0012 0000 LAX ICN 2359	Feb 20 KE 0012 0000 LAX ICN 0420	Feb 21 ATDO 0000:2359 ICN
Feb 22 ATDO 0000:2359 ICN	Feb 23 KE 0637 1906 ICN HKT 2325 LO 2325 HKT HKT 2359	Feb 24 LO 0000 HKT HKT 2330	Feb 25 KE 0638 0040 HKT ICN 0835	Feb 26 ATDO 0000:2359 ICN	Feb 27 KE 0935 1245 ICN PRG 1635 LO 1635 PRG PRG 2359	Feb 28 LO 0000 PRG PRG 2359

스케줄의 이해

Feb 01 LO 0000 CDG CDG 1950 KE 0910 2112 CDG ICN 2359	CDG에서 19:50까지 Layover, KE 0910편, CDG 출발시각은 21:12, ICN 도착시각은 23:59로 날짜 변경됨을 의미
Feb 02 KE 0910 0000 CDG ICN 1530	ICN 도착시각은 날짜 변경되어 2월 2일 15:30임
Feb 10 ATDO 0000:2359 ICN	2월 10일은 Auto Day Off임
Feb 12 KE 0031 0930 ICN DFW 0815 LO 0815 DFW DFW 2359	2월 12일은 KE031편으로 09:30에 ICN 출발하여 2월 12일 DFW(댈러스)에 08:15에 도착, 댈러스에서 12일 Layover함을 의미
Feb 13 LO 0000 DFW DFW 1010 DFW ICN 2359 DH 0032 1156	2월 13일은 DFW(댈러스)에서 10:10까지 체류하고, KE032편 Deadhead로 11:56에 ICN으로 출발함을 의미
Feb 14 DH 0032 0000 DFW ICN 1635	2월 14일 KE032편 Deadhead로 16:35에 ICN에 도착함을 의미

출발지와 도착지 시차의 이해

GMT란 Greenwich Mean Time의 약자로 잉글랜드의 그리니치에 있는 구 왕립천문대를 지나는 경도 0°에서의 평균 태양시를 기준으로 하며 이 경도를 그리니치 자오선이라고 한다.

그리니치를 기준으로 동쪽 경도에 위치한 국가는 GMT가 (+)로, 서쪽 경도에 위치한 국가는 GMT가 (-)로 산정된다. 예를 들어 한국은 GMT +9:00로 표준시간보다 9시간이 빠른 시간을 적용받는다. 독일 베를린은 GMT +1, 미국 로스앤젤레스는 GMT -7로 베를린과 로스앤젤레스의 시차는 8시간이며 베를린이 LA보다 8시간이 빠르다.

객실 승무원은 각 도착지 국가의 GMT를 확인하여 항공기 도착 시 현지 시각과 한국 시각의 시차를 정확히 계산하여 승객 응대가 필요한 경우 안내하며 현지 휴식 후 근무 시각 시점에 혼선을 빚는 일이 없도록 주의해야 한다.

To Be More Professional Crews!

출발과 도착 시각의 표시

- STD(Scheduled Time Of Departure): 스케줄상 공표된 항공기 출발시각을 의미한다.
- STA(Scheduled Time Of Arrival): 스케줄상 공표된 항공기 도착시각을 의미한다.
- ETD(Estimated Time Of Departure): 예상되는 항공기 출발시각을 의미한다.
- ETA(Estimated Time Of Arrival): 예상되는 항공기 도착시각을 의미한다.
- ATD(Actual Time Of Departure): 실제 항공기 출발시각을 의미한다.
- ATA(Actual Time Of Arrival): 실제 항공기 도착시각을 의미한다.

(9) 담당업무(Duty) 배정 예시

B737-900 기종의 최소 탑승 인원이 배정된 경우

소형기종인 B737의 객실 승무원 최소 탑승 인원은 4명이며 각각의 Duty와 해당 Jump Seat은 다음과 같다.

최소 탑승 인원의 착석 위치는 각각 DP(L1L)/L1R/L2L/R2L이다.

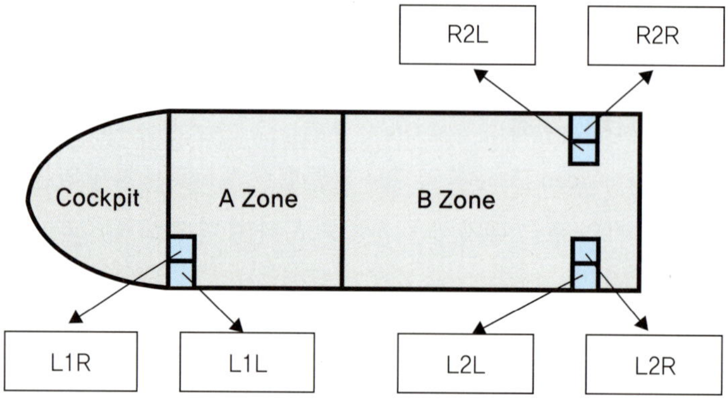

▲ B737-900 항공기의 Jump Seat 위치

To Be More Professional Crews!

항공기별 Jump Seat 위치

항공기 도어(Door)는 항공기 진행방향으로 좌측 최전방부터 L1, L2, L3, L4, L5(대형기종의 경우)로 구별하며 우측 최전방부터 R1, R2, R3, R4, R5로 구별한다. 2층이 있는 기종인 경우에는 Upper Deck이 있으므로 UL과 UR로 2층의 도어를 구별한다.

현재 Upper Deck이 있는 기종은 B747과 A380 시리즈로, B747은 Upper Deck에 좌우 1개씩의 도어가 장착되어 있어 UL과 UR로 구별한다. A380 항공기의 Upper Deck은 좌우 각각 3개의 도어가 장착되어 있어 UL1, UL2, UL3와 UR1, UR2, UR3로 구별한다.

대형기종인 B747, B777-300, A380 시리즈는 1층에 좌우 각각 5개의 도어가 장착되어 있고, B777-200, A330-300, A330-200 등은 각각 4개의 도어가 장착되어 있고, 그외 소형기종은 각각 2개의 도어가 장착되어 있다.

따라서 모든 항공기 도어 옆에 있는 Jump Seat은 해당 도어 위치에 따라 L1 Jump Seat, R2 Jump Seat 등으로 지정되며, Jump Seat에 2인이 나란히 착석 가능한 경우, 항공기 좌측과 가까운 쪽이 L side이고 그 옆자리가 R side가 되는 것이다. 즉 L1L, L1R 등으로 표시한다.

To Be More Professional Crews!

Zone의 구별과 위치

항공기의 객실에 있는 각 도어를 기준으로 하여 Zone을 나누고 Zone을 기준으로 객실 승무원의 담당구역을 정하게 된다.

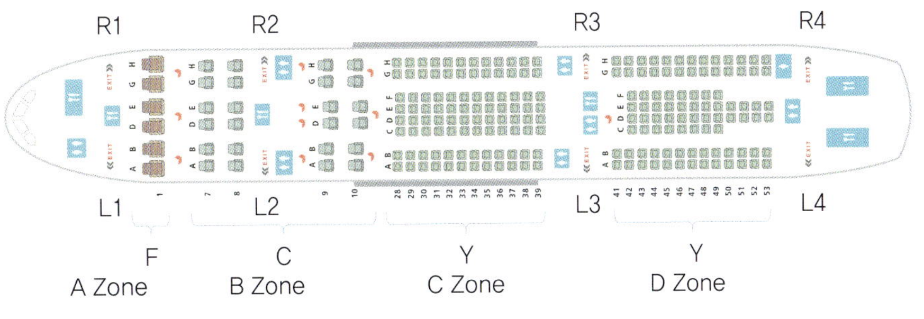

▲ A330-200 항공기의 좌석 등급 및 Zone 구별의 예

B737-900 기종이 일반석으로 운영되는 경우

B737-900 기종이 ALL EY Class로 운영되는 경우 상위클래스는 8석, 일반석은 180개의 좌석이 장착되어 있는 기번이라고 한다면 Y(C+Y): 188석이라고 표현하며, 이때 6명의 객실 승무원이 배정된다. 이 경우 Duty와 해당 Jump Seat은 다음과 같다.

ALL EY로 운영되는 B737-900의 경우 객실 승무원의 Duty와 해당 Jump Seat의 예

Duty	DP	AS	AJ	BG	BS	BJ
	Duty Purser	A zone Senior	A zone Junior	B zone Galley	B zone Senior	B zone Junior
Jump Seat	L1	L1	L2	L2	R2	R2

B737-900 기종이 2 Class로 운영되는 경우

B737-900 기종 중 상위클래스(C 클래스)의 승객 좌석 장착 수는 8개이고 일반석(Y 클래스) 승객 좌석 장착 수는 180개인 항공기인 경우, C/Y: 8/180과 같이 좌석 장착 개수를 표현한다. 2 Class로 운영되는 경우는 객실 승무원이 7명 배정되며 이때 승무원들의 Duty와 담당 Jump Seat은 아래 표와 같다.

승무원들은 비행 전 해당 Jump Seat 주위의 비상/보안장비를 점검해야 하고 이착륙 시 해당 Jump Seat에 착석해야 한다. 이때 항공기 Jump Seat은 모두 6개이므로 탑승 전 공항 터미널의 체크인 카운터에서 1개의 승객 좌석을 승무원 자리로 배정(예: 40D)받아 탑승해야 한다.

2 Class가 운영되는 B737-900의 경우 객실 승무원의 Duty와 해당 Jump Seat의 예

Duty	DP	PS	AS	AJ	BG	BS	BJ
	Duty Purser	C클래스 Senior	A zone Senior	A zone Junior	B zone Galley	B zone Senior	B zone Junior
Jump Seat	L1	L1	40D	L2	L2	R2	R2

(10) 근무 시 일반 준수사항

- 객실 승무원은 개인적인 서신이나 물품을 임의로 운반할 수 없으며, 출입국 시 『관세법』에 저촉되는 물건을 반입, 반출해서는 안 된다.
- 서비스 용품을 포함한 기내의 모든 물품을 기내 밖으로 반출하여 사용해서도 안 된다.
- 승객에 관한 정보를 비밀로 해야 하며, 어떠한 정보도 외부에 공개해서는 안 된다.

To Be More Professional Crews!

승무원의 휴대품 면세

해외에서 취득한 상품의 전체 가격이 US$ 기준으로 150 이하에 상응해야 하며, 이는 1리터 이하의 주류 1병까지이다. 주류는 US$400 이하이며 구입 횟수 또한 제한되어 있다.

To Be More Professional Crews!

승객 개인정보 보호

승객 개인정보 보호 강화를 위해 승객 정보가 기재되어 있는 SHR(Special Handling Request) 및 기타 승객 개인정보 관련 서류는 왕복편 모두 사무장 주관하에 인수인계하여 운송 직원에 의해 파쇄기로 파쇄되도록 조치하며, 국내선의 경우 객실 사무장이 공항 수화물 사무실에 직접 전달한다.

- 객실 승무원은 항상 건강관리에 신경을 써서 비행 근무에 무리가 없도록 해야 한다. 따라서 비행 근무 시작 24시간 이내에 스쿠버다이빙을 해서는 안 된다.
- 비행 전 수혈을 해서는 안 되며 부득이 비상시나 가족의 요청에 의해 수혈했을 경우, 72시간 이내에 비행을 하면 안 된다.
- 승무 중이거나 대기 근무 중 또는 할당된 비행 출발 12시간 이내에 알코올 음료를 마셔서는 안 되고, 유니폼을 입고 음주할 수도 없으며, 향정신성 약물을 복용하고 비행에 임할 수도 없다.

이외에 비행 근무 시작 전 알코올의 영향을 받았거나 신체적으로 근무에 적합한 상태가 아니라고 판단되는 승무원을 발견한 경우는 즉시 보고하여 조치되도록 한다.

7) NCS 기반 객실 승무원의 근무절차

장소/시점	항목	비고	
회사 내 정해진 장소	비행 준비		
	객실 브리핑	공항에서 실시하기도 함	
	합동 브리핑		

장소/시점	항목	비고	
공항	터미널 이동		
	위탁 수화물 탁송		
	편승인 경우 좌석 배정		
	탑승 게이트 도착		
항공기 도착 후 승객 탑승 전	승무원 짐 보관	비행 전 점검	
	비상/보안장비 점검		
	기내 설비 점검		
	Catering Item		
	기물 점검		
	입국서류 점검		
	면세품 점검		
	청소상태 점검		
	클래스별 서비스		
	특별 서비스 신청 승객의 요청사항 확인	지상 서비스 준비	
승객 탑승 시	환영인사		
	탑승권 확인		
	좌석 안내		
	휴대 수화물 정리 안내		
	특수 고객 지원		
	입항서류 인수인계		
	사무장	GD, PM, CM, SHR, 입국서류, Ship Pouch	〈참고 1〉

장소/시점	항목	비고
승객 탑승 완료	항공기 Door Close	기장 협의하에 Door Close
	Safety Check & 완료 보고	Slide Mode 팽창위치로 변경
	Push Back	기장에게 Push Back 준비 완료 보고
이륙 준비	Welcome 방송 & 환영인사	Routine 방송
	Safety Demonstration 및 안전 업무	Routine 방송
	Take off 방송	Routine 방송 (사무장이 실시)
이륙	Cabin Light 조절	Dim
	30 Seconds Review, Ready Position	
Seatbelt Sign Off	좌석벨트 상시 착용 안내 방송 실시	Routine 방송
이륙 후 비행 중	Headphone & Amenity Kit 서비스	
	신문 재차 서비스, Child Giveaway 서비스	
	Towel 서비스	
	음료 서비스	
	1st 식사 서비스	
	입국서류 배포 및 작성 협조	
	면세품 판매	
	기내 오락물 제공	
	객실 상태 점검	

장소/시점	항목	비고	
이륙 후 비행 중	2nd 식사 서비스 및 회수		
착륙 전	기내 서비스 용품 회수		
	입국서류 작성 지원		
	면세품 재고 정리		
	서비스 용품 재고조사 및 교대 팀 인수인계 사항 정리 (Out Bound인 경우)	모기지 도착 (In Bound) 시 잔여분은 전량 하기하므로 재고조사는 생략	
	Approaching 방송	Routine 방송 서비스 용품 회수 시작	
	Landing 방송	Routine 방송	
	객실 안전 점검		
	갤리 정리, 유동물 고정		
	30 Seconds Review, Ready Position		
착륙 후	Farewell 방송	Routine 방송 Engine Reverse 종료 후 방송 실시	〈참고 2〉
	Safety Check & 완료 보고	Slide Mode 정상위치로 변경	
	Cabin Light 조절	Full Bright	
	Door Open	대형기종은 항공기 외부에서 지상 직원이 도어 개방	
	Ship Pouch 인계		
	하기 인사		
	승객 하기 지원		
	특수 고객 하기 지원		

장소/시점	항목	비고
승객 하기 후	유실물 점검	
	잔류 승객 파악	
	기내 설비 점검	
승무원 하기 후	기내용품 인수인계	
	Debriefing	
	각종 서류 제출	
	기내판매 대금 반납	
	호텔 이동	Out Bound 체류 시

〈참고 1〉

GD: General Declaration

PM: Passenger Manifest

CM: Cargo Manifest

S.H.R(S.S.R): Special Handling Request(Special Service Requirement)

Ship Pouch: 입항서류 가방

〈참고 2〉

Engine Reverse(Thrust Reversal, Reverse Thrust): 항공기 착륙 시 감속을 위해 엔진에 유입되는 공기의 흐름을 바꾸어 줌으로써 추력을 줄이고 착륙거리를 단축함과 동시에 항공기 제동을 돕는 것을 의미하며, 이 과정에서 심한 소음이 동반된다. 따라서 Engine Reverse가 종료되는 시점에 방송하는 것이 방송 내용 전달에 효과적이다.

▲ Thrust Reverser 작동 시 바람의 방향

Ceri Breeze / Shutterstock.com

▲ Thrust Reverser 미작동 시 바람의 방향

aapsky / Shutterstock.com

▲ Thrust Reverser 작동 장면

InsectWorld / Shutterstock.com

정규방송의 종류와 시점

비행 절차

지상 Taxing	이륙 Climbing	비행 중 Cruise	하강 Descending	지상 Taxing
방송				
Preparation for Departure (사무장) Welcome Safety Demon-stration (승무원 실연 시 방송 담당자)	Take off (사무장)	Seatbelt Sign Off Turbulence (필요시) Entry Documents In-flight Sales Station Regulations (오직 국제선만)	Approaching Landing	Farewell

QUIZ

1. 항공기 객실 승무원이라는 직업의 유래는 항공기 유형에 따라 구분된다고 할 수 있다. Zeppelin과 Airplane 기준으로 각각 설명해 보자.

2. 객실 승무원의 자격은 법적 근거에 의해 규정되고 있다. '항공법'과 '운항기술기준'상에 명시된 바를 각각 설명해 보자.

3. 객실 승무원은 맡은 직책별로 비행 중 업무가 정해져 있다. 다음 시점별로 객실 사무장의 업무 내용을 3가지씩 들어 보자.

   1) 항공기 탑승 전 업무

   2) 승객 탑승 전 업무

   3) 승객 탑승 시 업무

4. 다음 시점별로 일반 승무원의 업무 내용을 3가지씩 들어 보자.

   1) 항공기 탑승 전 업무

   2) 승객 탑승 전 업무

   3) 승객 탑승 시 업무

QUIZ

5 객실 승무원의 직급체계를 Chief Purser 직급까지 설명해 보자.

6 비행 근무 방식 중 '편승'이란 무엇인지 설명해 보자.

7 객실 승무원에게 '모기지'란 무엇인지 에어부산 승무원의 예를 들어 설명해 보자.

8 비행 근무 시 객실 사무장과 비즈니스 클래스 승무원에게 할당된 Jump Seat이 동일하게 L1이라면 두 사람의 착석 기준이 어떻게 되는지 설명해 보자.(22p, B737-900 항공기 참조)

9 승객 탑승 시 항공기에 전달되는 입항서류에는 어떠한 것들이 있는지 설명해 보자.

10 비행 중 항상 실시되는 기내 방송의 종류에는 무엇이 있는지 비행 절차별로 (지상, 이륙 시, 비행 중, 하강 시, 지상 도착 시) 맞게 설명해 보자.

❷ 항공기의 이해

1) 항공기의 구분

여객기는 승객 좌석과 좌석 사이의 통로인 Aisle의 개수에 따라 Narrow Body와 Wide Body로 구분한다. Aisle이 하나인 경우 협동체, 즉 Narrow Body라고 하고 Aisle이 두 개인 광동체를 Wide Body라고 한다. B737 시리즈와 A220-300 등은 Aisle이 하나이며 좌석 수도 160석 미만으로 소형기종인 Narrow Body에 해당한다.

▲ 소형기종 B737-700의 예

Denis Kabelev / Shutterstock.com

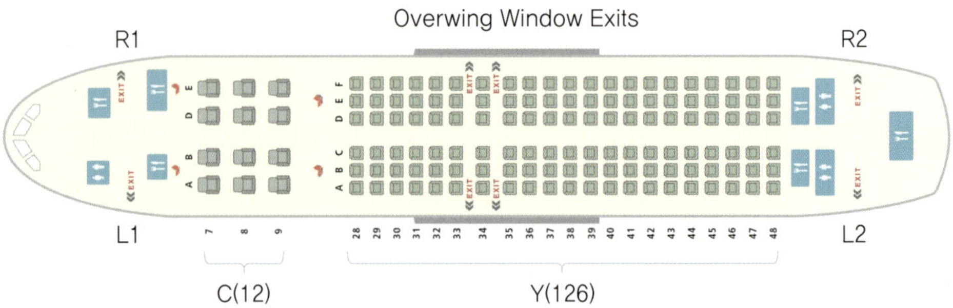

▲ Narrow Body: B737-800 기종의 좌석 배열의 예. C 클래스 12석, Y 클래스 126석

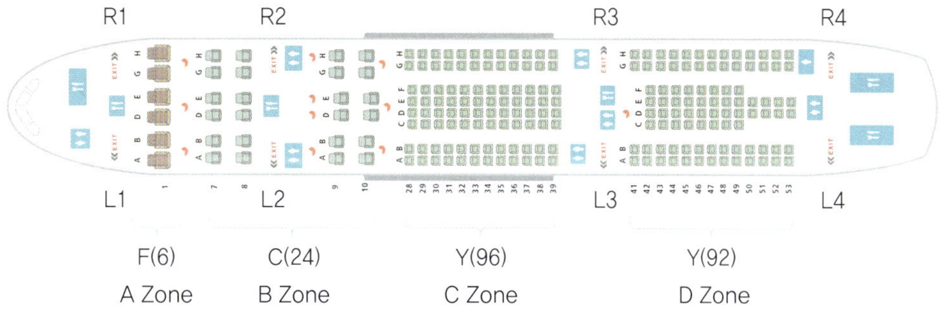

▲ Wide Body: A330-200 기종의 좌석 배열의 예. F 클래스 6석, C 클래스 24석, Y 클래스 96 + 92석

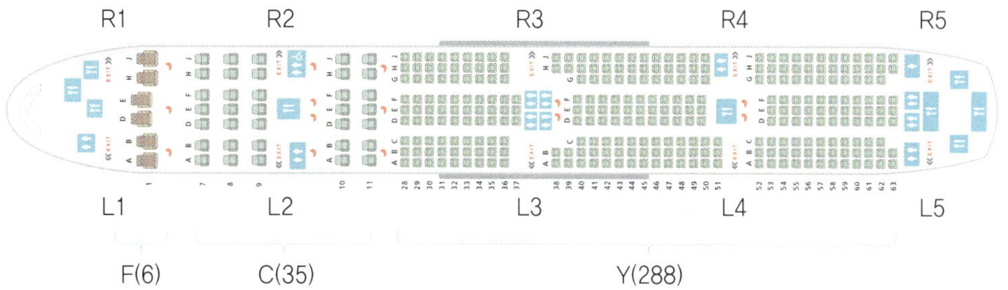

▲ Wide Body: B777-300 기종의 좌석 배열의 예

대형기와 중형기의 구분 기준은 명확하지 않다. 그러나 대형기는 A380, B747, B747-8i, B777-300 등 장착 좌석수가 주로 248~407석이며, 항공기 도어가 좌우에 각각 5개씩 있다. Upper Deck이 있는 B747 항공기의 경우, B와 C Zone 사이에 Upper Deck으로 연결되는 계단이 있으며 A380은 A Zone에 Upper Deck으로 연결되는 계단이 있다.

중형기는 대형기종에 비해 상대적으로 장착 좌석수가 적으며 B787-9, A330, B777-200 등 장착 좌석수가 218~291석의 항공기로, 항공기 도어가 좌우에 각각 4개씩 있다. 중형기와 대형기는 모두 Aisle이 두 개인 Wide Body에 해당한다.

▲ A380 기종의 Upper Deck 연결 계단과 일등석 전용 Bar, 대나무 지압대

▲ 중형기 A330-300 (4 Door의 모습)

Starz12 / Shutterstock.com

▲ Wide Body: A380 객실 모습 (2개의 Aisle과 ❶ Bulkhead)

Nadezda Murmakova / Shutterstock.com

To Be More Professional Crews!

대표적인 항공기 제조사

(1) Boeing(The Boeing Company)

세계 최대 항공기 제작 회사 및 방위 산업체로 미국 일리노이 주 시카고에 본사가 있으며, 워싱턴 주 시애틀 근처의 도시 에버릿(Everett)에 대규모 공장이 있다. Wide Body 항공기를 포함하여 다양한 기종을 생산하며 여객기로는 다음과 같은 기종을 생산하고 있다.

- B747
- B747 F(Freight: 화물기)
- B747-8i
- B787-9

- B767
- B777-200, B777-200 ER(Extended Range)
- B777-300, B777-300 ER
- B737-800
- B737 NG(New Generation)

(2) Airbus(Airbus SE, Société par Actions Simplifiée)

유럽 항공 회사들의 컨소시엄으로 보잉과 맥도널 더글러스(1997년 보잉에 합병됨) 같은 미국의 회사들과 경쟁하기 위해 발족했다. 사업 분야는 상용기 부문, 군사 및 우주 부문, 헬리콥터 부문으로, 본사는 프랑스 남서부 툴루즈(Toulouse)에 있다.

캐나다 항공기 제작사인 Bombardier가 제작한 127석 급 CS300 차세대 여객기를 인수하여 A220-300으로 판매하고 있기도 하다. 대한항공에서 CS300을 도입하여 운항하고 있으며 Airbus에서는 다음과 같은 상용 여객기를 생산하고 있다.

- A380
- A350 XWB(롤스로이스 트렌트 엔진 장착)
- A330 NEO
- A320
- A220

(3) Bombardier(봄바르디에)

열차(Train), 모노레일(Monorail)을 비롯하여, 비즈니스용 여객기, 항공 우주 부문과 상용 여객기를 제작하며 캐나다 몬트리올에 본사를 두고 있다. CS300 기종은 Airbus에서 인수하여 A200-300으로 판매되고 있다. 그 밖의 상용 여객기로는 소형 항공기인 CRJ 시리즈가 있다.

- CRJ 550/700/900/1000

▲ Bombardier(봄바르디에) CRJ-900 항공기

Markus Mainka / Shutterstock.com

(4) Embraer(엠브라에르)

1969년에 창립한 브라질의 항공기 제작 회사로 주로 민간용 소형 여객기를 만들며, 본사는 상파울루 동쪽의 상 주제 두스 캄포스에 있다.

- ERJ 145시리즈(ERJ 145 XR/ERJ 140/ERJ 135)
- E-JETS(E195/190/175/170)
- E-JETS E2(E195-E2/E190-E2/E175-E2)

▲ ERJ-195LR 항공기

Santi Rodriguez / Shutterstock.com

2) 항공기의 구조

▲ 항공기 외부 구조 _ ❶ 조종실 ❷ 노즈기어 ❸ 엔진 ❹ 메인 랜딩기어 ❺ 주날개 ❻ 동체 ❼ 꼬리날개

Kamilpetran / Shutterstock.com

(1) 항공기 외부 구조

항공기는 크게 조종실(Cockpit)과 동체(Fuselage), 양쪽 주날개(Main Wing), 꼬리날개(Tail Wing), 엔진(Engine)과 착륙장치(Landing Gear)로 구분된다.

To Be More Professional Crews!

항공기 등록 부호

항공기는 외부(주날개, 꼬리날개, 동체)와 기내 진입 후 탑승구 근처 벽면에 고유의 번호를 표시하고 있는데 이는 항공기마다 부여된 국적 기호로 무선국 기호를 사용한다. 무선국 기호는 전 세계 무선국에 지정된 알파벳 두 글자를 코드화한 것으로 우리나라 항공기는 HL과 잇따른 4개의 숫자로 표시한다.

예를 들어 HL7486의 경우 '7'은 제트엔진이 장착된 것을 의미하며 '4'는 그 엔진의 개수를 나타내고 '86'은 동일기종인 경우 연속한 숫자로 표시하나 현재는 항공기 수량이 많아져 이러한 표시 규칙이 지켜지지 않는 경우도 있다. 제트엔진 또한 '7' 외에 '2', '5'로도 표시하고 있다(예: HL7250, HL7530 등).

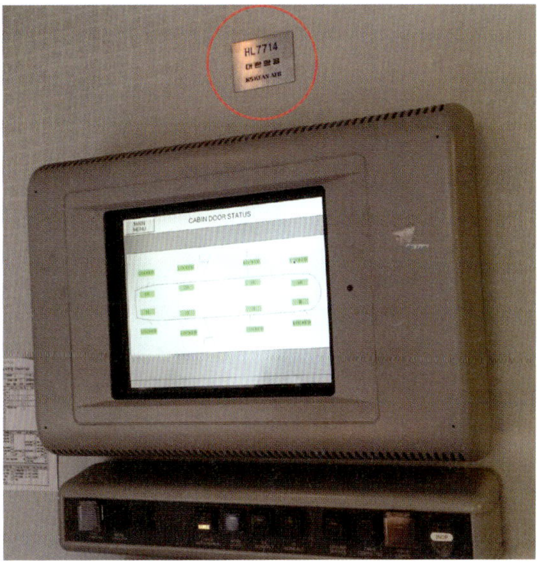

▲ HL7714(B777-200ER) L1 도어 벽면에 표기된 항공기 등록부호

조종실

Flight Deck, Cockpit으로 불리며 운항 승무원이 항공기를 조종하는 장소이다. 따라서 비행 시 안전운항을 위해 시야 확보를 최우선으로 고려해야 하므로 통상 항공기 동체의 최전방이나 최상부에 위치한다.

B747 기종은 Upper Deck 최전방에, A380 기종은 1층 최전방에 위치한다. 조종실 내 좌석은 기종별로 상이하게 장착되어 있고 자동조정장치(Autopilot) 활용이 가능해진 뒤로 2인 조종실이 증가하고 있다.

기장과 부기장이 탑승하는 경우, 좌석의 우선순위는 항공기가 진행하는 방향으로 왼편에 있으므로 기장이 왼편 좌석에, 부기장이 오른편 좌석에 탑승한다. 조종실 내 착석 위치는 항공기 진행 방향으로 좌측이 기장, 우측이 부기장 자리가 된다.

▲ 조종실 내부와 조종사 위치 _ ❶ 기장 ❷ 부기장 ❸ 핸드셋(방송과 인터폰 가능한 커뮤니케이션 시스템)

조종실에는 조종사를 위한 좌석과 물품보관 장소, 각종 비상장비와 통신장비가 있으며, 조종실 음성녹음장치 CVR(Cockpit Voice Recorder)과 비행 정보 기록장치인 FDR(Flight Data Recorder)은 사고조사를 위한 중요한 자료가 녹음되는 장치로 기종에 따라서 조종실 혹은 동체 후미에 나뉘어 탑재된다. 공항과 일정 범위 내 진입 시 팩스 송수신도 가능하여 도착지 연결편 승객들의 연결편 탑승 게이트 등을 안내하는 데 활용되기도 한다. 또 PA 시스템이 있어 객실 내 승무원과 원활하게 소통할 수 있으며 각종 기내 안내 방송을 실시할 수 있다.

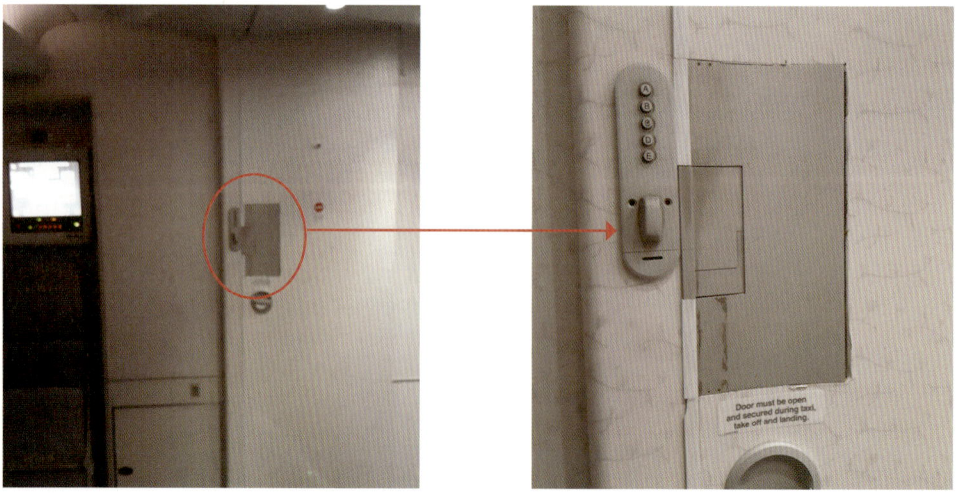

▲ A380 기종의 A Zone 최전방에 위치한 Cockpit Privacy Door.
Cockpit Privacy Door와 Cockpit Door 사이에 운항 승무원용 Rest Compartment와 화장실이 구비되어 있다.

동체

Fuselage라 불리며 승객의 이송을 목적으로 하는 여객기와 화물의 운송을 목적으로 하는 화물기에 따라 구조가 다르다. 일반 여객기의 경우 1층은 승객 좌석이 있는 Passenger Cabin이고, 그 아래 위탁 수화물을 싣는 공간인 Cargo Compartment가 있다. Upper Deck이 있는 기종은 Main Deck, Upper Deck으로 1층과 2층을 구별한다.

착륙장치(Landing Gear)

랜딩기어는 항공기 이·착륙 시와 지상 이동 시 사용된다. 순항 비행 중에는 접어 두고 착륙 시 펼쳐서 사용한다.

■ 노즈기어(Nose Gear)

항공기 전방에 위치한 랜딩기어를 말하며 항공기의 방향을 전환하고 기체의 균형을 유지하는 역할을 한다.

■ 주착륙장치(Main Landing Gear)

동체 중앙 하단부의 좌우 양쪽에 장착된 랜딩기어를 말하며 제동 작용을 포함하여 기체의 균형을 유지하고, 착륙 시 충격을 흡수하는 역할 등을 한다.

B747 항공기의 경우 총 노즈기어가 1개, 메인 랜딩기어가 좌우 각각 2개씩 총 4개로 전체 랜딩기어는 5개이다. 바퀴는 노즈기어에 2개, 메인 랜딩기어 1개당 4개의 바퀴가 달려 있어 B747 항공기의 바퀴는 총 18개이다.

엔진

엔진의 수는 항공기별로 다르며 항공기 진행 방향을 기준으로 하여 주날개 좌측부터 엔진 1번, 엔진 2번, 엔진 3번, 엔진 4번이다. 엔진은 항공기에 주요한 동력을 제공하며 동체 옆 또는 후미에 장착된다. 엔진을 제작하는 주요 회사는 미국의 제너럴 일렉트릭(General Electric), 프랫앤휘트니(Pratt & Whitney), 롤스로이스(Rolls Royce) 등이다. 에어버스 항공기인 A350 XWB은 롤스로이스에서 제작한 트렌트 엔진을 장착한 항공기이다.

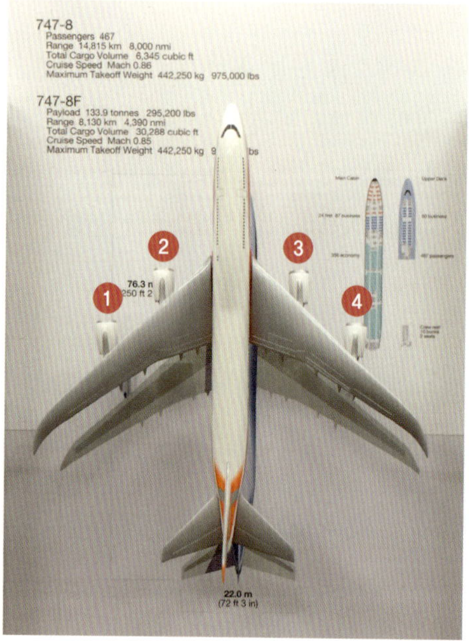

▲ B747 항공기 엔진 장착 모습

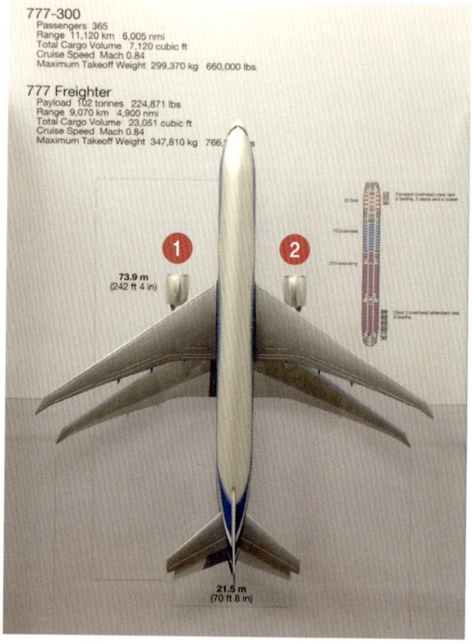

▲ B777 항공기 엔진 장착 모습

주날개

주날개는 비행 중 양력을 발생시켜 항공기를 뜨게 하고 날개의 공간을 이용하여 항공유를 보관하는 연료탱크의 역할을 한다. 주날개의 주요 부속장치는 다음과 같다.

■ 에일러론(Ailerons)

보조익이라고도 하며 주날개 후부에 장착되어 있다. 에일러론은 기체의 좌우 안정을 유지하고 항공기 선회운동(Rolling)을 돕는 장치이다. 41쪽의 단순화한 주날개 구성 그림에서 1번으로 표시된 부분이다.

■ 플랩(Flaps)

주날개 후부에 장착되어 있고 양력을 증가시키는 고양력 장치(High Lift Device) 중 하나이다. 또 플랩은 양력뿐 아니라 착륙과 활주로 접근 시 항력(Drag)을 증가시켜 항공기의 감속을 돕는 역할도 한다. 그림에서 2번으로 표시된 부분이다.

■ 스포일러(Spoiler)

주날개 위에 장착되어 있으며, 착륙 중 스포일러를 세워 공기의 저항을 이용한 감속작용을 하고 양력을 제거하는 역할을 한다. 또 착륙 후에는 에어 브레이크(Air Brake)의 역할을 하여 제동을 돕는다. 그림에서 3번으로 표시된 장치이다.

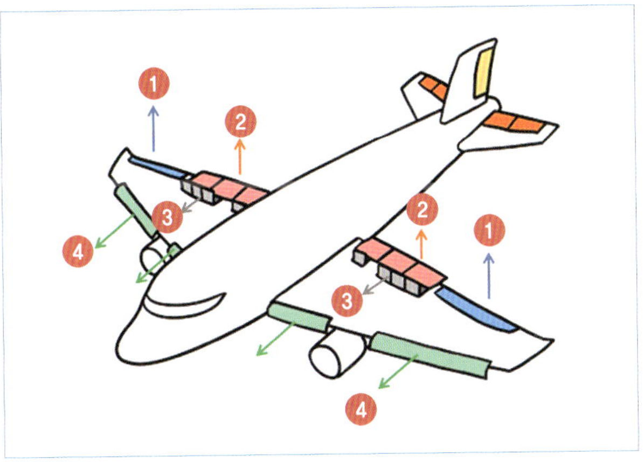

▲ 단순화한 주날개의 구성 _ ❶ 에일러론 ❷ 플랩 ❸ 스포일러 ❹ 슬랫

■ 슬랫(Slats)

주날개 앞면에 있으며, 플랩과 같은 역할을 하여 Front Flaps라고도 한다. 그림에서 4번으로 표시된 부분이다.

■ 윙릿(Winglet)

양쪽 주날개 끝에 수식 또는 비슷한 경사로 부착되어 있는 날개로, 이 윙릿은 비행 중 날개 끝에 생기는 공기의 소용돌이(Wing Tip Vortex)를 막아 항공기 저항을 감소시키고, 항공기 부양력을 증가시켜 항공기 성능을 향상하는 역할을 한다.

▲ 주날개 끝에 있는 윙릿 모습

꼬리날개

■ 러더(Rudder)

러더는 항공기의 안정성과 이륙과 착륙 시에 방향 조절을 담당하는 것으로 꼬리날개의 수직 안정판(Vertical Stabilizer)에 해당한다. 방향타와 같은 기수의 좌우 선회운동을 요잉(Yawing)이라고 한다. 다음에 나오는 꼬리날개 그림에서 1번으로 표시된 장치이다.

■ 엘리베이터(Elevator)

엘리베이터는 항공기의 안정성과 이륙과 착륙 시에 기수의 상하 조작을 담당하는 것으로 꼬리날개의 수평 안정판(Horizontal Stabilizer)에 해당한다. 이러한 기수의 상하 움직임을 피칭(Pitching)이라고 한다. 그림에서 2번으로 표시된 장치이다.

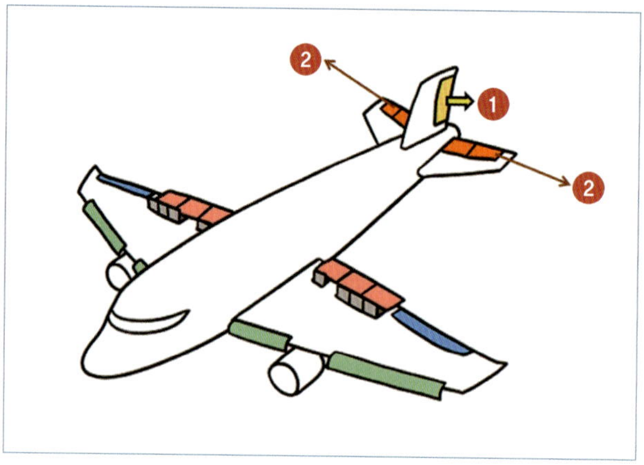

▲ 단순화한 꼬리날개의 구성 _ ❶ 러더 ❷ 엘리베이터

To Be More Professional Crews!

항공기에 작용하는 4가지 힘

항공기에 작용하는 4가지 힘은 그림과 같이 양력, 중력, 추력, 항력이다.

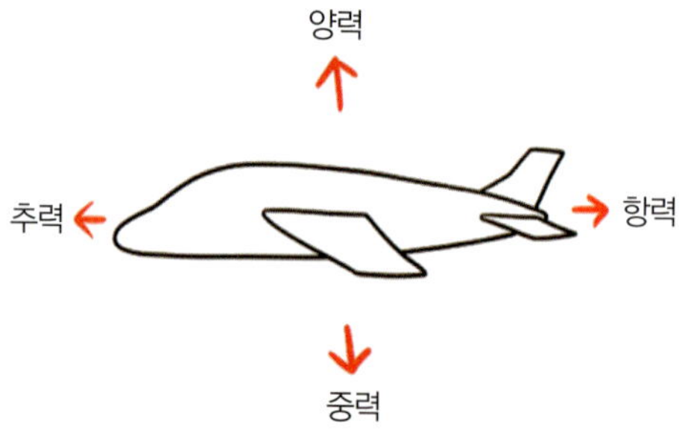

- **양력(Lift):** 비행기가 움직일 때 그 이동 방향에 대해 직각으로 작용하는 힘이다.
- **중력(Gravity):** 비행기의 무게이자 지구가 비행기를 아래로 끌어당기는 힘으로 양력과 정반대로 작용하므로 항공기가 이륙하기 위해서는 중력보다 큰 양력이 필요하다.
- **추력(Thrust):** 비행기가 앞으로 나아가게 하는 힘으로 추력이 있어서 항공기가 앞으로 나아가며 이때 일정한 속도로 공기가 날개 표면을 지나가면서 양력이 발생할 수 있는 것이다.
- **항력(Drag):** 추력과 반대의 힘으로 항력이 작을수록 필요한 추력 또한 작아지고 결과적으로 연료 소모가 적어진다. 따라서 이를 위해 비행기를 유선형으로 제작하여 공기의 마찰을 줄이고 있다.

항공기 조종면(Flight Surface)

(1) 1차 조종면(Primary Flight Control Surface)

1차 조종면은 항공기가 운항하는 데 필요한 가장 기본이 되는 운동 세 가지를 가능하게 하는 조종면으로 주날개에 있는 에일러론, 꼬리날개에 있는 러더와 엘리베이터를 의미한다. 항공기의 기본 운동 세 가지는 선회운동, 상하운동, 좌우운동이며 다음과 같이 설명할 수 있다.

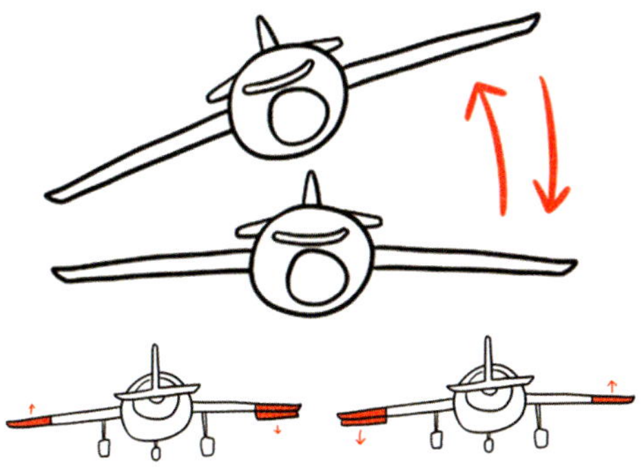

▲ 에일러론(Aileron)의 작용으로 발생하는 선회운동(Rolling)

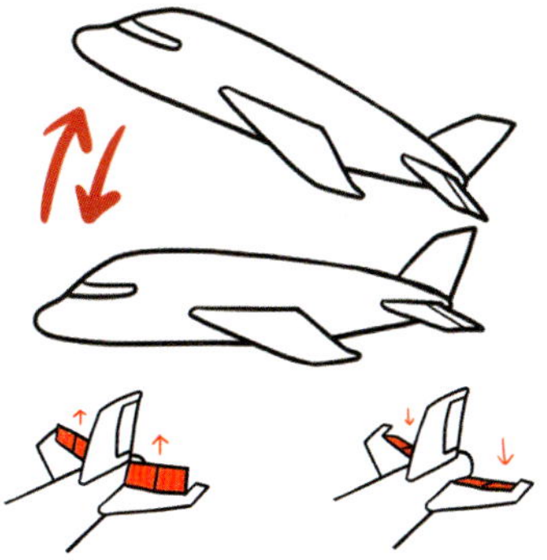

▲ 엘리베이터(Elevator)의 작용으로 발생하는 상하운동(Pitching)

- **선회운동(Rolling)**: 주날개 후면부 끝에 있는 에일러론의 작동으로 항공기의 주날개가 그림과 같이 상하로 움직이게 되며 이를 통해 항공기가 옆으로 구르는 방향의 선회운동을 하게 된다.
- **상하운동(Pitching)**: 꼬리날개 수평 안정판 뒤쪽에 있는 엘리베이터가 상하로 작동하여 기수를 그림과 같이 위아래로 움직이게 하는데 이러한 운동을 상하운동이라고 한다.
- **좌우운동(Yawing)**: 꼬리날개 수직 안정판 뒤쪽에 있는 러더가 좌우로 움직이면서 기체가 좌우로 방향을 바꿀 수 있게 되며 에일러론과 함께 러더는 기체를 좌우로 선회시키게 된다. 이러한 운동을 항공기의 좌우운동이라고 한다.

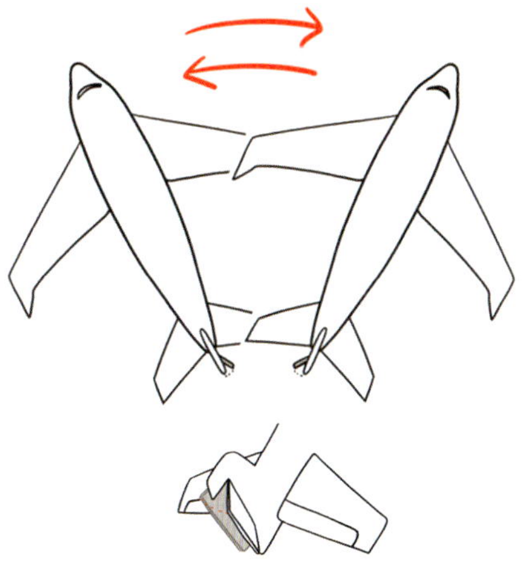

▲ 러더에 의해 발생하는 좌우운동(Yawing)

(2) 2차 조종면(Secondary Flight Control Surface)

항공기 기본 운동을 가능케 하는 조종면인 에일러론❶, 러더❺, 엘리베이터❻를 1차 조종면이라고 하며 슬랫❹, 플랩❷, 스포일러❸를 2차 조종면이라고 한다.

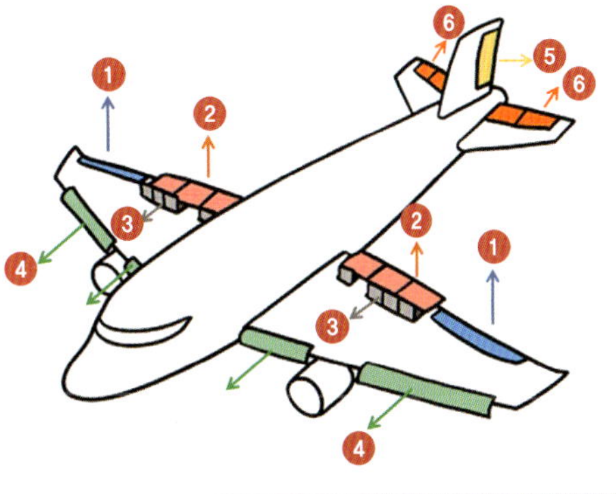

(2) 기능별 구분

항공기는 기능별로, 항공기 운항 장치가 있는 조종실(Cockpit)과 승객이 탑승하는 객실(Passenger Cabin), 화물이 탑재되는 Cargo Compartment로 구분할 수 있다.

여객기의 경우 Cargo Compartment는 보통 객실 아래에 위치하는데, B747Combi인 경우는 객실 최후방 한 개의 Zone(E Zone)을 Cargo Compartment로 변형하여 운영하고 있어, 객실 승무원은 E Zone 화재 발생에 대비한 추가적 근무 규정을 준수해야 한다.

Cargo Compartment도 객실처럼 여압장치가 작동하며 생·동물을 탑재할 수 있도록 온도가 조절된다. 화물은 ULD(Unit Loading Device)를 이용하여 Cargo Compartment에 탑재한다.

▲ ULD(Unit Loading Device)의 예

(3) 객실 구조 및 설비

승객 좌석

항공기 좌석은 서비스 클래스별로 좌석 간 간격이 다르게 설치되어 있으며, 최근 들어 서비스 품격을 높이기 위해 좌석의 고급화가 이루어지고 있다.

일등석의 경우, 180도 수평으로 누울 수 있는 좌석이 보편화되고 있으며, 개인용 모니터의 크기가 확대되고, 개별 칸막이 설치를 통해 개인의 프라이버시를 최대한 보장해 주는 편의를 제공하고 있다.

일반석 또한 전 좌석에 개인용 모니터가 설치되고 ISPS(In Seat Power Supply)가 구비되어 있어 개인용 모바일 기기(Mobile Device)의 충전이 가능하도록 하고 있다.

또 승객 좌석은 항공사마다 차이가 있으나, 프리미엄 일등석(Premium First Class), 일등석(First Class), 비즈니스석(Business Class, Prestige Class), 프리미엄 일반석(Premium Economy Class), 일반석(Economy Class) 등으로 구별되며 좌석 등급과 항공기 기종별로 좌석의 배치구조나 좌석 간 간격이 다르다. 승객 좌석의 구성은 다음과 같다.

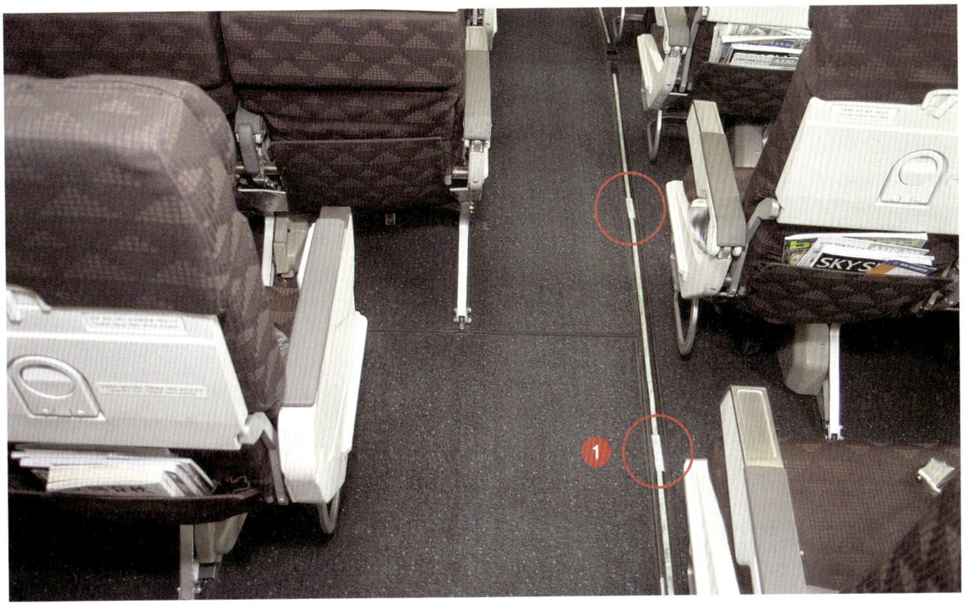

▲ 일반석의 예

❶ 비상등이 켜지는 경우 비상구 쪽으로 안내할 수 있도록 바닥에 라이트가 켜지게 되어 있다.
❷ 좌석 하단에 구명복이 보관되어 있으며 기종에 따라 팔걸이 아래에 보관되는 경우도 있다.
❸ Restraint Bar(통제 · 고정 바)로 좌석 아래에 짐을 보관할 경우 복도로 짐이 빠져나가지 않도록 고정하는 바가 설치되어 있다.

■ 좌석벨트(Waist Belt)

승객 좌석에는 좌석벨트, Tray Table, 개인용 모니터 등이 있고 좌석 배열은 가로로 2열(Abreast), 3열, 4열, 5열 등 기종별로 다양하다.

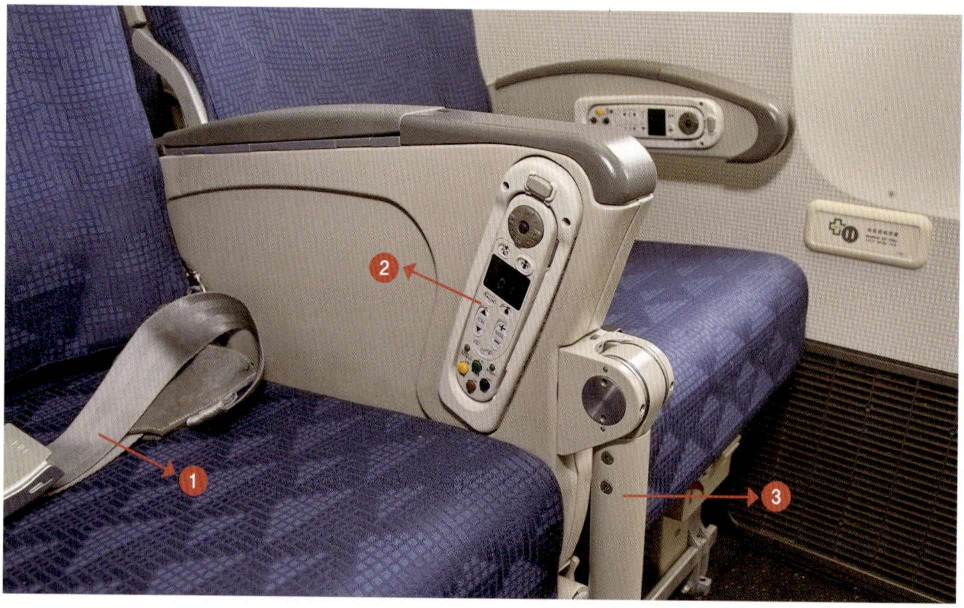

▲ 일반석 승객 좌석의 예 _ ❶ 좌석벨트 ❷ PCU(Passenger Control Unit) ❸ Retractable Monitor

■ 독서등(Reading Light)

상위클래스의 경우 독서등의 조도를 단계별로 조절할 수 있다.

▲ 일등석 승객 좌석의 예 _ ❶ 독서등 ❷ 발 받침대

Rebius / Shutterstock.com

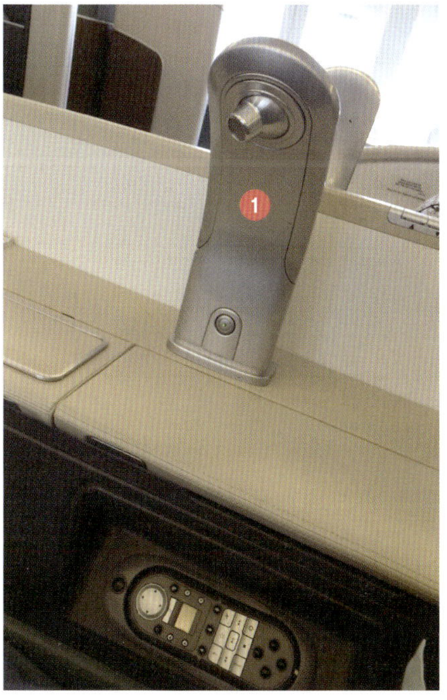

▲ 일등석 승객 좌석의 예 _ ❶ 독서등

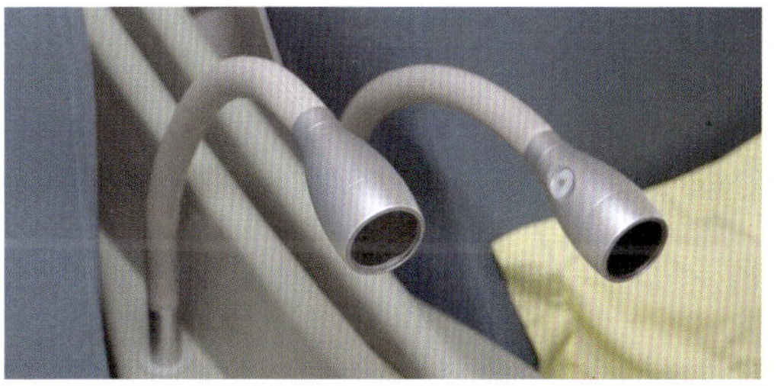

▲ 상위클래스에 장착된 360도 회전이 가능한 독서등

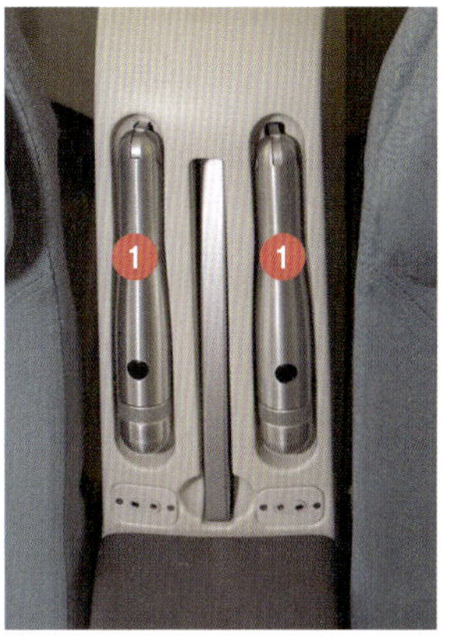

▲ 비즈니스석 승객 좌석의 예 _ ❶ 접이식 독서등

■ PSU(Passenger Service Unit)

PSU는 승객이 비행 중에 이용할 수 있는 독서등, 승객 호출(Passenger Call), 공기순환장치(Air Ventilation), 각종 Indicator 등이 탑재된 장치를 말한다. PSU 안쪽에는 감압사태 시 자동적으로 아래로 떨어지도록 설계된 산소마스크가 내장되어 있다.

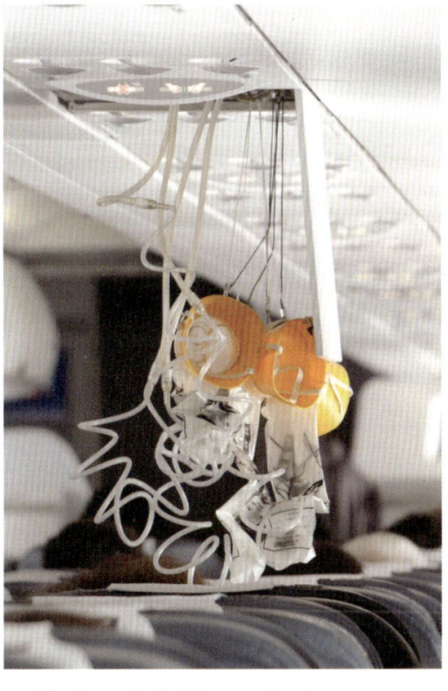

▲ 산소마스크가 내려온 PSU의 모습

▲ PSU의 예 _ ❶ Air Ventilation ❷ Passenger Call ❸ 독서등 ❹ 좌석벨트, 금연 표시

■ PCU(Passenger Control Unit)

PCU는 좌석 팔걸이 부분 등에 설치되어 있는 장치로 호출버튼(Call Button), 독서등 스위치(Reading Light Switch) 등이 있다.

▲ PCU 앞, 뒤, 옆면

▲ 일반석 개인용 모니터 아래에 장착된 PCU

■ 창문 덮개(Window Shade)

B787-9 항공기의 경우 창문 덮개가 별도로 없고 창문 아래 버튼을 눌러 빛의 차단을 단계별(5단계)로 조절할 수 있다.

▲ B787-9 기종의 EDW(Electronic Dimmable Window) 빛 차단 비교

▲ B787-9 기종의 EDW 조절버튼

■ ISPS(In Seat Power Supply)

승객들의 개인 전자 장비(전화기, 노트북, 휴대용 전화기 등)를 충전할 수 있는 전원공급장치를 말하며 좌석 팔걸이 혹은 모니터 주위에 설치되어 있다.

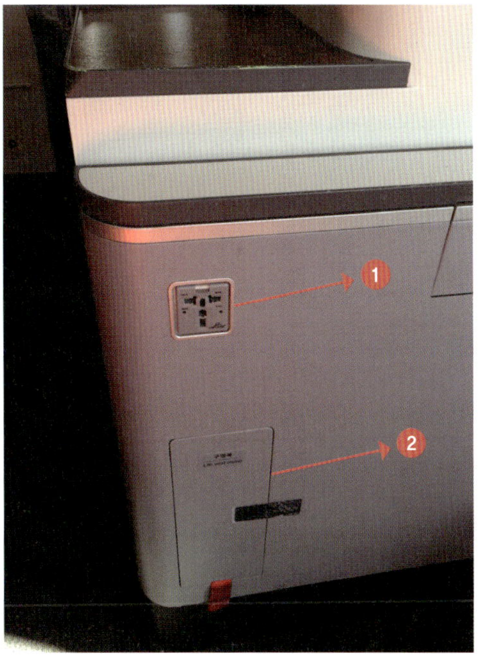

▲ 상위클래스 ISPS와 구명복의 위치 _ ❶ ISPS ❷ 팔걸이 아래에 보관된 구명복

■ IVS(Individual Video System/In Seat Video System)

개인 좌석마다 설치된 개인용 모니터와 핸드셋을 이용하여 비디오, 오디오, 에어쇼 및 도착지 정보 등을 조회할 수 있는 시스템이다.

▲ 상위클래스 IVS의 예

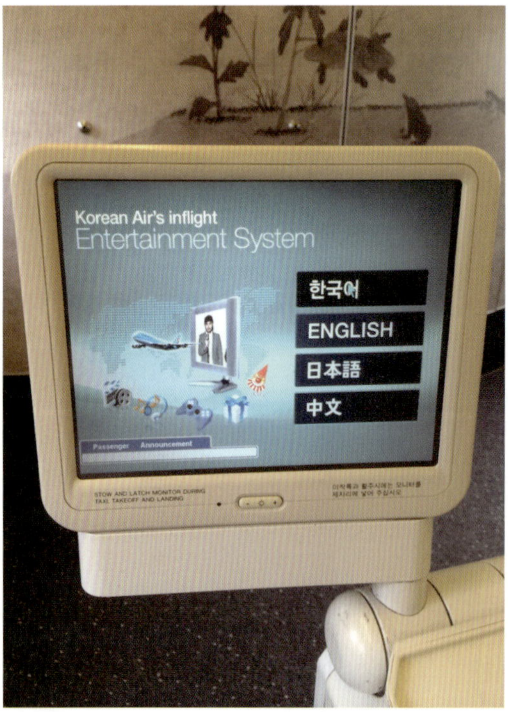

▲ 상위클래스 Retractable Monitor(IVS)의 예

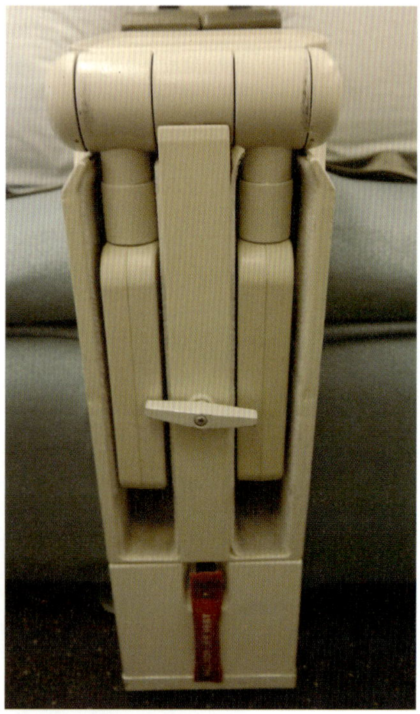

▲ 접혀 있는 상위클래스 Retractable Monitor (빨간색 손잡이를 당겨 구명복을 꺼낼 수 있다.)

■ 구명복(Life Vest)

구명복은 비상 착수 시 착용하는 것으로 승객용과 승무원용, 유아용으로 구별된다. 승객용은 모든 좌석 하단 혹은 상위클래스의 경우 팔걸이 등에 있으며 승무원용은 Jump Seat 하단에 있다. 유아용은 기종별로 정해진 위치에 정해진 개수만큼 탑재된다.

▲ 빨간색 손잡이를 당겨 구명복을 꺼낼 수 있다.

■ Tray

모든 좌석에 설치된 Tray는 일반석의 경우 대부분 앞좌석에 접혀 있으며, 상위클래스의 경우는 대부분 팔걸이 부분에 접혀 내장되어 있다.

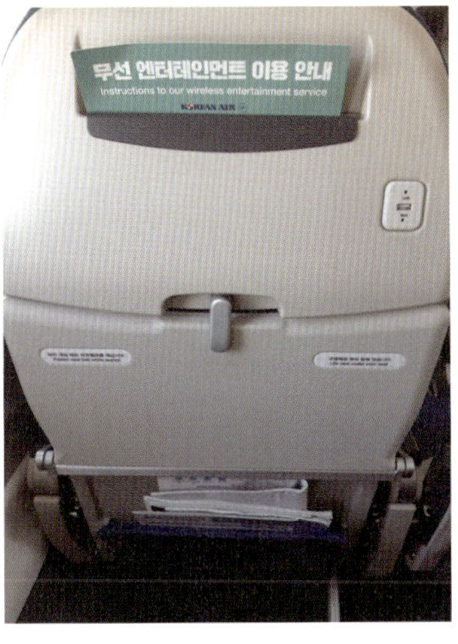

▲ 접혀 있는 일반석 Tray

▲ 펼쳐진 일등석 Tray

승무원 좌석

■ 좌석벨트와 숄더하니스(Seatbelt & Shoulder Harness)

승무원 좌석은 사용하지 않을 때는 자동으로 접히는 접이형(Folding Type)이며, 승객 좌석과 마찬가지로 시트 쿠션(Seat Cushion)은 비상 착수 시 부유물로 사용할 수 있도록 물에 뜨는 소재로 만들어졌다.

또 좌석벨트 외에 숄더하니스가 있으며 좌석에 앉았을 때 객실 전방을 바라보는 전향 좌석과 승객을 마주보게 되는 후향 좌석이 있다. 좌석 하단과 주위에는 각종 비상·보안 장비가 보관되어 있다.

■ 연장형 좌석벨트(Extension Seatbelt)

좌석에 장착되어 있는 좌석벨트와 연결하여 사용할 수 있는 연장벨트로 기종별로 해당 Jump Seat 하단에 보관되어 있다.

■ 그 밖의 비상 • 보안장비

▲ Bridge(탑승교)에 연결되어 있는 도어와 Jump Seat _ ❶ 핸드셋 ❷ 숄더하니스 ❸ 각종 비상 • 보안장비

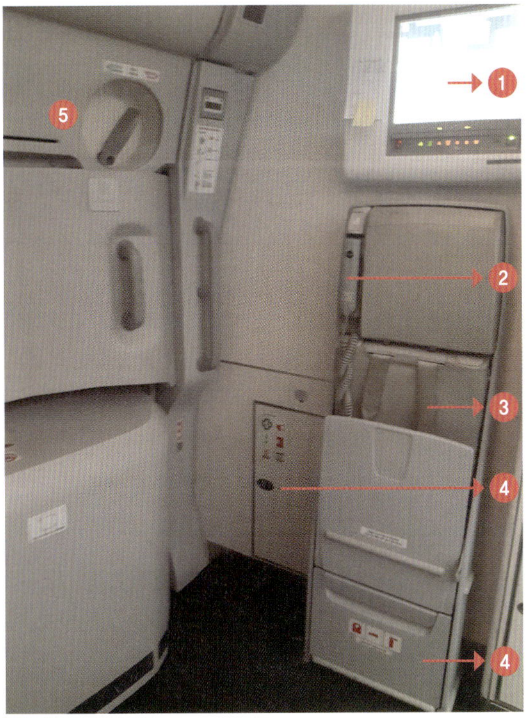

A380 기종의 L1 Jump Seat
❶ CAP(Cabin Attendant Panel)
❷ Handset
❸ Shoulder Harness
❹ 비상 · 보안 장비
❺ Slide Mode Arming Lever

선반(Overhead Bin)

승객 좌석 머리 위쪽에 부착되어 있는 선반으로, 허용 중량이 표시되어 있어 용량이 초과하는 짐은 보관할 수 없도록 되어 있다. 신기종의 경우 내부를 비추는 거울이 장착되어 있다.

▲ 선반의 예

CAP(Cabin Attendant Panel)

객실 상황 조절이 가능한 전자 모니터로, 객실 온도, 조명 등을 확인하고 조절하거나 도어 상태와 물 공급 잔여량 등을 확인할 수 있다.

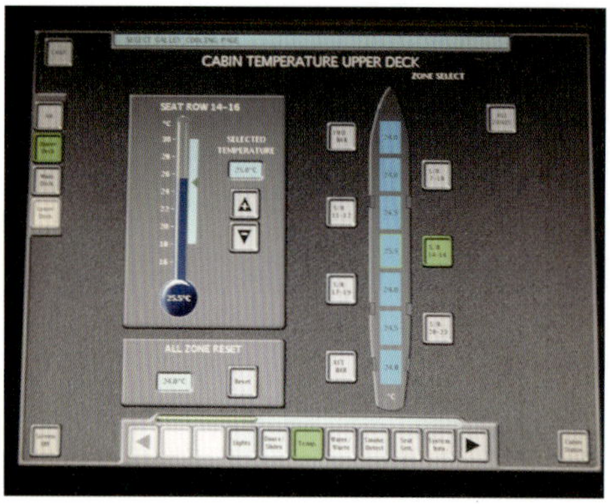

▲ CAP에서 객실 온도 조절의 예

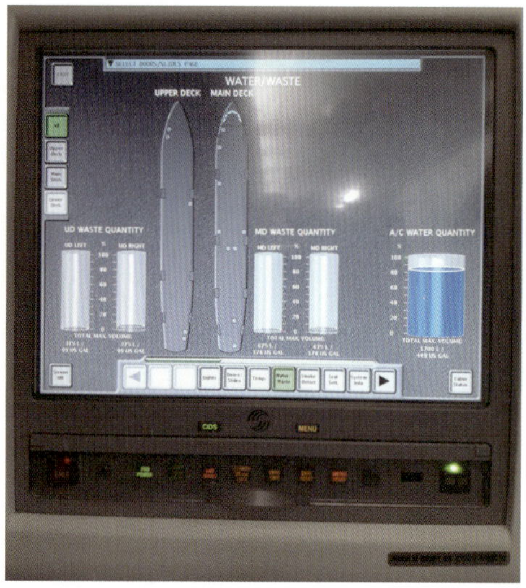

▲ 물공급 잔여량과 오수보관탱크(Waste Tank) 상태표시의 예

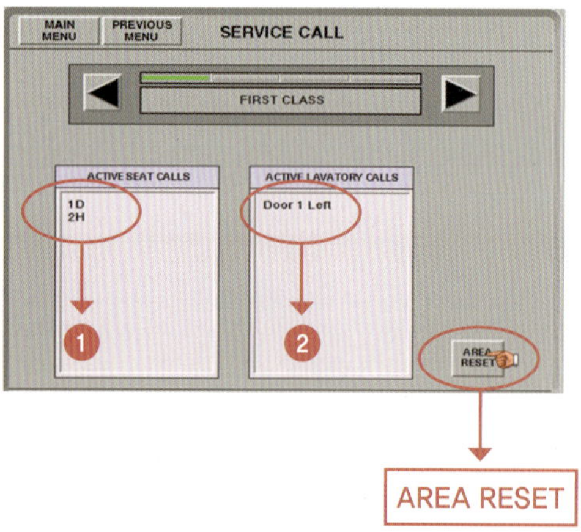

▲ CAP에서 승객 호출 확인의 예

❶ 승객 좌석 1D, 2H 호출

❷ 화장실(L1 왼편에 위치한)에서 승무원 호출

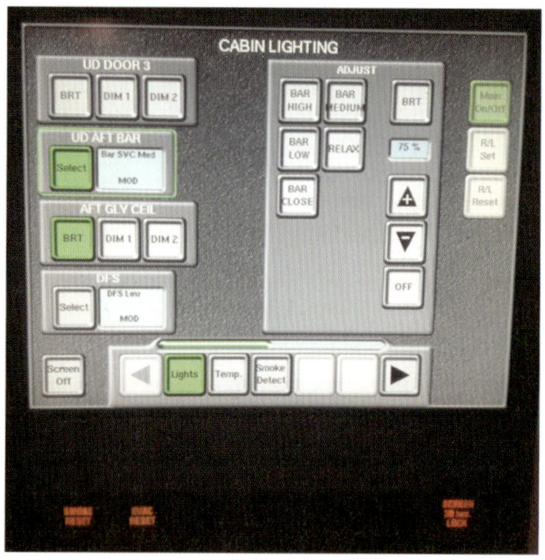

▲ CAP에서 객실 조명 조절 선택 화면의 예

CMS(Cabin Management System)

객실 엔터테인먼트 장비를 종합 통제하는 시스템으로 비디오, 게임, 각종 정보 제공 서비스가 가능한 설비를 말한다.

▲ Cabin Management System (CMS)

주방(Galley)

비행 중 승객에게 서비스할 용품과 식음료를 탑재하고 준비하는 곳이며 다음과 같이 구별할 수 있다.

- Wet Galley: 식음료를 조리할 수 있도록 전기설비와 배수설비가 갖추어진 주방
- Dry Galley: 식음료의 조리가 불가능하여 서비스 용품 등의 탑재만을 위한 주방
- Galley Insert(주방 보조품): 오븐, 커피메이커, 워터 보일러 등 갤리에 장착된 설비

▲ Wet Galley 내 각종 설비의 원경 _ ❶ 캐리온 박스 ❷ 오븐 ❸ 워터 보일러 ❹ 커피머신 ❺ 냉장고 ❻ 카트 보관 장소

▲ Wet Galley 내 각종 설비의 근경 _ ❶ 오븐조절기 ❷ 종이컵 보관장치 ❸ 커피머신 ❹ 에스프레소 커피머신 ❺ 배수구 ❻ 수전(Water Faucet) ❼ 얼음보관소 ❽ 카트 ❾ 기타 보관 장소

■ 오븐과 워머, 전자레인지(Oven & Warmer & Microwave)

오븐에는 건열 오븐과 스팀 오븐이 있으며 신기종에 많이 장착되어 있는 스팀 오븐은 건열 오븐보다 조리시간이 더 짧고 낮은 온도에서 요리할 수 있어 야채의 신선도나 색상, 영양소 등을 유지하는 데 유리하다.

워머는 데운 음식을 보관하거나, 따듯하게 음식을 서비스하기 위해 식기류와 차이나웨어 등을 보관하는 데 사용한다. 또 기종에 따라 전자레인지가 장착된 경우도 있어 기내식 준비 시 활용할 수 있다.

▲ 스팀 오븐의 예

Jordan Tan / Shutterstock.com

▲ 전자레인지 장착의 예

■ 냉장고와 칠러(Refrigerator & Chiller)

갤리 내 Meal Cart 보관 장소인 Compartment에는 칠러 시설이 구비되어 있어 기내식을 신선하게 보관할 수 있다.

■ 워터 보일러(Water Boiler)

갤리에 설치된 워터 보일러를 이용하여 온수(Hot Water)와 냉수(Cold Water)를 공급받을 수 있다.

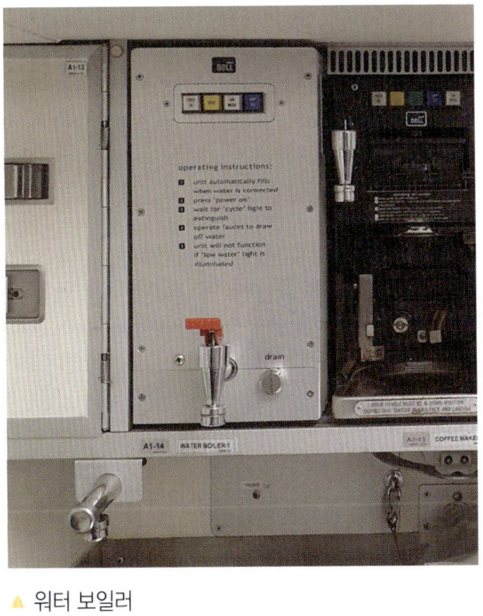

▲ 워터 보일러

■ 배수구(Drain)

갤리 내 물을 버릴 수 있는 배수구에는 찌꺼기가 없는 액체류를 버릴 수 있으나, 알갱이 있는 주스류, 와인 병 아래에 쌓인 침전물, 커피 찌꺼기 등을 흘려 버릴 경우 고장의 원인이 되므로 주의한다.

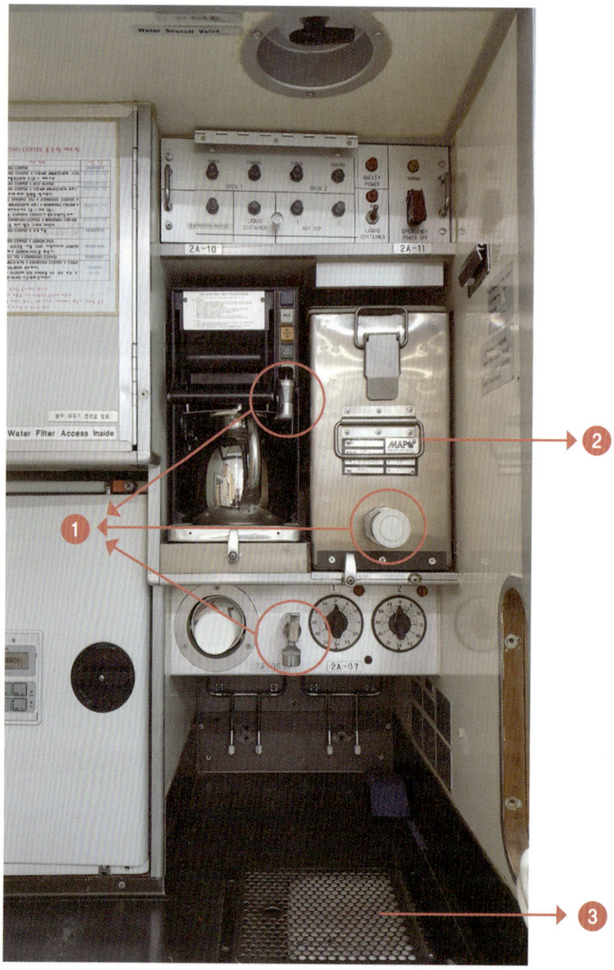

▲ ❶ 수도꼭지(Faucet) ❷ Water Container ❸ 배수구

■ 컴파트먼트(Compartment)

갤리 내 Meal Cart와 Liquor Cart 등을 보관하는 장소를 말한다.

■ 커피 브루기와 에스프레소 머신, 급수차단밸브(Water Shut Off Valve)

항공기별로 커피 서비스를 위해 커피 브루기와 상위클래스 서비스용 에스프레소 머신이 설치되어 있으며, 갤리 내 상수기 장비 고장으로 누수가 있는 경우 Water Shut off Valve를 이용하여 Off하여 누수를 차단한다.

▲ A330-900 기종 커피머신

KITTIKUN YOKSAP / Shutterstock.com

▲ B767-300 기종 커피머신

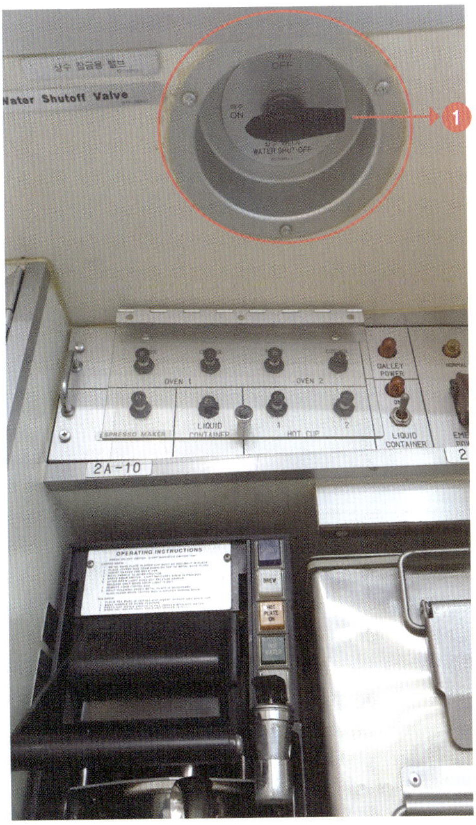

▲ 커피머신과 급수차단밸브

▲ ❶ 핫 컵 ❷ 배수구

■ 핫 컵(Hot Cup)

갤리 내 정해진 위치의 전원 장치에 꽂아 스프나 한식 국 등을 데울 수 있는 기물을 말한다.

■ 쓰레기통과 쓰레기 압축기(Trash Container & Trash Compactor)

갤리 컴파트먼트에 쓰레기통이 설치되어 있고, 쓰레기 압축기는 보관 중인 쓰레기를 압착하여 부피를 줄이고 가득 찬 경우 보관 Box를 새것으로 교체하여 활용할 수 있다.

▲ 쓰레기 압축기

Louis.Roth / Shutterstock.com

▲ ❶ 쓰레기통 ❷ Cart 보관 장소

■ 엘리베이터(Elevator)

2층이 있는 항공기인 경우(A380, B747)는 엘리베이터를 이용하여 Meal Cart와 기내 판매 Cart 등을 운반한다.

▲ A380 항공기 Upper Deck 갤리의 엘리베이터

화장실

최근 들어 화장실 또한 승객들의 요구에 부응하여 고급화되고 있으며 자사 항공사만의 차별화 전략에 맞추어 다양하게 디자인되고 있다. 예를 들어 여성전용 화장실을 별도로 운영하여 여성용 화장품과 클렌징 티슈(Cleansing Tissue), 페이스 미스트(Face Mist) 등을 비치하고 있으며, 내부 벽지 인테리어도 여성 고객이 편안함을 느낄 수 있도록 색다르게 연출하고 있다. A380 항공기는 특히 화장실 내에 창문을 설계하여 낮 비행인 경우, 상공의 경치를 즐길 수 있어 작은 공간에서 느끼는 답답함을 해소하고 있다.

또 일부 화장실은 유아를 위한 기저귀 교환대(Baby Diaper Panel)가 설치되어 있으며, 기내 휠체어(On Board Wheelchair)의 이동이 용이하도록 화장실 문의 너비가 넓게 디자인되었으며 내부에 보조핸들이 설치되어 있고 공간이 넓다.

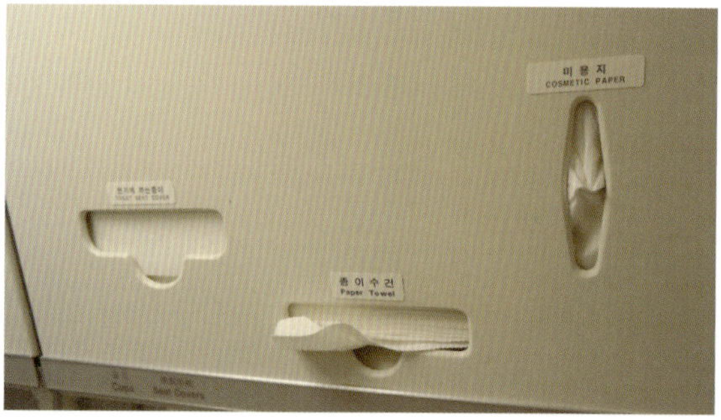

▲ 화장실 내부 서비스 용품 보관소

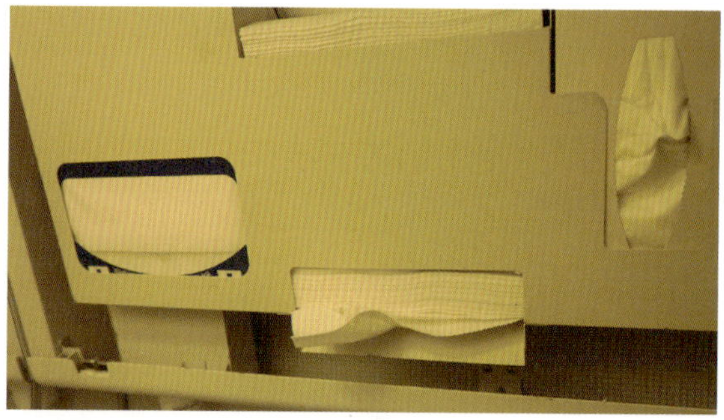

▲ 화장실 내부 서비스 용품이 세팅된 모습

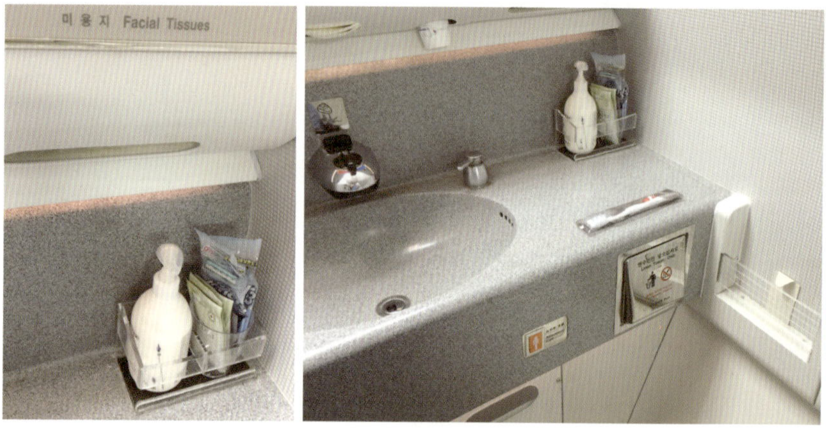

▲ 상위클래스(비즈니스석) 화장실 내부

▲ 상위클래스(일등석) 화장실 내부

▲ 화장실 식별번호와 승무원 호출 표시 버튼

▲ B787-9 항공기의 화장실 내부 보조의자

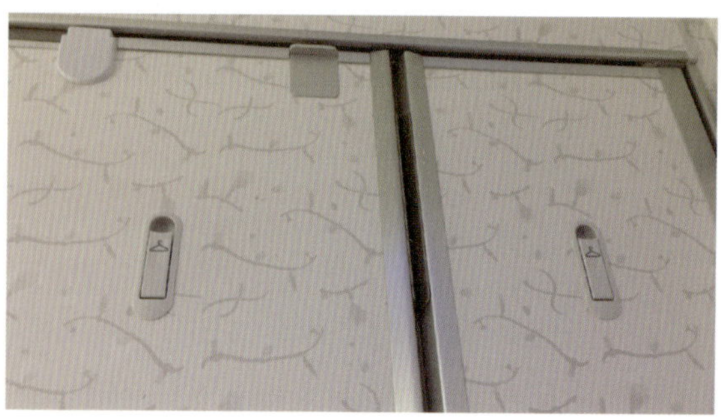

▲ B787-9 항공기의 화장실 내부 옷걸이

■ 서비스 용품 보관소(Compartment)

티슈, 양치컵(3oz 컵), 페이퍼 타월 등을 보관하는 장소이다.

■ 세면대와 급수차단밸브(Water Shut Off Valve)

갤리 내에 장착되어 있는 것과 기능이 동일하여 누수가 발생할 경우 누수를 차단할 수 있는 밸브가 세면대 아랫부분에 설치되어 있다.

■ 변기

기내 화장실은 물내림형(Water Flushing Type)과 압력을 이용하는 진공형(Vacuum Type)이 있다.

■ 쓰레기통과 열감지형 소화기

화장실 내 쓰레기통 뚜껑 아랫부분에 열감지형 소화기가 있어 쓰레기통 내부에서 일정 온도의 열을 감지하는 경우 소화기가 자동 분사된다. 따라서 화장실 점검 시 쓰레기통 뚜껑의 닫힘 상태를 확인해야 한다.

▲ 내부에 열감지형 소화기가 장착된 화장실 쓰레기통 입구

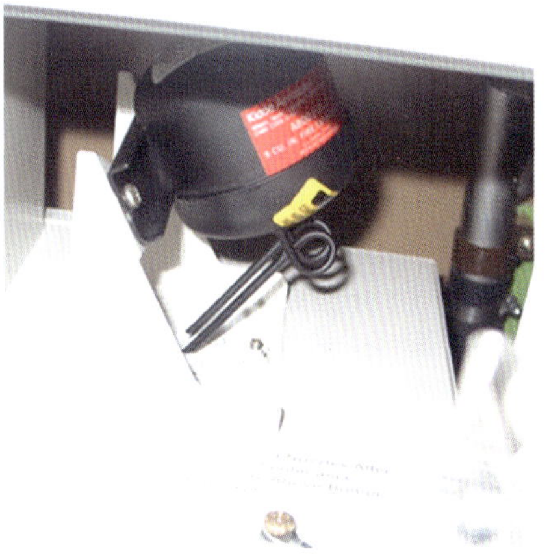

▲ 화장실 쓰레기통 안에 장착된 열감지형 소화기

■ 연기 감지기(Smoke Detector)

화장실 내부 천장에는 연기를 감지하여 알람을 울리는 연기 감지기가 설치되어 있다.

■ 기저귀 교환대(Diaper Change Panel)

유아동반 승객의 편의를 위해 화장실 벽면에 기저귀 교환대를 설치하고 있으며 화장실 문에 기저귀 교환대 표시가 되어 있다.

▲ B787-9 항공기의 천장 연기 감지기

▲ B797-9 항공기의 화장실 기저귀 교환대

■ 승무원 호출 버튼과 좌석귀환 표시, 좌석벨트 표시등

화장실 내부에 비상 호출 버튼과 기내 기류 변화 시 좌석으로 돌아가라는 표시, 좌석벨트 표시등이 있다.

■ 장애인용 화장실

객실 내에 장애인용 화장실이 별도로 설치되어 있으며 화장실 문에 휠체어 픽토그램으로 표시되어 있어 구별할 수 있다.

최신 기종의 경우 반으로 접어 여는 형태(Bi-Folding Type)가 아니라 전체 문을 열어서 휠체어가 진입할 수 있는 형태로 설치되어 화장실 문의 너비와 공간도 넓으며 화장실 내부 벽면에 보조핸들이 장착되어 장애가 있는 승객의 편의를 도모하고 있다.

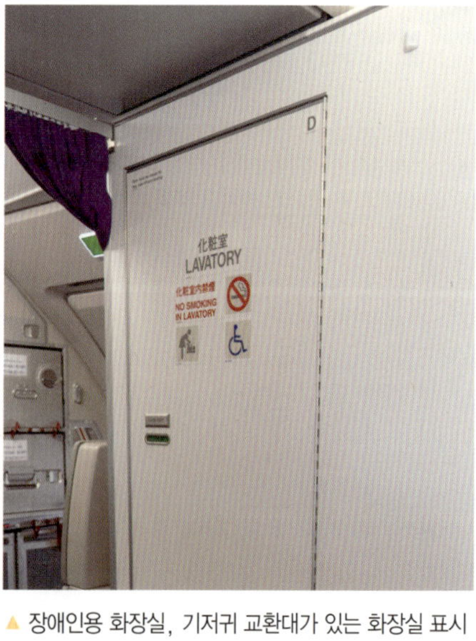

▲ 장애인용 화장실, 기저귀 교환대가 있는 화장실 표시
Shawn.ccf / Shutterstock.com

벙크(Bunk)

장거리 비행에서 승무원이 휴식을 취하는 공간인 벙크는 이·착륙 시에는 사용할 수 없으며 각종 비상 장비를 보관하는 곳이다.

▲ B777-300 항공기의 벙크 내부(비상 장비 보관 및 침상)

▲ Bunk Hatch 닫힘 상태

▲ Bunk Hatch 열림 상태

▲ Bunk Hatch 열림 상태

▲ B777-200 항공기의 벙크 위치 및 도어 손잡이

▲ B777-300ER 항공기의 L5 근처 벙크 도어

칸막이벽(Bulkhead)

객실 내에 있는 격벽을 말하며 벌크헤드를 이용하여 아기 요람 등을 설치할 수 있다.

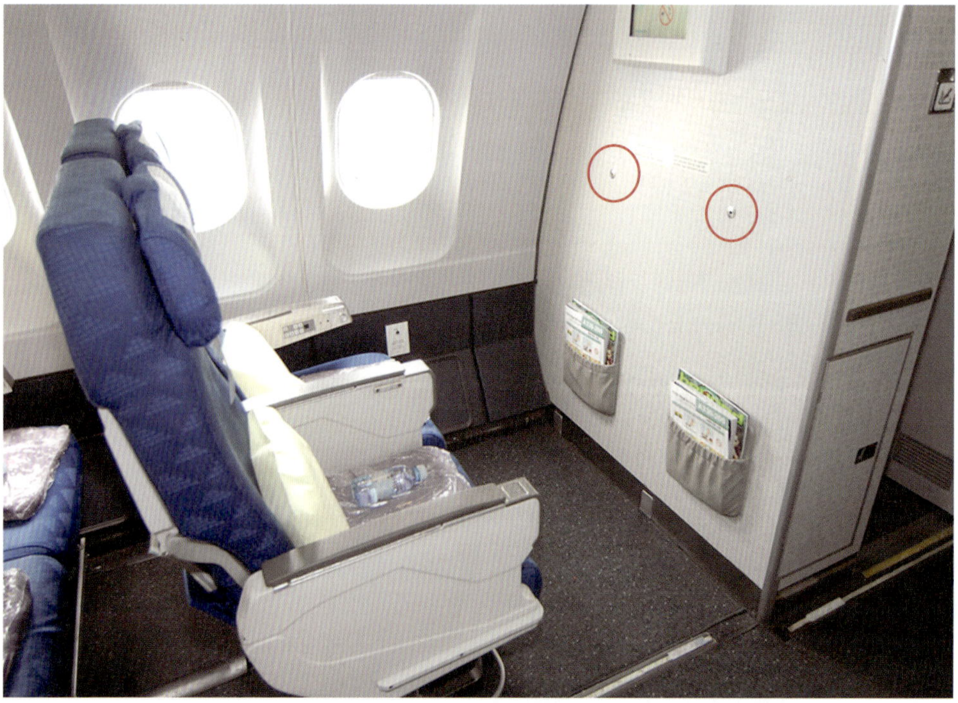

▲ 벌크헤드와 아기 요람 장착에 필요한 벽면의 홈

클래스 디바이더(Class Divider)

객실 내 클래스를 나누는 칸막이로 이·착륙과 지상 이동 시에는 열어 두고, 비행 중 서비스 시에는 닫아 두어 클래스를 구별한다. 신기종 상위클래스의 경우는 사생활 보호를 위하여 좌석과 좌석 사이에 Privacy Divider가 있다. Privacy Divider도 지상 이동 및 이착륙 시에는 원위치하도록 한다.

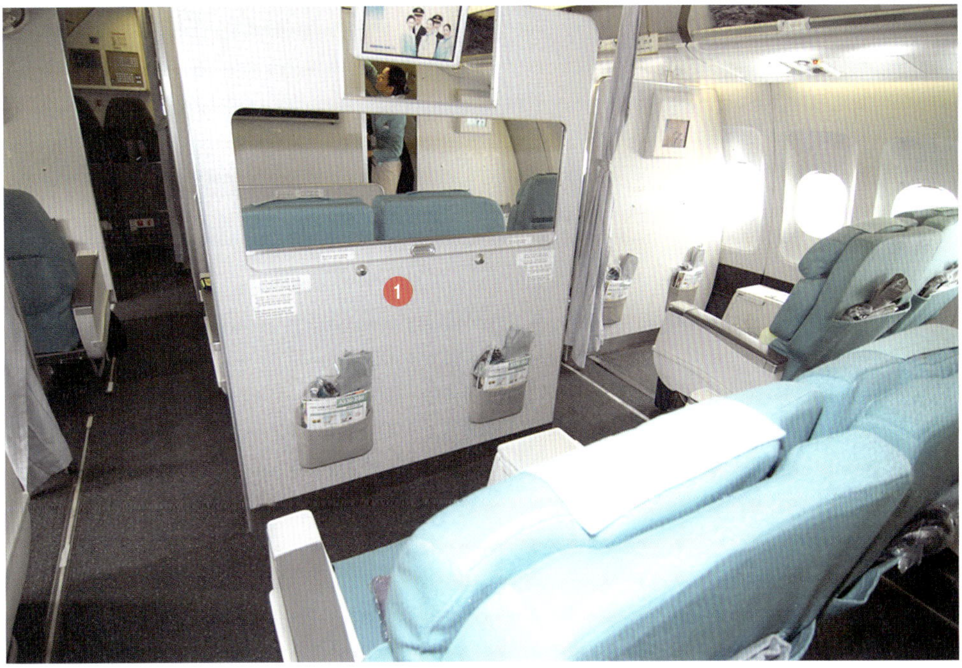

▲ ❶ Class Divider

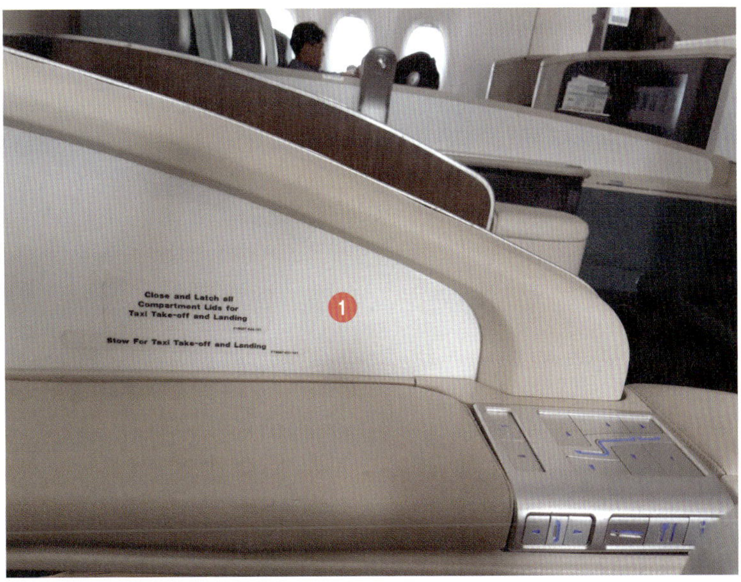

▲ 일등석 좌석의 복도 쪽 ❶ Divider

셀레셜 바(Celestial Bar)

국내 항공사에서는 A380 항공기 Upper Deck에 상위클래스 전용 바(Bar)를 운영하여 칵테일 등을 서비스하고 있다.

▲ A380 항공기의 Upper Deck에 위치한 셀레셜 바의 원경과 근경

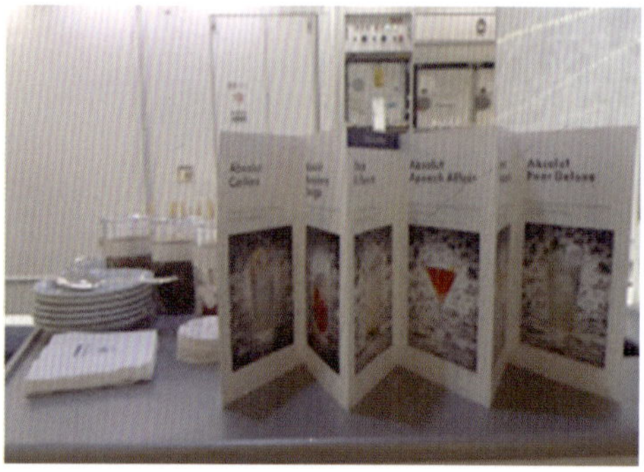

▲ 셀레셜 바 칵테일 메뉴 리스트

의사소통 시스템(Communication System)

모든 Jump Seat과 갤리, 조종실, 벙크에 있는 핸드셋(Handset)을 이용하여 기내 방송 및 승무원 간 통화를 할 수 있다.

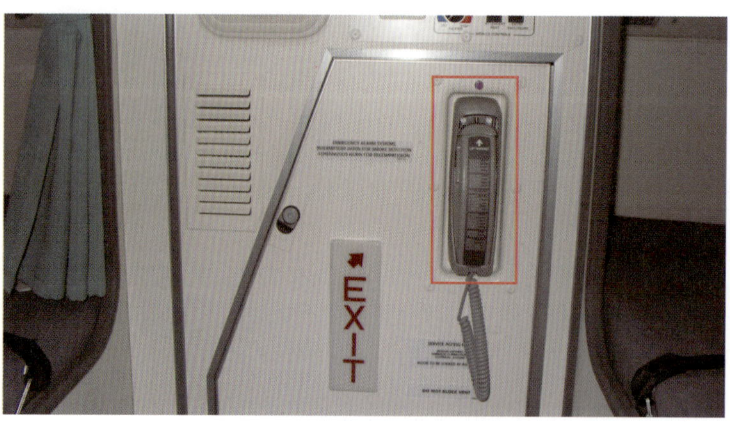

▲ 벙크에 장착된 핸드셋

항공기 도어(Door)

항공기 도어는 좌우 대칭으로 있으며 승객의 탑승과 하기 시에는 왼쪽 첫 번째와 두 번째 도어를 이용한다. 도어의 구조에는 비상사태 시 승객 탈출을 위한 미끄럼대인 슬라이드가 장착된 도어 하단부, 도어 개폐 시 손잡이인 Door Operation Handle, 외부상황 파악을 위한 창인 Viewing Window와 Door Slide Mode를 변경하기 위한 Lever 등이 있다. Door Slide Mode를 팽창위치에 두고 도어를 개방하면 탈출용 미끄럼대가 자동으로 펼쳐진다.

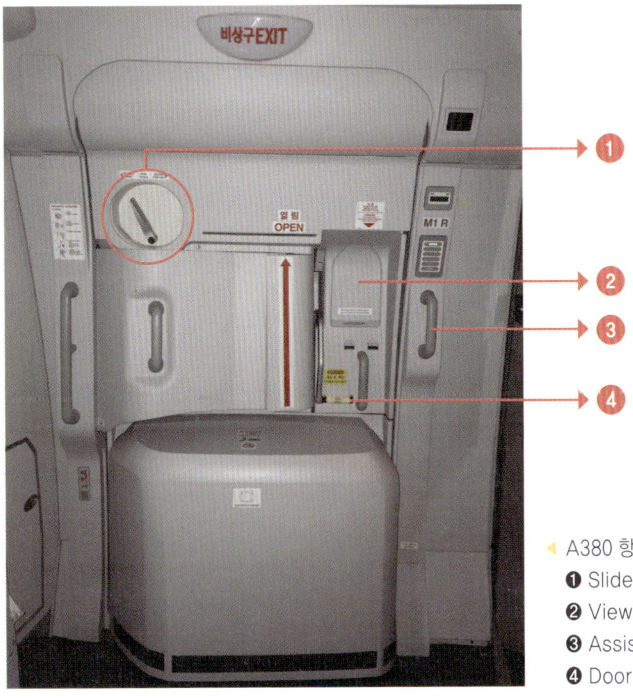

A380 항공기의 도어
❶ Slide Arming Lever
❷ Viewing Window
❸ Assist Handle
❹ Door Operation Handle

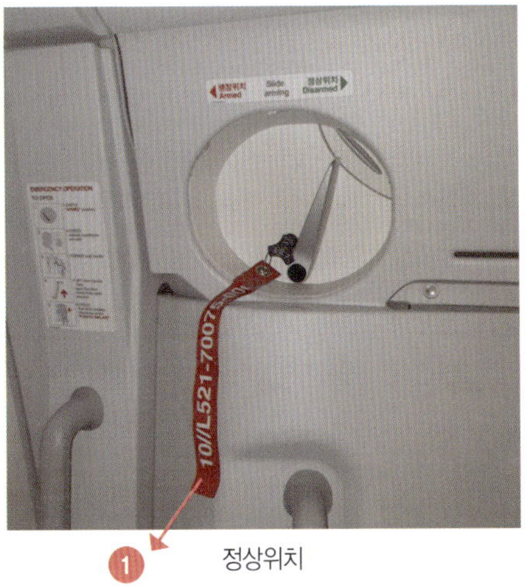

정상위치

팽창위치

Slide Mode가 정상위치인 경우와 팽창위치인 경우의 Slide Arming Lever의 방향.
Airbus 기종의 경우 정상위치로 옮긴 후 Safety Pin(❶)을 꽂아 Lever의 이동을 막게 되어 있다.

오버윙 윈도우 엑시트(Overwing Window Exit)

B737 등과 같은 소형기종의 경우 주날개 위의 동체 좌우에 각 1개 혹은 2개의 Overwing Window Exit이 장착되어 있으며, 이는 비상사태 시 객실 중앙에 있는 승객들의 탈출구로 사용된다.

▲ Overwing Window Exit
Supakitswn / Shutterstock.com

잡지꽂이(Magazine Rack)

객실 벽면을 이용하여 잡지와 신문 등 읽을거리(Reading Material)를 진열해 두는 선반을 말한다.

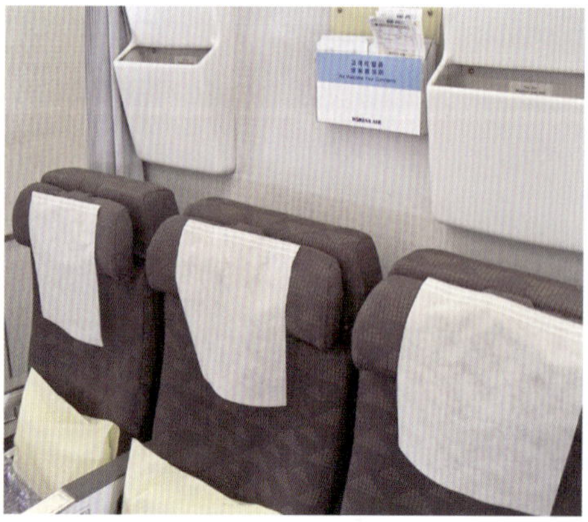

▲ 객실 내부 잡지꽂이 모습

▲ B747 항공기의 잡지꽂이 활용의 예

코트룸(Coatroom)

코트룸은 클래스별로 설치되어 있으며, 특히 상위클래스에서는 모든 승객의 의복을 보관해야 하므로 청결하게 유지하며 서비스 용품 등의 과다탑재로 공간이 협소해지지 않도록 주의해야 한다.

▲ 상위클래스 코트룸

▲ 소형기종 코트룸

(4) 객실 서비스 클래스

일등석(First Class)

일등석은 대부분 항공기 최전방에 위치하며 개별 승객의 요구사항에 맞추어 서비스하는 'On-demand' 서비스를 기본으로 한다. 그리고 S.H.R을 참고하여 탑승객 모두에게 호칭서비스를 한다.

일등석 담당 승무원은 최상위클래스에 걸맞은 매너와 기내 설비 및 기내식 전반에 대한 전문 지식을 습득하고 서비스할 수 있도록 노력해야 한다. 식음료 서비스에 있어서도 선택이 다양하며 차이나웨어와 글래스를 이용한 Dish Up으로 개별 서비스를 제공한다.

탑승 후 지상에서 Welcome Drink 서비스를 비롯하여 편의복, 핫타월, Amenity Kit(편

> *To Be More Professional Crews!*
>
> **On-demand Service**
>
> 개별 승객의 요구에 맞추어 서비스하는 방식을 말하며, 일반석과 달리 상위클래스 특히 일등석에서는 모든 서비스를 On-demand 방식으로 제공하는 것을 기본으로 한다.
>
> 기내식 제공 시점과 메뉴 선택, 기내판매 구입 시점 등 승객의 기호와 요구에 맞추어 서비스를 제공한다.

의용품), Noise Cancelling Headphone 등을 서비스하며 코트 보관 서비스가 있다. 또 항공기 탑승 전 일등석 라운지를 이용할 수 있으며 우선 탑승과 수화물 우선 처리 서비스를 제공하고 있다. 일등석은 예약 발권 시 코드 <F>로 표시한다.

▲ 일등석 Dish Up 서비스의 예

이등석(Business, Prestige Class)

이등석 또는 비즈니스석은 대부분 일등석 후방에 이어서 위치하며 일등석과 마찬가지로 승객들에게 적절한 호칭서비스를 한다. 식음료 서비스는 모든 코스는 아니지만 선택적으로 프레젠테이션(보여 주고 선택을 받는 서비스) 서비스를 하기도 하며 국내 항공사 중 일부에서 주요리를 직접 Dish Up하여 서비스하기도 한다.

일등석에서 기내식을 Course별로 제공한다면 비즈니스석에서는 Semi-course 방식으로 서비스한다. 지상에서 Welcome Drink 서비스, Amenity Kit(편의용품), 재킷 보관 서비스가 있으며 항공기 탑승 전 비즈니스 라운지를 이용할 수 있다. 예약 발권 시 코드 <C>로 표시한다.

▲ 비즈니스석 식사 서비스의 예

▲ 비즈니스석 기내식 Tray 탑재 모습

▲ 비즈니스석 식사 서비스의 예

일반석(Economy Class)

일반석은 대부분 비즈니스석 후방에 이어서 위치하며 식음료는 식사 서비스 시 특별한 요청이 없는 한 개별 서비스가 아닌 동시 서비스를 하고 있으며 식사 초이스는 보통 두 가지로 제한된다. 기내식은 'Pre-Set Tray' 방식의 한상차림으로 제공한다. 예약 발권 시 코드 <Y>로 표시한다.

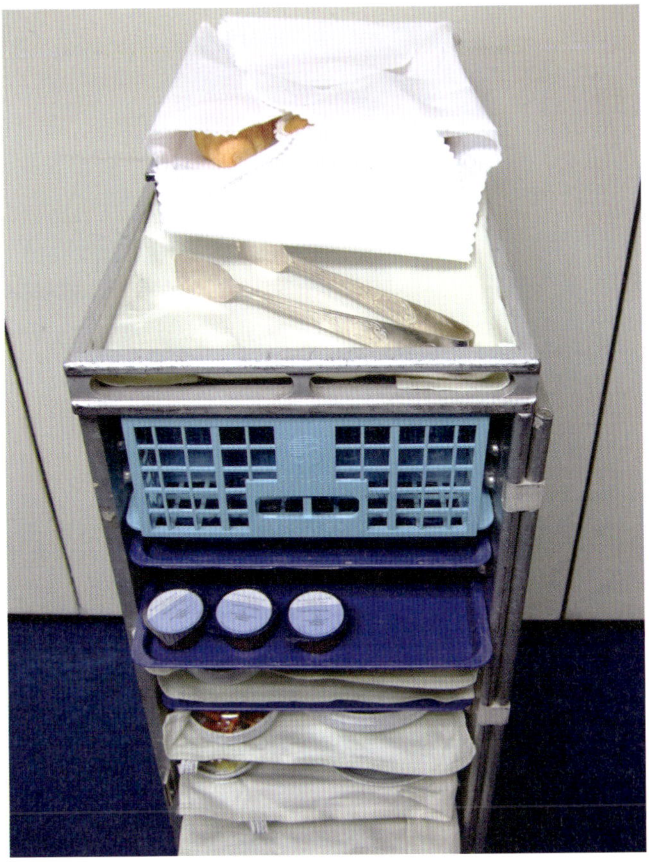

▲ Semi-course 방식의 비즈니스석 식사 서비스 준비의 예(Tray와 Bread 서비스)

(5) 객실 환경의 이해

기내 온도

기내 온도는 보통 23~25°C 정도로 객실 Zone별로 구별하여 조절하며 승객 탑승률과 성향에 따라 적절하게 운영한다.

기내 습도

기내 습도는 평상시 실내 환경보다 낮은 10~20% 내외로 건조한 편이므로 지속적인 음료수 제공이 필수적이다.

기내 기압

기내 기압은 해발 5,000~8,000피트(1,524~2,438미터) 고도에서의 기압이며 신기종의 경우 5000~6000피트와 비슷한 수준이다.

우주 방사선

장거리 비행 시 항공기가 북극 항로를 이용하는 경우 시간당 약 0.004~0.005밀리시버트 정도의 우주 방사선에 노출된다.

To Be More Professional Crews!

시버트

X-Ray 촬영 시 인체에 흡수되는 방사선량은 대략 0.02~0.04밀리시버트이다. 시버트는 방사선으로 인한 생물학적 효과까지 반영한 단위로, 방사능 노출 측정 및 생물학적 영향을 연구한 스웨덴의 의학 및 물리학자인 롤프 막시밀리안 시베르트의 이름을 딴 용어이다. 1밀리시버트(mSv)는 1시버트(sievert, 기호: Sv)의 1천분의 1이다.

기내 소음

기내 소음은 최신 기종의 출현으로 점차 줄고 있으나 이착륙 시 및 엔진 근처 일부의 좌석에서는 엔진 소음으로 인한 불편이 있을 수 있다. 기내 소음이 줄어든 만큼 비행 중 갤리 내 소음을 최소화하려는 노력을 기울여야 한다.

QUIZ

1. 항공기는 크기에 따라 Wide Body와 Narrow Body로 구별된다. 그 기준은 무엇인가?

2. 대표적인 항공기 제작회사에는 어떤 회사들이 있는지 설명해 보자.

3. 항공기 외부 구조를 크게 구분해 설명해 보자.

4. 대한민국의 항공기 등록부호는 무엇이며 항공기 어느 부분에 표시되어 있는지 설명해 보자.

5. 윙릿(Winglet)은 항공기 어느 부분에 장착되어 있으며 그 기능은 무엇인지 설명해 보자.

6. 항공기 조종면 중에서 1차 조종면에는 어떤 것들이 있는지 항공기 모형을 이용하여 각각의 위치와 기능을 설명해 보자.

7. 1차 조종면에 따른 항공기의 기본 운동인 선회운동, 상하운동, 좌우운동을 설명해 보자.

8. 2차 조종면의 위치와 기능을 설명해 보자.

QUIZ

9 ULD란 무엇인지 설명해 보자.

10 승객 좌석의 PSU를 설명해 보자.

11 Retractable Monitor를 설명해 보자.

12 Jump Seat을 구성하는 요소에 대해 설명해 보자.

13 CAP에서 확인하거나 조절할 수 있는 것에는 어떤 것들이 있는지 설명해 보자.

14 CMS는 어떤 기능을 하는 시스템을 일컫는 용어인가?

15 객실 내에 Water Shut Off Valve는 어디에 설치되어 있으며 그 기능은 무엇인가?

16 기내에 열을 감지하는 소화기는 어디에 장착되어 있는지 설명해 보자.

17 Smoke Detector는 어디에 설치되어 있는지 설명해 보자.

QUIZ

18 Bulkhead란 무엇인지 설명해 보자.

19 항공기 Door의 각 명칭을 설명해 보자.

20 Door Slide Mode에 대해 설명해 보자.

21 Overwing Window Exit은 어디에 위치하는지 설명해 보자.

22 On-demand Service란 무엇인가?

23 일등석, 비즈니스석, 일반석의 기내식을 포함한 서비스 방식의 차이는 무엇인지 설명해 보자.

24 일등석, 비즈니스석, 일반석의 예약 코드는 무엇인가?

25 객실 환경은 지상과 어떤 차이가 있는지 온도, 습도, 기압, 방사선, 소음 등에 대해 설명해 보자.

CABIN **SERVICE**

Chapter 2

객실 서비스

학습 목표

I. 객실 서비스의 물적 서비스를 이해하고 적절히 안내 및 제공할 수 있다.

II. 객실 서비스의 인적 서비스를 이해하고 수행할 수 있다.

III. 일반적인 기내식의 종류를 이해할 수 있다.

IV. 특별 기내식의 종류와 특성을 이해할 수 있다.

V. 기내 서비스 음료의 종류와 특성을 이해할 수 있다.

Stoyan Yolov / Shutterstock.com

2 객실 서비스

1 객실 서비스의 이해

1) 객실 서비스의 개념

객실 서비스는 비행 중 기내에서 승객들에게 이루어지는 제반의 물적·인적 서비스를 총칭하는 것으로, 항공 운송 서비스의 마지막 단계라고 할 수 있다. 고객과의 서비스 접점이 가장 오랜 시간 지속되는 단계이므로 고객들의 만족과 불만족 상황이 표출되는 기회가 많다.

객실 서비스 중 물적 서비스란 승객이 객실 내에서 필요로 하는 각종 시설물과 서비스 물품을 제공하는 것을 말하며, 인적 서비스란 기내에서 승무원들에 의해 이루어지는 모든 서비스를 말한다.

지구촌 글로벌화가 가속화되고 있는 오늘날 항공기 수요는 계속 증가하고 있다. 이와 함께 이용 승객의 계층이 다양화하고 생활수준이 향상함에 따라 승객의 기대수준도 높아지고 있어 객실 서비스도 그에 부응하여 나날이 변모하고 있다.

2) 객실 서비스의 특성

객실 서비스의 특징은 무엇보다 제한점이 많다는 것에 있다. 첫째, 제한된 공간 안에서 서비스가 이루어지며, 둘째, 제한된 시간 안에서 서비스를 마쳐야 하거나 혹은 고객이 서비스를 거부하고 떠나고자 하여도 정해진 시간 동안 서비스를 제공받아야 하며, 셋째, 서비스 물품은 비행 중 교체하거나 보충할 수 없다는 제한점을 안고 있다.

따라서 객실 서비스는 철저한 사전 준비와 전문성을 겸비한 승무원들의 팀워크로 완성될 수 있다. 또 기내에서 응급상황 발생 시 외부전문가의 추가 탑승이 불가하므로, 이에 대한 대처능력을 갖추어야 한다. 항공기 결함으로 인한 비상사태, 응급환자 발생, 테러 등에 대한 신속한 상황판단과 정확한 대응절차 숙지가 필수적이다.

2 객실 서비스의 구성

1) 물적 서비스

물적 서비스는 승객이 기내에서 이용하거나 제공받게 되는 각종 기내 시설이나 장비, 식음료 등을 포함하는 상품과 기내 온도, 습도, 소음 등에 관련한 운항 중의 환경 및 서비스 전달체계(Delivery Systems)로 구분된다.

(1) 항공기와 기내 인테리어

치열해지는 항공업계의 경쟁 속에서 항공기와 그에 따른 기내 인테리어에 대한 관심이 고조되고 있다. 대부분의 항공사들은 대표적인 항공기 제조회사인 보잉(Boeing)이나 에어버스(Airbus)가 제작한 항공기를 도입하여 다양한 기종을 운용하고 있으나, 항공기 자체는 항공사별로 큰 차이가 없다.

다만, 항공사 고유의 이미지를 심어 주고자 동체 표면 특유의 Wrapping을 하거나 기내 인테리어와 기용품 등을 통일감 있게 디자인하는 브랜딩 패키지(Branding Package)를 실행하여 승객들의 관심과 기업 인지도를 높이고 있다.

(2) 기내 식음료

기내에서 비행 중 승객에게 제공되는 음료와 음식은 항공 여행의 전반적 서비스의 질을 평가하는 중요한 요소이므로, 각 항공사는 클래스별, 계절별, 노선별로 특색 있는 메뉴를 개발하여 제공하고 있다.

▲ Child Meal(치킨 요리)의 예

국내 항공사의 경우, 일반석에 한식을 도입하여 비빔밥과 국을 서비스하여 내국인뿐만 아니라 외국인들에게도 좋은 호응을 얻고 있으며, 비빔국수를 메뉴로 개발하여 장거리 여행에 지친 승객들에게 한국의 맛을 선보이고 있다.

또 신선한 야채를 곁들인 쌈밥을 도입하여 한식의 기내식 메뉴를 다양화하고 있다. 이외에도 동남아 노선에서 아이스크림을 서비스하거나 하와이 노선에서 구아바주스를 서비스하는 등 승객 만족을 위해 항공사별로 끊임없이 메뉴 개발에 힘쓰고 있다.

또 건강상, 종교상의 이유 등으로 일반 기내식 취식이 불가한 승객들을 위해 기내 특별식을 제공한다. 유대교 신봉자를 위한 Kosher Meal, 고혈압 환자 등을 위한 저염식, 당뇨환자를 위한 Diabetic Meal, 어린이들이 즐길 수 있도록 하는 Child Meal, 유아들을 위한 Infant Meal, 채식주의자를 위한 Vegetarian Meal 등 다양한 메뉴를 선보이고 있다.

(3) 기용품

기용품이란 기내 설비 및 장비를 제외하고 기내에 탑재되는 모든 물품을 말하며, 광범위하므로 다음과 같이 구분하고 있다. 승객에게 제공되는 것으로 그 자체가 서비스의 주(主)가 되는 물품인 서비스 용품과 서비스 보조용품으로 회수하여 재사용이 가능한 물품인 서비스 기물이다.

서비스 용품은 기내식과 음료, 소모품을 말하며, 종이컵(Paper Cup), 플라스틱 컵(Plastic Cup), 가니시(Garnish)류, 소스류, 신문 등이다. 서비스 기물에는 Cart, Linen, Tray, Cutlery, Glassware, Chinaware 등이 있다.

서비스 용품

- 기내식은 일반석인 경우 한상차림으로 서비스하므로 식사 서비스 횟수에 따라 Tray 개수와 주요리의 개수를 확인한다. 상위클래스는 코스별로 서비스하므로 메뉴 리스트를 참고하여 각 코스에 필요한 식자재를 빠짐없이 확인해야 한다.
- 간식이 서비스되는 노선에서는 간식의 종류와 수량을 확인한다.
- 기내 특별식 요청 승객이 있는 경우 종류와 수량을 확인한다.
- 일반석에서 가장 많이 필요한 소모품인 각종 음료와 생수, 종이컵과 플라스틱 컵의 탑재 여부를 확인한다.
- 칵테일 냅킨, 차 종류, 설탕, 크림, Muddler, Cup Lid & Straw, Toothpick, Cocktail Pick 등을 확인한다.
- 화장실에 필요한 용품인 클리넥스, 페이퍼타월, 롤페이퍼, 3oz컵, 화장품, 치약 칫솔, 구강청결제, 빗, 면도용품 등의 탑재 상태를 확인한다.
- 코튼 타월(Cotton Towel)과 일회용 타월(Disposable Towel)은 서비스 절차에 따라 필요한 수량을 확인한다.

▲ 일등석 전용 이불과 깔개의 예
Agent Wolf / Shutterstock.com

- 잡지와 신문 탑재량 확인 시(Outbound인 경우) 신문은 다음 팀에 인계해야 하는 수량이 있으므로 별도 보관해야 하며 각 클래스별로 확인 후 서비스 준비를 한다.
- 어린이용 기념품 탑재 수량을 확인하고 신문과 마찬가지로 다음 팀에 인계해야 하는 수량이 있으므로 별도 보관한다.
- 헤드폰은 일등석 용, 비즈니스석 용, 일반석 용이 있으므로 각 클래스별로 확인한다.
- 승객 편의용품(Amenity) 수량을 확인하고, 상위클래스는 Water Spray와 일등석 전용 편의복, 대나무 지압대, Noise Cancelling Headphone, 이불과 깔개 등을 확인해야 한다.

서비스 기물

■ Cart

Cart에는 Serving Cart와 Meal Cart(Full Size, Half Size), 음료 Cart, 기내판매 Cart 등이 있다. Serving Cart는 접이식으로 갤리 내 정해진 Compartment 안에 탑재되며 고장이 난 경우를 제외하고 항공기에서 하기시키지 않고 재사용한다. Serving Cart는 서비스 용품을 싣고 프레젠테이션 방식(신문, 헤드폰, 음료 등)으로 서비스하며 상위클래스 용과 일반석 용으로 구별되는데 상위클래스 용이 너비가 좀 더 넓게 제작되었다.

Meal Cart에는 기내식 Tray가 탑재되며 Large Tray인 경우 한쪽 면에 14개의 Tray가 탑재되며 Small Tray인 경우는 한쪽 면에 28개의 Tray가 탑재된다. 따라서 Large Tray가 실린 경우 Meal Cart 1개당 28개의 기내식 Tray가 탑재되며 Small Tray가 실린 경우는 Meal

▲ 고정 페달이 보이는 Cart의 모습

Cart 1개당 56개의 기내식 Tray가 탑재된다.

음료 Cart는 내부에 서랍이 있어 각종 주류와 칵테일 냅킨, 음료 등을 보관할 수 있고 일반석에서 음료 서비스를 하는 경우에 활용한다. Hot Beverage를 함께 서비스하는 아침식사 전 음료 서비스 시에는 Serving Cart에 각종 Cold Beverage와 Hot Beverage에 필요한 Pot과 서비스 용품을 올려서 서비스하기도 한다.

기내판매 Cart는 기종에 따라 탑재 공간을 활용해야 하는 관계로 종류가 다양한 편(Full Cart, Half Cart)이나 대부분 기내판매 물품이 보이도록 옆면이 투명하게 제작되었다.

모든 Cart는 Door에 Locking 장치가 있으며, Cart 이동을 위해 하단에 달려 있는 페달 또한 Locking 장치가 있어 붉은색 페달을 아래로 밟으면 고정되며, 녹색 페달을 밟으면 잠금 상태가 풀린다. Cart를 Compartment에 보관한 후에 반드시 Door를 닫고 페달을 밟아 고정해야 한다. 서비스 중에도 반드시 Locking 상태를 유지할 수 있도록 주의해야 한다.

Cart를 이동할 때는 소음이 나지 않도록 유의하고 승객과 승무원의 부상 발생을 막을 수 있도록 무리해서 움직이지 말고 이동할 때는 미는 방향이 아니라 당기는 방향으로 움직이도록 한다.

Cart가 고장이 난 경우는 Repair Tag를 붙인 후 인수인계하고 모기지 도착 시에는 운송 직원에게 알려 교체되도록 한다.

■ Tray

Tray는 일반석 용(Large, Small)과 상위클래스 용으로 나뉘며, 음료 서비스 시와 Hot Beverage 서비스 시, 개별 서비스 시에 필요하므로 충분한 수량이 탑재되었는지 확인하고 항상 청결한 상태로 사용할 수 있도록 해야 한다.

■ Linen

일반석보다 상위클래스에서 필요한 수량이 더 많으므로 각 클래스별로 탑재 수량과 종류를 확인해야 한다. 일반석에서는 기내식 Tray에 Bread가 개별 탑재되지 않고 Bulk로 탑재된 경우 Oven을 이용하여 Heating하고 Bread Basket에 Linen을 깔고 Heating한 Bread를 올려 별도 서비스하므로 필요시 Linen을 재배치하여 사용한다. 또 와인 서비스 시 Linen을 사용하므로 사전에 Linen을 준비한다.

■ Cutlery, Chinaware, Glassware

상위클래스용 기물이므로 서비스 내용을 참고하여 종류와 수량을 확인한다.

■ 각종 Tongs

상위클래스 기내식 서비스 시 필요한 각종 Tong의 탑재 유무를 확인한다.

■ Pot 류 & Ice Bucket

갤리에 설비된 커피머신에 장착할 Pot 외에 Hot Beverage와 한식 서비스 시 필요하므로 충분량이 탑재되었는지 확인한다.

이와 같이 출반 전 확인해야 하는 기용품의 종류가 많고 이륙 후 필요 물품을 충당할 방법이 없는 항공기 특성상, 객실 승무원은 주어진 시간 안에 실수 없이 서비스 준비를 완료할 수 있어야 한다.

(4) 엔터테인먼트

기내 엔터테인먼트란 크게 영화, 음악, 독서물, 게임, Airshow 등을 말한다. 영화는 개인용 모니터를 통해 AVOD(Audio Video On Demand) 시스템을 이용하여 다국어로 제공되며 이외에도 각종 뉴스, 다큐멘터리 등을 시청할 수 있다.

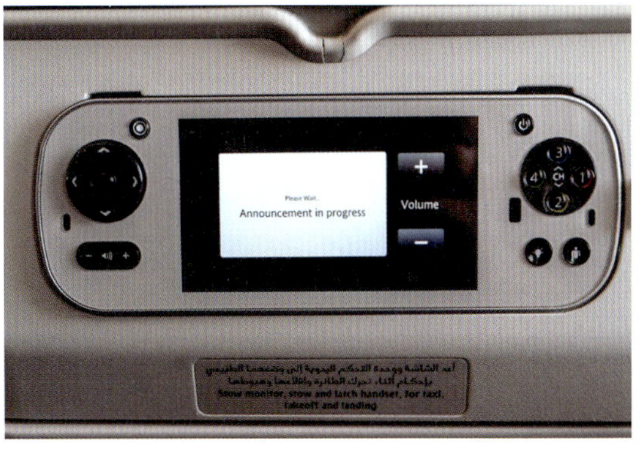

▲ AVOD 조절기가 장착된 모습

음악은 클래식, 최신가요, 재즈 등 다양한 장르의 음악을 서비스하며 독서물에는 신문과 기내 잡지, 항공사 고유의 기내지 등이 있다. 또 AVOD 조절기를 이용하여 즐길 수 있도록 게임 등도 제공하고 있다.

Airshow

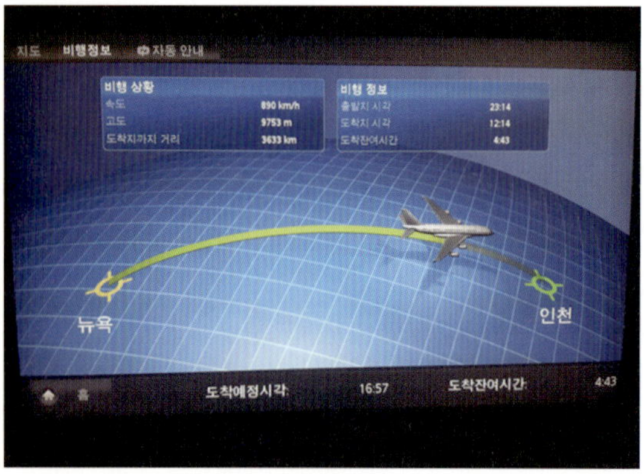

▲ 항공기 운항 중 Airshow 상영의 예

고객의 편의를 위한 전자 시스템으로 항공기 항법장비와 연계되어 현재 운항 중인 항공기의 정보를 화면에 나타내는 시스템이다. 고도, 항속, 외기온도, 지도상의 위치, 도착예정시간 등의 정보를 제공하는데, A380 기종은 Landscape Camera를 통해 전방, 후방 그리고 촬영한 모습을 제공한다.

AVOD(Audio Video On Demand)

좌석마다 설치된 개인용 모니터를 통해 승객이 원하는 시간대에 개별 이용이 가능한 AVOD 방식으로 음악과 영상을 감상할 수 있다.

Noise Cancelling Headphone

일등석에서는 기내 소음을 차단하여 시청 중인 영상의 음향을 더 생생하게 감상할 수 있도록 Noise Cancelling Headphone을 서비스하고 있다.

▲ Noise Cancelling Headphone

▲ A380 항공기의 면세품 전시 공간

(5) 기내 면세품 판매

국제선 항공편에서 승객의 쇼핑 편의를 위해 술, 향수, 화장품, 액세서리 등 세계 유명상품을 면세가격으로 구입할 수 있도록 면세품 판매를 실시한다. 승객의 편의를 위해 사전 예약주문 서비스를 시행하는 항공사도 있으며, 서비스 가용시간을 고려하여 초단거리에서는 사전주문 승객에게만 판매하는 경우도 있다. 모든 승객이 면세품을 구입하는 것이 아니므로 구매 의사가 없는 승객에게 방해되지 않도록 면세품 판매 시에는 각별한 주의를 기울여야 한다.

To Be More Professional Crews!

기내판매의 특성

기내판매는 대 고객 서비스의 일환으로 세계 유명상품을 저렴한 가격으로 기내에서 면세로 판매하는 것으로 항공사의 부대사업 중 하나이나 다음과 같은 여러 제한점이 있다.

- 기내에 면세품을 충분히 탑재할 수 있는 공간이 제한적이다.
- 운항 시간 중에 판매가 이루어져야 하는 시간적 제한이 있다.
- 관세법에 저촉되지 않는 범위에서 품목을 선정해야 하며 관세 절차에 따라 운영해야 한다.

(6) 어린이와 유아를 위한 서비스

2세 미만의 유아를 위한 젖병과 이유식 등이 비상용으로 탑재되며 여벌의 기저귀 등이 탑재된다. 또 탑승 전 아기 요람(Baby Bassinet)을 신청한 승객에게 우선적으로 아기 요람을 설치하여 유아동반 승객의 편의를 제공한다.

국내 특정 항공사에서는 좌석을 점유하는 소아 항공권을 구매한 유아 고객에게 유아용 시트(Baby Seat)를 서비스하고, 유아용 안전벨트(Baby Harness)는 좌석 점유 소아 항공권을 구매한 만 5세 미만 유·소아 고객에게 제공하기도 한다. 어린이들의 장거리 여행의 지루함을 덜어 주고자 유·소아 증정품(Child Giveaway)을 서비스하고 있다.

(7) 임산부를 위한 서비스

합병증이 없는 임신 32주 미만의 승객은 제한 없이 자유롭게 항공 여행이 가능하나 임신 32주에서 36주 사이의 승객은 탑승 수속 시 건강상태 서약서 제출이 필요하다. 그리고 임신 37주 이상(다태 임신인 경우는 33주 이상)인 승객은 임신부와 태아의 건강을 위해 항공 여행이 불가하다. 항공기 탑승 시 노약자, 유아동반 승객과 함께 우선 탑승할 수 있다.

(8) 독서물

객실 승무원은 객실 내 칸막이벽(Bulkhead)에 설치되어 있는 잡지꽂이(Magazine Rack)를 이용하여 탑재된 잡지와 신문 등을 비치하여 비행 중 승객들에게 읽을거리를 제공하

▲ A330 항공기 칸막이벽에 설치된 잡지꽂이와 독서물

EQRoy / Shutterstock.com

며, 지속적으로 잡지와 신문 등이 정리정돈된 상태가 유지되도록 해야 한다. 도착 전 모든 잡지를 회수하여 하기될 수 있도록 하며, 승객 하기 후에 보완점검 시 잡지꽂이 안에 이물질 및 위험물질이 있는지 확인해야 한다.

그 밖에 승객 좌석 앞 주머니(Seat Pocket)에 기내지와 기내판매 안내 책자 등이 비치되어 있다.

▲ Seat Pocket 안에 비치된 기내지의 종류

(9) 기타 서비스

기내에서 앉은 자세로 여행할 수 없는 승객을 위한 의료용 침대(Stretcher) 서비스가 있고, 장애나 질병, 고령 등 신체적, 건강상의 이유로 거동이 불편한 고객을 위한 휠체어 서비스가 있다.

시·청각 장애인 고객을 위해 전담 직원이 안내하거나 필요시 추가요금 없이 인도견과 함께 기내에 동반 탑승할 수 있는 항공사도 있다. 장애인용 설비로는 전용 화장실을 포함하여 일부 기종의 경우, 통로측 좌석의 팔걸이가 완전히 접혀 올라가게 제작되어 있어 좌석에서 수평으로 이동하여 휠체어로 옮겨 탑승하기 쉽도록 배려하고 있다.

그리고 고객의 서신 등을 항공사 취항지로 발송하는 경우, 무상으로 우편 서비스를 제공하기도 하고, 고객 제언서를 좌석 앞주머니에 비치하여 서비스에 대한 고견을 접수한다. 또 좁은 기내 좌석 공간으로 인한 일반석 증후군(Economy Class Syndrome)을 방지하고자 기내 체조 비디오를 제공하기도 한다.

그 외 항공사별 특화서비스로는 상위클래스에 마스크팩을 서비스하는 Charming 서비스, 일등석의 편의복 제공 서비스, Wake-Up 서비스, 마술쇼와 생일축하 연주 공연 등을 제공하는 Flying Magic 서비스, 도움이 필요한 승객을 도와드리는 한가족 서비스 등이 있다.

또 현재는 진행하지 않는 서비스이지만, 유명 박물관과 미술관의 작품 감상법을 안내하는 문화예술 가이드 서비스 등 각 항공사마다 승객의 편의를 위해 타 항공사와 차별화된 다양한 서비스를 고안해 내고 있다.

2) 인적 서비스

NCS 능력 단위 명칭	능력 단위 요소
항공 서비스 매너 1203010514_16v1	1. 기본 매너 갖추기 1203010514_16v1.1
	2. 항공 서비스 매너 관리하기 1203010514_16v1.2

1. 기본 매너 갖추기 수행준거

1 객실 서비스 규정에 따라 고객 만족 서비스를 위한 서비스 마인드를 함양할 수 있다.
2 객실 서비스 규정에 따라 고객 만족 서비스를 위한 원활한 소통을 할 수 있다.
3 객실 서비스 규정에 따라 고객 만족 서비스를 위한 다양한 문화적 특성을 파악할 수 있다.

2. 항공 서비스 매너 관리하기 수행준거

1 객실 서비스 규정에 따라 필요한 용모 복장을 단정히 할 수 있다.
2 객실 서비스 규정에 따라 필요한 호감 주는 표정을 관리할 수 있다.
3 객실 서비스 규정에 따라 필요한 호감 주는 음성을 표현할 수 있다.
4 객실 서비스 규정에 따라 상황별 기본 매너를 지킬 수 있다.

서비스의 기본은 상대방의 관점에서 불편하지 않고 편안함을 느낄 수 있도록 하는 것이며, 상대방을 존중하고 배려하는 마음이 전제되어야 한다. 기본원칙을 지키지 못하는 기내 상황에서는 융통성 있게 변형하여 서비스할 수 있으나, 상대방을 존중하고 배려하는 마음이 전달되지 못한다면 기본원칙을 지키지 못하는 불가피한 상황일지라도 승객에게 불쾌함만을 주게 된다.

따라서 항상 서비스의 기본원칙이 몸에 배도록 훈련하는 것이 필요하며, 이와 동시에 승객을 응대하는 객실 승무원의 마음가짐 또한 기본원칙 못지않게 중요하다. 기본예절의 자세를 구체적으로 살펴보면 다음과 같다.

(1) 기본원칙과 자세

고객을 대할 때는 항상 고객중심 태도를 유지하며, 어떠한 경우에도 논쟁을 하거나 장난스러운 태도를 삼가고 항상 정중하고 호의적인 태도로 승객을 응대하려고 노력해야 한다.

화법은 표준어와 높임말을 사용하여 정중하게 표현하며 은어와 지나친 전문용어를 사용하지 않는다. 고객에게 신뢰를 얻을 수 있도록 정확한 발음과 적절한 속도, 밝고 긍정적인 어조를 구사하도록 한다.

승객 응대 시 표정은 항상 밝게 유지하며 눈맞춤을 하나 승객의 기분이나 상황 등에 맞추어 적절하게 응대한다.

유니폼 착용 시 청결하고 단정하게 유지하며 항공사 규정에 맞추어 착용한다.

승객 요구사항이 있는 경우 즉시 해결하도록 노력하고 즉시 해결이 불가능한 경우 해결 가능 시점을 안내하고 양해를 구하여 막연히 기다리게 하거나 응대가 소홀하다고 느끼지 않도록 한다. 승객 요구사항에 대해 해결이 불가능한 경우에는 대체할 만한 서비스를 제안하는 것이 좋다.

승객 호출 버튼이 켜질 경우 해당 승객의 요구사항을 끝까지 경청한 다음 호출 버튼을 리셋한다.

그외에 해당편의 정보인 비행시간, 비행경로, 목적지 도착 예정시간 및 도착지 국가 출입국 규정을 숙지하여 승객의 질문에 항상 정확한 답을 할 수 있도록 하며 승객으로부터 어떠한 금품도 받아서는 안 된다.

눈높이 자세

눈높이 자세는 승객과 장시간 대화를 나누어야 하는 경우나 승객에게 사과할 때 등 필요한 경우에 취하는 자세로 상위클래스의 경우 메뉴 주문을 받을 때 취하기도 한다.

우선 승객을 정면으로 볼 수 있도록 승객의 1열 앞이나 승객 좌석 팔걸이 옆쪽에서 무릎을 꿇고 앉은 자세로 응대한다. 무릎 중 승객 쪽 무릎만을 바닥에 닿게 하고, 다른 쪽 무릎은 약간 세워 상체가 흔들리지 않도록 안정된 자세를 취한다. 이때 기내화가 벗겨지지 않도록 주의하며 승객 좌석 팔걸이에 기대지 않도록 한다.

걷는 자세

기내에서 이동 중 복도 등을 지날 때는 가슴과 등을 곧게 펴고, 보행 중에는 다리가 벌어지지 않도록 양 무릎을 스치듯 걷고, 바닥이 울려 승객 휴식을 방해하지 않도록 발을 끌지 않는다.

특히 기내 바닥은 울림이 심한 편이므로 걸음걸이가 조심스럽지 않은 경우, 취침 중인 승객에게 심한 방해가 될 수 있으므로 각별히 주의해야 한다. 기내 순회를 할 경우 뒷짐을 지거나 주머니에 손을 넣고 걸어서는 안 되며, 팔짱을 끼고 걷지 않는다. 기내 응급상황 외에는 뛰어서는 안 되며, 급할 때는 빠른 걸음으로 조용히 걷는다.

서 있는 자세

승객 탑승 시 혹은 인사 시에 바르게 서는 자세는 우선 턱을 당기고 시선은 정면을 향하며, 등과 가슴은 곧게 편다. 무릎과 발뒤꿈치는 붙이고, 손은 자연스럽게 내려놓는다. 양발은 발뒤꿈치를 붙이고 약 30도 정도로 벌린다. 승객의 가시권 내에서는 뒷짐을 지거나 의자, 벽, 카트, 기둥 등에 기대어 서지 않는다.

특히 비행 근무를 위해 출퇴근 시 신분이 드러나는 유니폼을 착용한 경우, 더욱 단정한 자세를 유지하도록 해야 한다.

앉는 자세

허리를 곧게 펴고, 등 아랫부분은 등받침에 붙이되 완전히 뒤로 기대지 않는다. 앉아 있을 때도 팔짱을 끼지 않고, 손은 자연스럽게 무릎 위에 올린다. 무릎과 발은 모으며, 다리를 꼬지 않는다. 다만, 이착륙 시 승무원 좌석에 앉아 있는 경우는 안전 규정에 따른다.

방향 안내

방향을 안내할 때는 직접 해당 장소까지 안내하거나, 손가락을 가지런히 모아 손바닥을 위로 오도록 하여 방향을 안내한다.

오른쪽의 것을 안내할 경우 오른팔을, 왼쪽의 것을 안내할 경우는 왼팔을 이용하며, 뒤편을 안내할 경우 몸을 돌려 안내해야 한다. 한 손가락이나 턱으로 안내하지 않도록 유의하며 사람을 지목하여 안내할 경우는 한 손이 아닌 두 손을 이용하여, 왼손이 오른 손을 받치는 모양으로 안내한다.

(2) 객실 내 기본예절

갤리(Galley) 내에서

갤리와 승객 좌석은 커튼 하나로 공간이 분리되는 만큼 승객의 휴식을 방해하지 않도록 큰소리로 대화하지 않고 작업 시 Compartment, Cart, Carry-On Box를 여닫을 때는 반드시 손잡이를 잡고 소음을 최소화한다.

갤리는 식음료를 취급하는 장소이므로 항상 청결하고 정돈된 모습을 유지한다. 객실을 오갈 때 갤리 커튼(Galley Curtain)은 눈높이 이상의 부분을 잡아 펄럭임을 방지하고 식사 서비스 시 갤리 커튼은 묶어 둔다.

인터폰(Interphone) 응대 시

인터폰이 울리면 가장 가까운 곳에 있는 승무원이 바로 핸드셋을 들어 응답하고 해당 인터폰의 위치와 본인의 이름을 함께 말한다. 예를 들어 "L3 김사랑입니다." "Upper Deck Galley 김사랑입니다."처럼 대답한다. 인터폰은 핸드셋을 통해 승무원 간에 소통할 수 있는 통신시스템이며 모든 Jump Seat과 조종실(Cockpit), 벙크(Bunk), 갤리 내에 설치되어 있으므로 연락이 온 핸드셋의 위치와 해당 승무원의 이름을 말하고 의사소통을 한다.

▲ Jump Seat에 장착된 핸드셋

(3) 인사 자세

기본 인사법

먼저 인사를 받는 사람을 향해 바른 자세로 서고 발은 뒤꿈치를 붙이고 15~30도 정도 양 발을 벌린다. 가슴과 등은 자연스럽게 곧게 편다. 어깨는 힘을 빼고 어깨선이 굽지 않게 한다. 손은 여성의 경우 오른손이 위로 오도록 하여 두 손을 앞으로 모으고, 남성은 가볍게 주먹을 쥐어 바지의 재봉선에 자연스럽게 붙인다.

인사를 할 때는 상대방의 눈을 보며 밝고 쾌활한 목소리로 인사말을 건넨다. 그다음 상체를 정중히 굽혀 0.5~1초 정도 잠시 멈춘다. 이때 시선은 발끝 1~2m 앞에 둔다. 몸을 천천히 일으키며 바로 서서 Eye Contact & Smile을 한다. 이때 상체를 굽히는 속도가 일으키는 속도보다 더 빨라야 한다.

인사의 종류

인사는 허리를 숙이는 각도에 따라 목례, 보통례, 정중례로 구분하며 인사법은 기본 인사법과 동일하다.

- 목례(허리를 숙이는 각도가 15도): 좁은 공간(Aisle)에서 승객과 마주치거나, 한 승객과 자주 마주칠 때 한다.
- 보통례(허리를 숙이는 각도가 30도): 일반적인 인사 시, 승객 탑승과 하기 시에 한다.
- 정중례(허리를 숙이는 각도가 45도): 깊은 감사와 사죄를 표할 때, 방송에 맞춰 Welcome 인사를 할 때 한다.

(4) 승객 응대 자세

승객을 응대하는 자세는 용모 복장, 표정, 말씨, 태도, 시선 처리로 구분하여 살펴볼 수 있으며, 각각의 원칙을 지키는 것은 서비스인의 자질을 갖추는 데 필수적이다.

승무원은 전문 서비스인으로서 업무 지식에 정통하여 승객의 질문에 항상 정확한 답을 할 수 있어야 한다. 또 해당편 비행정보, 즉 비행시간, 비행경로, 목적지 도착 예정시간 등을 숙지하여 이를 승객과의 대화에 활용할 수 있어야 한다.

승무원 담당구역 전 승객에게 관심을 갖고 불편사항이 없는지 살펴야 하며, 승객이 이야기할 때는 경청하며 긍정적인 자세를 취하고, 이때 가급적 토론은 피한다. 승객의 요구사항을 해결하기 어려운 경우는, 이유를 정중히 설명하고 제공 가능한 대체물품을 권유한다.

객실 승무원은 승객으로부터 어떠한 금품도 받아서는 안 되며, 통로나 Jump Seat 또는 갤리에서 동료들과 잡담을 해서 승객의 휴식에 방해가 되지 않도록 한다.

(5) 승객 호칭 서비스

호칭 서비스 개요

승객의 직함 등을 파악하여 호칭하는 것은 승객을 한 분 한 분 특별한 존재로 인식하고 있다는 것을 나타내므로, 고객 만족을 가져오는 서비스 방법이다. 그러나 적절치 못한 호칭을 장시간 비행하는 동안 사용한다면, 최악의 서비스 결과를 가져올 수 있으므로 각별한 주의를 기울여야 한다.

호칭 서비스 대상자는 일반적으로 상위클래스 탑승자 전원과, 일반석에 탑승했으나 직위가 파악된 상용 고객이나 VIP 승객 등이다.

호칭 방법

일반적으로 승객의 호칭을 처음 부를 경우 성과 직위를 함께 부르며, 이후 서비스 시에는 직위만 부른다. 예를 들어, '김총장님(성+직위+님)'으로 최초 호칭하며, 이후부터는 '총장님'으로 부르는 것이 바람직하다. 외국인인 경우는 Dr. Jason처럼 직위 + Last Name 순으로 호칭한다.

그러나 직위를 알지 못하는 경우나 신분 노출을 원하지 않는 승객인 경우는 손님, 또는 연장자인 경우는 '선생님'이라는 호칭을 사용하는 것이 무난하다. 그리고 미성년인 경우는 '이름+손님'으로 호칭하는 것이 바람직하고 어린이인 경우 '이름+어린이'로 부르는 것이 좋다.

(6) 식음료 서비스 매너

주문 접수 시 주의사항

당일 제공되는 메뉴, 음료의 내용을 숙지하고 승객의 기호 파악에 노력하여 승객의 취향에 맞는 적극적인 추천과 안내를 한다. 이를 위해서는 제공되는 식재료의 이름과 특성들에 관한 지속적인 관심과 학습이 이루어지도록 개인적인 노력이 이어져야 한다.

식음료를 추천할 때는 가급적 외래어나 전문용어 사용을 피하여 이해하기 쉽게 설명하며, 주문받을 때는 항상 메모지 등을 지참하여 주문 내용을 즉시 정확하게 받아 적는다. 주문을 받을 때는 승객의 좌석번호를 정확히 기억하여 잘못 제공하는 일이 없도록 해야 한다. 특히 건강식이나 종교식을 특별 주문한 승객의 경우, 해당 식사가 잘못 전달되었을 때 대체할 수 있는 별도의 기내식이 없으므로 주의해야 한다.

준비시간이 오래 걸리는 식음료를 주문받을 때와 승객의 주문사항을 즉시 제공하지 못할 때는 그 사유를 설명하고, 소요시간을 알려 불만요소를 최소화하는 것도 필요하다.

서비스 시 주의사항

뜨거운 식음료는 뜨겁게, 차가운 식음료는 차갑게 서비스될 수 있도록 한다. 따라서 뜨거운 식음료를 제공할 때 화상에 주의하도록 안내하며, 승객 앞에서 준비해야 하는 경우 통로에서 따라 제공하는 것이 안전하다. 이때 뜨거운 식음료를 따르는 경우 Pot과 용기를 복도 아래로 위치하게 하여 화상을 예방한다.

식음료를 서비스할 때는 무언(無言)으로 서비스하지 않고 적절한 말을 건네는데, 창측이나 안쪽 승객에게 먼저 주문을 받고 먼저 제공하며, 남녀 승객이 같이 앉아 있는 경우에는 여자 승객에게 먼저 주문을 받고 먼저 제공한다. 어린이 동반 승객의 경우에는 어린이 승객에게 먼저 주문을 받고 먼저 제공한다. 노인 승객이 같이 앉아 있는 경우에는 노인 승객에게 먼저 주문을 받고 먼저 제공한다.

주문받은 식음료를 제공하기 전에 먼저 승객의 테이블을 펴주는데, 이때 창측 승객에게는 양해를 구해 승객이 직접 테이블을 펴도록 권유한다. 승객과 마주보아 왼쪽 승객에게는 왼손으로, 오른쪽 승객에게는 오른손으로 제공하되, 뜨겁거나 무거운 것을 제공할 때는 편한 손으로 제공해도 무방하다.

모든 서비스 용품은 가능한 한 뒷면이 보이지 않도록 하며, 승객에게 전달할 때에도 허리 중앙에 위치하여 허리 밑으로 떨어뜨리지 않도록 한다. 주요리(Entrée)가 승객 앞 안쪽으로 놓이도록 제공하며, Tray 또는 접시가 절대로 승객의 머리 위를 스쳐지나가서는 안 된다.

또 창측이나 안쪽 승객에게 서비스할 때 통로측 승객의 자리를 침범하게 되는 경우 통로측 승객에게 양해를 구하며, 그릇이나 컵 등의 입이 닿는 부분과 음식이 담긴 부분에 손이 닿지 않도록 한다.

승객이 서비스 용품을 떨어뜨렸을 때는 먼저 동일한 새 서비스 용품을 제공하고, 떨어진 서비스 용품은 타월(Cotton Towel 또는 Paper)이나 칵테일 냅킨을 사용하여 집어 올린 후 즉시 갤리로 가서 치운다.

유리잔이나 컵을 승객에게 건넬 때는 위생상 잔의 하단쪽 혹은 Stem 부분을 안정되게 잡고, 상위클래스에서 찬 음료를 제공할 때는 Coaster를 받친다. 일반석의 경우, 모든 음료 제공 시에는 Coaster 대신 칵테일 냅킨을 받쳐 제공한다. 그리고 뜨거운 음료를 제공할 때는 승객 테이블에 놓아주는 것을 원칙으로 한다.

▲ 일반석 음료 서비스 적정량의 예

음료는 잔의 7, 8부를 담아서 제공하나, Turbulence 시 혹은 어린이 승객 및 신체장애 승객에게 음료를 제공할 때는 컵의 1/2~2/3만 채우고, '잠시 후 더 드리겠다'고 안내한 다음 잠시 후 같은 양으로 다시 채운다. 잔에 얼음 조각(Ice Cube)을 넣을 때는 얼음 조각을 먼저 넣고 음료를 그 위에 따른다.

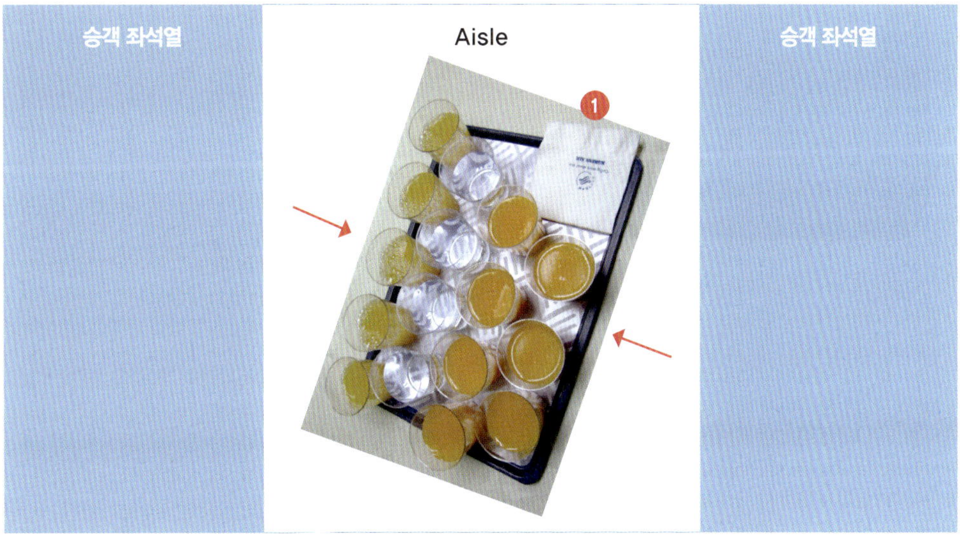

▲ Tray 서비스 시 화살표 부분(장축)을 잡고, 냅킨❶ 쪽을 승객 앞으로 서비스한다.

식음료 서비스는 기종별로 정해진 진행 방향대로 실시한다. 두 번째 식사 서비스는 첫 번째 식사 서비스와 반대 방향으로 진행하여 승객 불만을 최소화하며 기내 가운데 좌석 배열이 5열(Abreast)인 경우 가운데 승객의 서비스가 제외되지 않도록 주의해야 한다.

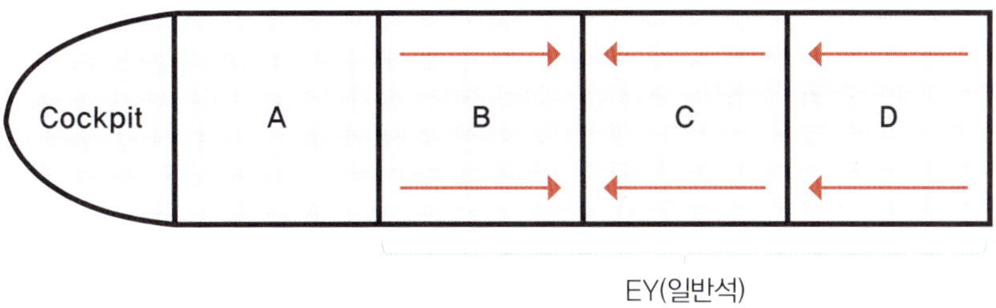

▲ 서비스 진행 방향의 예

회수 시 주의사항

서비스를 제공한 진행 방향과 동일한 방향으로 회수하는 것을 원칙으로 하되 승객이 요구할 때는 먼저 회수하며, 식사가 일찍 끝난 승객에게는 승객의 의향을 물어 먼저 회수한다.

그리고 식음료 회수 시에는 취식에 대한 승객의 만족도를 확인하고 반드시 회수 여부를 물어본 뒤 치운다. 통로측 승객부터 회수하며, 창측 승객이 먼저 끝난 경우엔 통로측 승객에게 양해를 구하여 회수하고, Meal Cart를 이용한 Tray 회수 시에는 Cart 안쪽 상단부터 채워 넣는다.

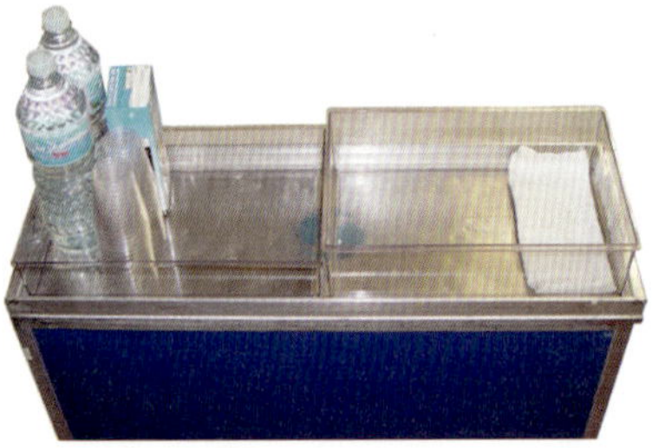

▲ 일반석 식사 서비스 회수를 위한 Meal Cart 상단 준비의 예

EY/CL에서는 Meal Cart 상단에 종이 타월(Paper Towel) 등을 준비하여, 필요한 경우 승객 테이블을 닦아낸다. 회수 시 Tray의 방향은 통로측과 평행이 되도록 장축을 잡고, Tray를 통로측에 위치시켜 회수한다. Tray 회수 시 회수한 서비스 용품은 몸의 가까운 쪽부터 놓는다. 특히 무거운 것이나 부피가 큰 것은 몸쪽으로 놓는 것이 안전하다.

3 기내식의 이해

기내식은 일반식과 특별식(Special Meal)으로 구분한다. 국내 항공사의 경우, 일반식은 서양식을 기본으로 하되 승객의 다양한 욕구에 부응하기 위해 내국인 승객을 위한 한식 및 노선 특성을 살린 일본식, 중국식 등을 제공하며, 동남아 노선에서는 디저트로 아이스크림을 제공하기도 한다.

일반식은 노선 및 서비스 시점에 따라 종류가 다르며, 다양한 메뉴 제공과 서비스 향상을 위해 주기별로 메뉴를 변경하여 서비스하고 있다.

1) 기내식의 종류

국내선의 경우 비행시간이 1시간 미만으로 음료 서비스만 제공하며, 국제선 단거리 노선에서는 시간관계상 데우거나 조리하지 않아도 되는 차가운 음식(Cold Meal)으로 서비스한다. 일반적으로 비행시간이 2시간 이상일 경우 따듯한 음식을 조리하여 제공한다.

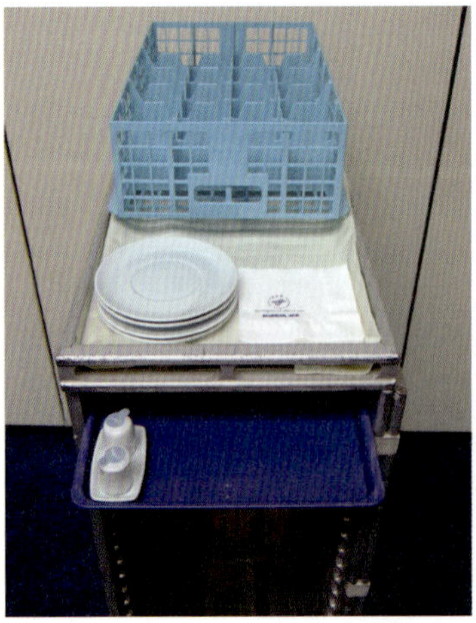

▲ 비즈니스 클래스 Meal Tray 회수 준비 모습

▲ 비즈니스 클래스 서비스 회수를 위한 Serving Cart 준비 모습

식사는 Breakfast/Brunch/Lunch/Dinner/Supper/Light Meal 등으로 구분하며, 좌석 등급에 따라 서비스 내용과 방법이 다르다. 상위클래스는 기내식을 코스별로 제공하고, 일반석에서는 Pre-set Tray 방식(한상차림)으로 제공한다.

▲ 일반석 Pre-set Tray 방식(한상차림)의 예

시간대별 식사 유형

시간대	기내식 종류	약어
04:00 ~ 09:00	Breakfast	BRF
09:00 ~ 11:00	Brunch	BRCH
11:00 ~ 14:00	Lunch	LUH
14:00 ~ 17:00	Light Meal	SNX
17:00 ~ 22:00	Dinner	DNR
22:00 ~ 24:00	Supper	SPR
24:00 ~ 04:00	Refreshment	SNX

(1) Breakfast

Breakfast는 달걀요리, 햄, 빵, 요구르트, 차와 커피, 각종 주스 등으로 구성된 American Breakfast 메뉴가 주로 서비스되며, 국내 항공사에서는 내국인 승객을 위해 죽, 북엇국 등 다양한 한식 메뉴를 선보이고 있다.

Breakfast 메뉴의 구성

- Continental Breakfast: 영국을 제외한 유럽식의 조식을 의미하며, 빵과 음료로만 이루어진 간단한 식사를 말한다. Breakfast Roll은 크루아상(Croissant), 브리오슈(Brioche) 등이며 음료는 커피, 차, 우유, 주스류로 구성된다.

To Be More Professional Crews! **브리오슈(Brioche)**

프랑스 축제 때 많이 만들어지는 빵으로 달걀과 버터가 많이 함유되어 버터 향이 강한 특징이 있다.

- American Breakfast; 미국에서 비롯된 아침 메뉴로, Continental Breakfast에 비해 가짓수가 많다. 과일주스로 시작하여 Cereal, Breakfast Roll, 혹은 Toast and Jam, 달걀 요리, 커피, 차, 우유 등으로 구성된다.

Breakfast 메뉴의 종류와 특성

Breakfast의 주요리로 주로 달걀이 사용되며, 달걀과 잘 어울리는 Mixed Grill과 Starch, Vegetable이 함께 곁들여진다.

- Mixed Grill: 햄, 베이컨, 소시지, Minute Steak(작게 자른 소형 스테이크로 빨리 조리할 수 있어서 'Minute'란 말이 붙었다.)
- Starch: 전분이 함유된 음식으로 아침식사에는 Hash Brown(Potato), Sweet Potato 등이 제공된다.
- Vegetable: 토마토, 버섯, 피망
- Egg Dish

To Be More Professional Crews! **달걀 요리(Egg Dish)의 종류**

- **오믈렛(Omelette)**
- **스크램블드 에그(Scrambled Egg)**
- **달걀 프라이(Fried Egg)**
  - Sunny Side Up: 한쪽만 익힌 것
  - Over Easy: 양쪽 모두 살짝만 익힌 것
  - Over Hard: 완전히 익힌 것
- **수란(Poached Egg)**: 식초를 넣은 팔팔 끓는 물에 달걀을 넣고 4~5분 동안 삶아 건져낸 것이다.

▲ 달걀 오믈렛의 예

- **삶은 달걀(Boiled Egg)**: 삶은 달걀은 익힌 정도에 따라 Soft Boiled, Medium Boiled, Hard Boiled Egg로 구분한다.

(2) Brunch

Breakfast와 Lunch의 중간형 식사로, Breakfast와 달리 와인이 서비스되며 주요리로 Beef, Fish, Poultry류 등도 서비스된다.

(3) Lunch

상위클래스에서는 코스별로 서비스되는 메뉴를 제공하며, 국내 항공사에서는 한식(비빔밥 등) 등을 주요리로 서비스하고 있다.

(4) Dinner

Lunch와 비슷하며 상위클래스에서는 코스별로 서비스되는 메뉴를 제공하며 두 번째 식사로 꼬리곰탕, 도가니탕 등도 선보이고 있다.

(5) Supper

Dinner와 비슷하나 늦은 시간대에 제공되는 식사인 만큼 Dinner보다는 간단하게 구성된 메뉴이다.

(6) Snack, Light Meal

Snack은 양에 따라 Heavy SNX과 Light SNX으로 나뉘며, Heavy SNX은 거의 Dinner Course에 준하는 메뉴로 구성되기도 한다. Light Meal은 Light SNX과 비슷한 식단 구성으로 서비스되는 메뉴를 말한다.

(7) Refreshment

장거리 구간에서 간단한 죽, 샌드위치 등 비교적 가볍게 즐길 수 있는 음식 등을 말한다.

(8) In Between Snack

In Between Snack이란 장거리 노선에서 정규 식사 서비스 외에 간식으로 제공하는 다양한 스낵을 말하며, 첫 번째 식사 서비스와 두 번째 식사 서비스 사이에 제공하며, 특히 영화 상영, 휴식시간, 기내판매 등의 적정 시점에 제공한다.

▲ 장거리 노선의 In Between Snack의 예

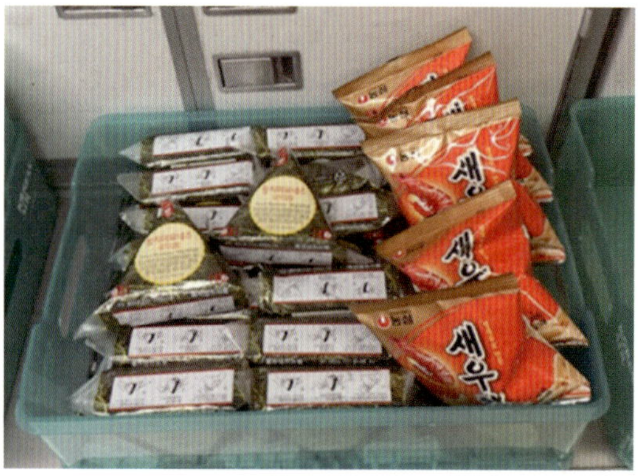

▲ 장거리 노선의 In Between Snack의 예

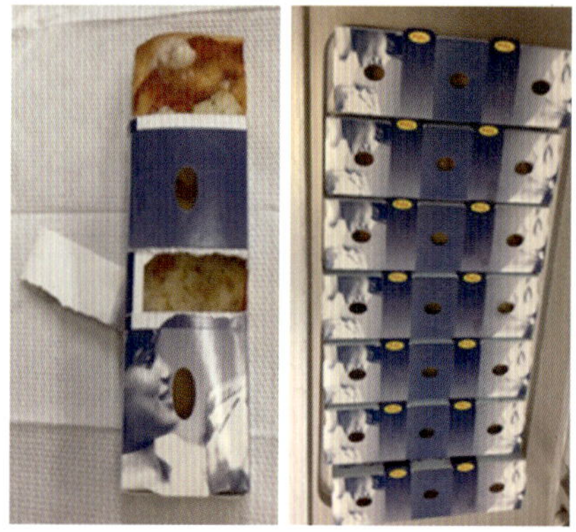

▲ 장거리 노선의 In Between Snack, Pizza 서비스의 예

▲ 일등석 In Between Snack 서비스의 예

(9) 특별식(Special Meal)

특별식 또는 스페셜 밀이란 비행 중 승객의 건강이나 기호 또는 종교 등의 이유로 일반 기내식을 취식하지 못하는 경우, 또는 축하를 위해 특별히 요청하는 식사를 말한다. 구체적인 종류와 서비스 시 주의할 사항은 'Chapter 4. 특별 서비스 요청사항 점검하기'를 참고한다.

2) 기내 음료의 종류

<table>
<tr><th>NCS 능력 단위 명칭</th><th>능력 단위 요소</th></tr>
<tr><td rowspan="2">기내 음료 서비스
1203010510_16v1</td><td>1. 기내 음료 파악하기
203010510_16v1.1</td></tr>
<tr><td>2. 기내 음료 제공하기
1203010510_16v1.2</td></tr>
</table>

1. 기내 음료 파악하기 수행준거

1 객실 서비스 규정에 따라, 비알코올 음료(Cold Beverage, Hot Beverage)에 관한 정보를 파악할 수 있다.
2 객실 서비스 규정에 따라, 다양한 칵테일 제조에 필요한 술의 종류와 첨가 음료에 관한 정보를 파악할 수 있다.

2. 기내 음료 제공하기 수행준거

1 객실 서비스 규정에 따라, 비알코올 음료(Cold Beverage, Hot Beverage)에 관한 정보를 승객에게 전달할 수 있다.
2 객실 서비스 규정에 따라, 다양한 와인에 관한 정보를 파악하여, 서비스 및 회수할 수 있다.

서비스되는 기내 음료는 크게 알코올 음료와 비알코올 음료로 구분하며 비알코올 음료는 Cold Beverage와 Hot Beverage로 다시 구분할 수 있다.

(1) 비알코올성 음료

Cold Bcvcragc

차가운 음료로는 생수, 각종 주스류와 칵테일 재료인 Mixer류(Bloody Mary Mix, Tonic Water Soda Water, Ginger Ale)와 Soft Drink가 있다. Soft Drink는 상쾌한 맛을 지닌 청량음료로 알코올 성분이 없으며 Coke, Sprite가 있다.

그 외 우유가 서비스되며 따뜻하게 제공하는 경우에는 중탕한다. 우유를 끓이는 경우 영양소가 파괴되며 우유 단백질이 엉겨 응고되므로 직접 끓여 제공하지 않는다.

Hot Beverage

뜨거운 음료로는 커피와 차 종류가 있으며 커피의 종류는 다음과 같다. 모든 커피는 서비스 시 크림과 설탕의 필요 여부를 물은 후 함께 제공한다.

- 브루 커피(Brew Coffee): 커피메이커를 이용하여 커피 팩을 우린 것으로 서비스 직전에 브루하여 신선한 커피가 서비스되도록 한다.
- 인스턴트 커피(Instant Coffee): 서비스 제공 직전 커피 가루를 뜨거운 물에 녹여 서비스하는 것이므로 충분히 저은 후 커피 농도와 온도 등을 확인하여 서비스한다.
- 디카페인 커피(Decaffeinated Coffee): 원하는 승객이 있는 경우 인스턴트 커피와 동일한 방법으로 서비스한다.

• 에스프레소 커피와 이를 응용한 각종 커피: 에스프레소 커피메이커가 장착된 항공기인 경우 일등석 승객을 대상으로 서비스한다.

▲ 일등석 커피 서비스의 예

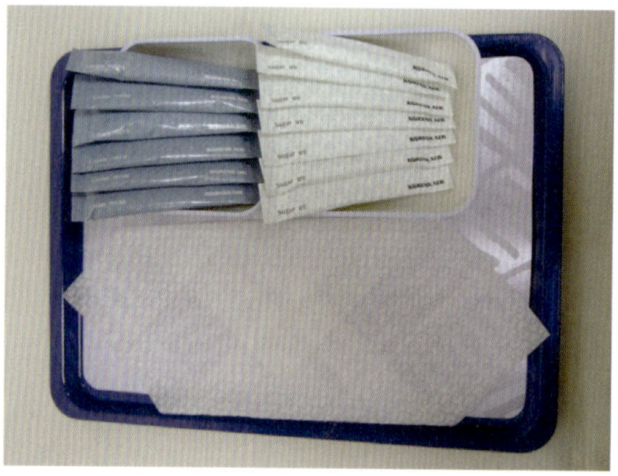

▲ 일반석 커피 서비스 준비의 예

▲ 일반석 차 서비스 준비의 예

• 홍차(Black Tea): 홍차는 크림, 설탕, 레몬 슬라이스를 주문받아 티 백과 함께 제공한다. 밀크티를 원하는 승객에게는 우유를 함께 제공하는데, 이때 레몬 슬라이스는 제공하지 않는다. 레몬의 산성 성분이 우유 단백질과 엉기기 때문이다.
• 녹차(Green Tea): 홍차와 마찬가지로 티 백째 서비스한다.

▲ 일등석 차 서비스의 예

▲ 이등석 차 서비스의 예

(2) 알코올성 음료

알코올 음료 서비스 시에는 만취 승객이 발생하지 않도록 유의하고 만 19세 미만의 미성년 승객에게는 제공하지 않는다. 그리고 기내에서 서비스하지 않은 승객 소유의 알코올 음료 음용을 허용하지 않도록 한다.

와인

■ 와인 색깔에 따른 분류

- 레드 와인(Red Wine): 적포도의 껍질에서 색소를 착색시켜 만드는 것으로 적포도의 껍질, 알맹이, 씨 등이 모두 들어간 상태로 발효시킨 후 씨와 껍질을 분리한다.
- 화이트 와인(White Wine): 청포도나 적포도를 사용하며 착색되지 않도록 껍질을 제거한 후 과즙만을 발효시켜 만든다.
- 로제 와인(Rose, Pink Wine): 처음에는 레드 와인과 마찬가지로 적포도의 껍질과 함께 발효시키고 껍질에서 색소가 적당히 착색(Pink Color)되었을 때 껍질을 분리하여 만든다.

▲ 레드 와인의 예

▲ 로제 와인의 예

■ 와인 맛에 따른 분류

- Dry Wine: 양조 시 당분이 남아 있지 않도록 완전히 발효시켜 만든 와인이다.
- Sweet Wine: 양조 시 당분이 적당히 남아 있을 때 발효를 중지시켜 만든다.

■ 와인 제조법에 따른 분류

- Still Wine(Table Wine): 발효 시 발생하는 탄산가스를 제거하여 만드는 비발포성 와인으로 보통 식탁에 올리는 일반 와인을 말한다.
- 발포성 와인(Sparkling Wine): 발효 시 발생하는 탄산가스를 그대로 함유한 것으로 보통 샴페인(Champagne)이라 한다.
- 강화 와인(Fortified Wine): 와인 제조 과정에서 브랜디 등을 첨가하여 알코올 도수를 높인 것으로 스페인의 Sherry Wine, 포르투갈의 Port Wine 등이 있다.
- 방향 와인(Aromatized Wine): 독특한 향신료, 약초 등을 첨가하여 향미를 좋게 한 것으로 프랑스의 Dry Vermouth, 이탈리아의 Sweet Vermouth 등이 있다.

▲ 일등석에 서비스된 음료의 예
❶ Liqueur 잔의 로제 와인 ❷ Tumbler에 담긴 생수
❸ 레드 와인 ❹ Flute에 서비스된 샴페인

샴페인

화이트 와인보다 더 차갑게 하여 마시는데, 너무 차면 맛과 향을 느낄 수 없으므로 6~8도 정도가 마시기에 가장 적당한 온도이다. 샴페인병이 두꺼우므로 음용 20~30분 전쯤 물과 얼음이 담긴 버킷(Bucket)에 넣어 Chilling하는 것이 좋다.

▲ 샴페인 서비스의 예

▲ Starter와 함께 서비스된 샴페인

맥주

맥주는 탄산가스의 청량감을 즐길 수 있도록 섭씨 6~8도로 차게 서비스하나 너무 차게 하면 맛을 제대로 느낄 수 없고, 온도가 너무 높으면 맥주의 탄산가스가 모두 증발해 버리고 거품이 너무 많아지므로 적정온도를 유지하여 보관한다.

맥주의 생명은 거품으로, 거품은 탄산가스의 유출을 방지하며 계속 신선한 맛을 유지해 주는 역할을 한다. 따라서 맥주는 거품과 함께 마시는 것이 좋다. 맥주를 따를 때에는 거품이 넘치지 않도록 주의한다.

맥주는 물과 맥아(Barley Malt), 호프(Hop)를 원료로 발효 효모를 첨가하여 만들며, 제조방법에 따라 나라별로 다양한 종류의 맥주가 생산되고 있다.

맥주 제조 시 물은 85% 이상을 차지하며, 맥주의 품질에 큰 영향을 미친다. 물은 맑고 무색무취해야 하며, 알칼리의 농도는 50% 이하여야 한다. 유명한 맥주 생산지인 체코의 필젠, 독일의 뮌헨 지방은 특별히 맥주 제조에 알맞은 물이 나온다.

맥아는 말 그대로 보리에 싹이 튼 것이며, 이 싹이 튼 보리는 왕성한 당화효소가 많아 녹말질 원료를 쉽게 분해하여 당분으로 변화시킨다. 호프는 뽕나무과의 암수가 다른 덩굴성 식물의 꽃으로, 맥주 원료로 사용하는 호프는 암그루의 핀 꽃이 발육한 것이다. 호프는 맥주 특유의 향과 쓴맛을 내게 해주며, 잡균의 번식을 방지하여 저장성을 높인다.

To Be More Professional Crews!

맥주 발효 효모

맥주 발효 효모는 하면발효 맥주와 상면발효 맥주로 크게 나뉜다.

- **하면발효 맥주(Bottom Fermentation Beer):** 저온에서 발효시킨 맥주를 말하며 세계 맥주 생산량의 대부분을 차지한다. '사카로마이세스칼스베르겐시스'라는 효모를 이용하여 발효시키는데, 이 효모는 5~10도에서 발효되며 발효 중 맥주 밑바닥으로 가라앉는 성질이 있다. 이 맥주는 톡 쏘는 청량감과 깔끔한 맛이 특징이다.

  제조 후 저온살균하여 효모의 활동을 중지시킨 후 병이나 캔에 넣어 오랜 기간 저장할 수 있도록 한 맥주인 라거(Lager)가 대표적이다.
- **상면발효 맥주(Top Fermentation Beer):** 고온에서 발효시킨 맥주를 말한다. '사카로마이세스세레비지에'라는 효모를 이용하여 발효시키는 맥주로 15~25도 상온에서 발효되며, 발효 중 탄산가스와 함께 발효액의 표면에 뜨는 성질이 있어 상면발효 맥주라고 한다. 이 맥주는 향이 풍부하고 쓴맛이 강하다.

  살균하지 않은 생맥주인 드래프트(Draft Beer)와 맥아를 태워 사용하여 색깔이 매우 진하고 맥아 향이 강한 흑맥주인 스타우트(Staut Beer), 그리고 라거보다 호프와의 접촉 시간을 더 길게 하고 호프 사용량도 1.5~2배 가량 더 많이 하여 호프 냄새가 더 강하고 쓴맛이 나는 맥주인 에일(Ale Beer)이 대표적이다.

Hard Liquor류

위스키, 브랜디, 진, 럼, 캄파리, 보드카가 있다.

■ 위스키(Whisky)

위스키는 곡물을 발효시킨 양조주를 증류하여 만든 것으로, 반드시 오크통(Oak Barrel) 속에서 숙성을 거쳐야 한다. 숙성기간 중 나무통의 성분이 우러나와 술은 호박색(Amber)이 되고 향미가 좋아진다.

■ 브랜디(Brandy)

사과, 포도 등 과일의 발효액(Wine)을 증류한 것으로, 포도 브랜디, 사과 브랜디 등으로 부를 수 있다. 그러나 일반적으로 '브랜디'라 하면 사과 브랜디를 말한다.

To Be More Professional Crews!

브랜디의 명산지

브랜디는 와인이 생산되는 곳이면 어디서나 만들 수 있으며 생산지로는 프랑스, 이탈리아, 스페인 등이 유명하다. 이중 와인과 마찬가지로 프랑스산이 대표적이다.

- **코냑(Cognac):** 엄밀히 말하면 프랑스 코냑 지방에서 생산되는 브랜디만을 코냑이라고 칭할 수 있다.
- **아르마냑(Armagnac):** 프랑스 아르마냑 지방에서 생산되는 브랜디를 말한다.
- **칼바도스(Calvados):** 프랑스 북부 노르망디에 있는 칼바도스 지역의 특산물인 사과로 만든 브랜디를 말한다.

■ 진(Gin)

증류주인 동시에 혼성주인 진은 증류주에 주니퍼 베리(Juniper Berry), 노간주나무 열매의 향미를 추출, 혼합하여 제조한다. 처음에는 이뇨효과가 있다고 밝혀진 주니퍼 베리를 알코올에 넣고 증류하여 약용으로 판매하였으나, 그 산뜻한 냄새로 인하여 술로 애용되었다. 런던 드라이 진(London Dry Gin)이 가장 유명하다.

■ 럼(Rum)

럼은 사탕수수에서 얻은 당밀을 원료로 하여 만든 증류주로, 사탕수수 산지인 중앙아메리카의 서인도제도에서 많이 생산하고 있다. 밝은색이 나며 향미가 약한 것부터, 짙은 색이 나며 코를 찌르는 듯한 강한 향미를 가진 것까지 종류가 다양하다. 또 럼은 특유의 향미를 가지고 있어 스트레이트로 많이 마시며, 칵테일 재료로도 널리 쓰인다.

■ 캄파리(Campari)

캄파리는 비터즈(Bitters)의 일종으로, 비터즈의 주된 특징은 쓴맛이 난다는 것이다. 캄파리는 세계적으로 이탈리아산이 가장 유명한데, 와인에 쓴 오렌지껍질, 코리안더(Coriander), 미나리과 식물 등을 혼합하여 만든다고 알려져 있으나, 'David Campari' 회사를 제외하고는 아무도 비법을 모른다고 한다. 캄파리는 쓴맛과 향으로 인하여 주로 식전주로 마시며, Campari & Soda 등의 칵테일 Base로 사용된다.

■ 보드카(Vodka)

증류주인 보드카는 러시아와 폴란드에서 발달한 술로 귀족들이 즐겨 마셨으며 캐비아(Caviar), 연어(Salmon) 등과 함께 식전주로도 애용되었다. 옥수수, 밀, 보리, 감자를 발효시켜 높은 알코올 농도로 증류시킨 후, 목탄층에 통과시켜서 알코올에 있는 냄새를 완전히 제거하여 무색무취한 보드카를 만들어 낸다. 투명하고 냄새도 없는 특성 때문에 칵테일 재료로 널리 사용된다.

칵테일(Cocktail)

두 가지 이상의 술을 섞거나 부재료를 혼합하여 마시는 알코올 음료로, 알코올 노수가 낮아 식욕을 촉진해 주므로 식전주로 적합하며 맛, 향, 색채의 조화로 분위기를 창출하는 예술품이라고 할 수 있다.

칵테일은 항상 4~6℃로 차게 서비스하며 Base와 Mixer를 섞고 칵테일 종류에 따라 설탕, 시럽 등의 감미료나 얼음을 넣고 레몬 슬라이스나 오렌지 슬라이스, 체리 등으로 화려하게 장식한다.

To Be More Professional Crews!

칵테일의 기본요소

- **Base**: 칵테일의 기본이 되는 리쿼(Liquor)를 말한다.
- **Mixer**: 칵테일의 Base와 섞이는 음료로 Soda Water, Ginger Ale, Tonic Water 등을 주로 사용한다.
- **Garnish**: 칵테일의 맛을 더하거나 돋보이게 하기 위해 장식하는 것으로 레몬, 오렌지, 올리브, 체리, 파인애플 등을 사용한다.

QUIZ

1. 항공 객실 서비스가 일반 호텔이나 레스토랑에서 이루어지는 서비스와 다른 점은 무엇인지 설명해 보자.

2. 객실에서 사용되는 기용품은 서비스 용품과 서비스 기물로 구분할 수 있다. 서비스 용품과 서비스 기물에는 무엇이 있는지 설명해 보자.

3. 기내 엔터테인먼트의 종류와 관련 설비를 설명해 보자.

4. 기내판매의 특성을 설명해 보자.

5. 승객 응대 시 기본예절의 하나인 눈높이 자세를 설명하고 시연해 보자.

6. 비행 근무 시 인터폰에 응답하는 요령을 설명하고 실습해 보자.

7. 인사의 종류인 정중례, 보통례, 목례가 필요한 경우와 동작을 시연해 보자.

8. 식음료 서비스 시 주의할 사항에는 어떤 것이 있는지 설명하고 실습해 보자.

9. 승객이 서비스 Item을 떨어뜨렸을 때 응대하는 요령을 설명해 보자.

QUIZ

10 식사 회수 시 요령을 설명하고 실습해 보자.

11 기내식의 시간대별 종류에는 무엇이 있는지 설명해 보자.

12 Breakfast의 주 메뉴인 달걀 요리의 종류에 대해 설명해 보자.

13 제조방법에 따른 와인의 분류에 대해 설명해 보자.

14 맥주 제조에 필요한 4가지 재료는 무엇인지 설명해 보자.

15 과일의 발효액(Wine)을 증류시킨 것이 브랜디인데, 그 중 사과를 주원료로 하는 브랜디의 명산지는 어디인가?

16 Hard Liquor인 보드카의 특징을 설명해 보자.

17 칵테일 제조의 기본요소 3가지를 설명해 보자.

PREPARATION **BEFORE CABIN CREW ON-BOARD**

Chapter 3

객실 승무원 항공기 탑승 전 준비

학습 목표

I. 공항 출근 전 비행 근무에 필요한 사전 준비를 할 수 있다.

II. 객실 브리핑 준비를 할 수 있다.

III. 합동 브리핑의 내용과 CRM의 의미를 이해할 수 있다.

IV. 터미널 이동 후 절차를 이해할 수 있다.

Stoyan Yotov / Shutterstock.com

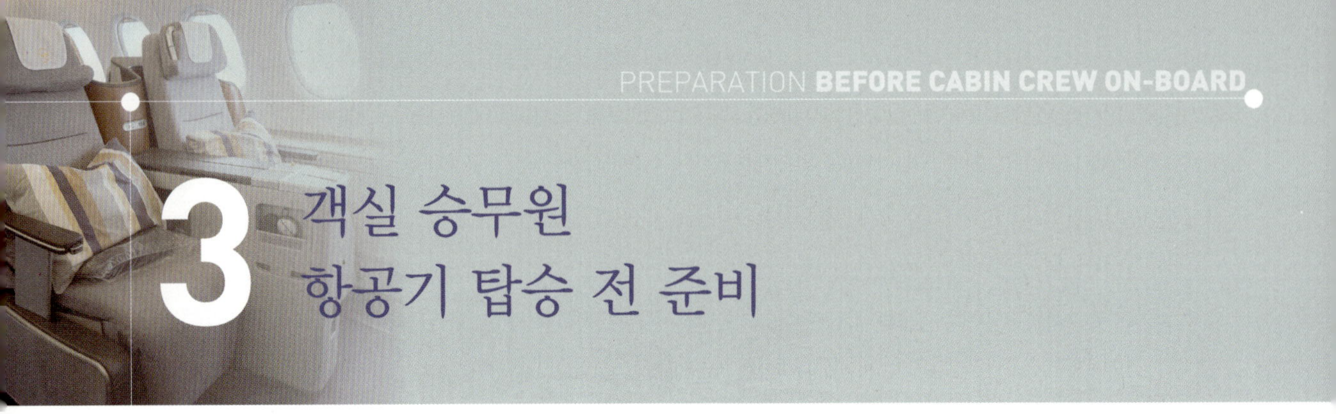

PREPARATION **BEFORE CABIN CREW ON-BOARD**

3 객실 승무원 항공기 탑승 전 준비

1 비행 준비

국제선과 국내선 노선의 객실 승무원의 업무 절차는 식음료 및 부가 서비스를 제외하고 대부분 동일하나 세부적인 서비스 절차는 항공사 정책에 따라 다소 차이가 있다.

1) 필수 휴대품 점검

객실 승무원으로 비행 업무를 수행하기 위해 반드시 휴대해야 할 물품이 있으며, 이는 통상적으로 회사로 출근하기 전에 자택에서 준비하여 출발해야 한다.

예를 들면, 승무원 신분임을 증명하는 I.D, 국제선 승무원의 경우 유효기간에 문제가 없는 여권과 비자, 식음료 서비스 시 착용해야 하는 앞치마(남승무원의 경우 조끼)와 기내에서 착화하는 기내화 등이 있다. 또 기내 환자 발생 시 사용할 수 있도록 구급약통, 비행 중 필요한 각종 서류 등을 준비해야 한다.

2) 출근 시 주의사항

근무 유형에 따라 정해진 근무지와 시간에 맞추어 출근해야 하며 객실 승무원에게 있어 출근 준비 미흡과 이에 따른 지각은 비행 근무 자체를 불가능하게 하는 요인이 되므로, 교통 혼잡 등을 고려하여 넉넉한 시간적 여유를 갖고 회사에 도착하도록 하는 것이 바람직하다. 유니폼을 입고 출퇴근을 하는 경우, 정해진 유니폼 착용 규정을 준수해야 한다.

To Be More Professional Crews!

Medical Bag

Medical Bag은 승객의 요청 시 제공되는 구급약통을 말하며, 국내 K항공사의 경우, 승객 요청이 있는 경우 구급약의 종류를 설명하고 해당 약품에 대한 알러지 여부를 확인한 후 제공하며 부사무장 직급 이상의 승무원이 휴대하고 관리하도록 되어 있다.

구급약의 종류에는 소화제, 진경제, 지사제, 제산제, 해열진통제, 종합감기약, 항히스타민제, 멀미약, 연고류, 일회용품(면봉, 일회용 밴드, 멸균거즈, 얼음주머니) 등이 있다.

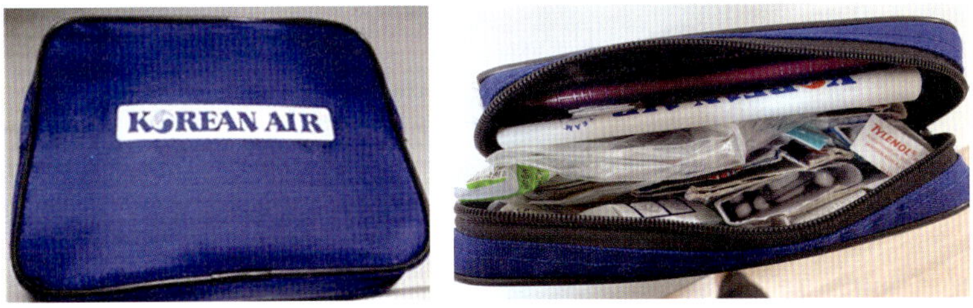

◀ Medical Bag

To Be More Professional Crews!

탑승 전 준비 서류의 예

기내에서 필요한 서류 중 객실 승무원이 탑승 전 비행 준비 시 소지해야 하는 것으로 Inventory List가 있다. 이 서류는 기내 서비스 종료 시점에 소모품 잔량을 기록하여 다음 팀이 현지에서 추가 주문하는 데 참고자료가 된다,

객실 사무장이 소지해야 하는 서류로는 Cleaning Coupon 등이 있으며, Cleaning Coupon이란 기내에서 취급되는 서류 중 하나로 Turbulence나 객실 승무원의 실수로 승객의 의복이 오염되거나 훼손되었을 경우 사무장이 발급하는 Coupon이다.

CLEANING COUPON

PASSENGER NAME:
MR
MRS/MS
FLIGHT NO:
DATE:
LEG:
NAME OF CABIN ATTENDENT

№ 033116

CLEANING COUPON

№ 033116

PASSENGER NAME:
MR
MRS/MS
FLIGHT NO:
DATE:
LEG:
NAME OF CABIN ATTENDENT:
SIGNATURE:

KOREAN AIR

▲ Cleaning Coupon

Coupon은 사무장이 소지하며, 발급 후 상황을 도착지에 알릴 수 있도록 Cockpit에 협조를 요청한다. 하기 시 Cleaning Coupon이 발급된 승객을 도착지 직원에게 인계하고, Coupon 발급사항을 전달하여 승객의 불편을 최소화하도록 협조한다.

3) 브리핑 전 확인사항

객실 브리핑에 참석하기 전에 사내 인터넷 정보망을 통해 해당 비행에 관한 정보를 숙지하고, 그 밖의 회사 전달사항 등을 확인한다.

2 객실 브리핑

객실 브리핑은 비행 준비 점검, 비행에 관련한 정보 공유, 회사 정책 및 선임 여승무원들의 서비스 TIP 등의 공유를 목적으로 한 객실 승무원들 간의 브리핑을 말한다. 당일 비행 스케줄 중 첫 번째 편에서 항공사별로 지정된 장소와 시간에 실시하며 기종이 바뀌거나 객실 승무원이 충원되는 구간에서는 추가로 실시한다.

출발이 모기지가 아닌 경우(In Bound 편으로 해외 출발이나, 지방 공항 출발), 해당 호텔 내 정해진 장소와 그 밖의 정해진 장소에서 객실 브리핑을 한다.

1) 객실 브리핑 내용

객실 브리핑의 내용은 다음과 같으며, 이외에도 공유해야 할 정보를 교환하여 효율적인 서비스가 이루어질 수 있도록 한다.

항목	내용
비행 준비 점검	객실 승무원 인원 및 Duty 확인 용모 복장 상호점검
휴대품 소지 점검	여권과 비자, 사원증(I.D), 승무원 등록증, 그외 회사 지정 필수 휴대품
비행 정보 공유	해당편 출/도착 시각 항공기 기종 및 기번(HL NO.) 승객 예약 상황 운영 클래스(F/C/Y) Duty 및 착석 Jump Seat 확인 기내 서비스 순서 및 절차 기내식 정보 VIP, CIP, SPCL 승객 탑승사항 확인 항공기 안전, 보안장비 및 시스템 숙지 도어 작동법, 비상사태 처리 절차 숙지 목적지 정보 및 노선 특이사항
회사 정책 전달	회사 소식 사내 추진 캠페인 및 중점 추진업무
서비스 TIP 전달 및 기타 사항	승객 불만, 칭송 사례 소개 공상방지 스트레칭

2) 객실 브리핑 자료

객실 브리핑 자료의 예시로 국내 항공사의 브리핑 시트를 120쪽에 나타내었다. 브리핑 시트에는 운항 정보, 승객 정보, 기장 정보, 좌석 배열, 업무 할당, 기타 객실 사무장의 전달사항이 순서대로 기재된다.

(1) 운항에 관한 기본 정보

KE0081은 편명으로 AR7861, DL1003 공동 운항임을 의미한다. 탑승 게이트 10번이며, ICN 출발 후 JFK 도착까지 거리는 6882마일이다.

STD(Scheduled Time of Departure)는 10:00이며 ICN의 GMT는 (+9)이고 STA(Scheduled Time of Arrival)는 현지시각 11:20이며 JFK의 GMT는 (–4)이다.

객실 브리핑 시각은 08:15, 합동 브리핑 시각은 08:40이다. FK까지의 비행시간은 14:20으로 예상하며 Actual Time에 대해서는 추후 정확한 정보를 알 수 있다.

G/D(General Declaration), P/M(Passenger Manifest), C/M(Cargo Manifest)은 각각 몇 부가 필요한지 파악하여 도착 후 운송 직원에게 전달해야 한다.

Station Information, Entry Document에 대한 정보는 사전에 학습해야 한다.

(2) 승객에 관한 정보(Passenger Information)

예약(Reservation) 현황은 F/4, C/90, Y/293명이 예약되어 있고 좌석 배열(Seat Configuration)은 F 클래스 12석, C 클래스 94석, Y 클래스 298석 장착되어 있음을 알 수 있다.

승객 국적별 분포는 KOR(한국인) 200명, USA(미국인) 60명 등이다.

MMC/MP는 밀리언마일러클럽 회원/모닝캄 프리미엄 회원을 의미하며 High Miler 승객 탑승 현황으로 총 19명 탑승함을 알 수 있다.

SPML은 기내 특별식 요청 승객으로 18명이 주문한 상태이다.

FMLY는 패밀리케어 서비스 요청 승객으로 3명이 탑승함을 알 수 있다.

BSCT는 아기요람 요청 승객, PREG는 임산부 승객을 의미하며, CABIN은 총 객실 승무원 탑승 인원이 27명임을 의미한다.

(3) 기장 정보 외(Captain)

기장의 이름과 인원을 기재하며, A/C는 Aircraft Type으로 기번은 HL7628, 항공기는 A380시리즈임을 알 수 있다.

Excellence in Flight
KOREAN AIR

가상의 CABIN BRIEFING SHEET

CREWNET

KE0081 AR7861 DL1003	GATE: 10 2019.08.11(SUN) (UTC: 2019.08.11(SUN))

ICN -> JFK (*6882 miles*)

STD: 10:00 (+9) **CABIN BRFG:** 08:15
STA: 11:20 (-4) **JOINT BRFG:** 08:40

G/D **P/M** **C/M**

FLT TIME: 14:20 / ACTUAL TIME: STN INFORMATION ENTRY DOC.

PAX INFO **RSVN : F 4 / C 90 / Y 293 (12 / 94 / 298)**

	KOR	JPN	CHN	USA	EUR	SEA	MEA	OCN	CIS
Nationality	200	1	13	60	3	38	0	3	2

MMC/MP	SPML	FMLY	UM	WCHR	VOC		BSCT	PREG	CABIN
19	18	3	0	0	5		0	0	27

CAPTAIN : (CAP)/ (CAP)

A/C : **HL7628(388S)**

Seat Config	IFE System	IFE Video	IFE Audio	IVS F,C	IVS Y	PRAM	ISPS	Satellite Phone
12 / 94 / 298	eX2	AVoD	AVoD	Y	Y	Y	Y	Wall(L1,L2,L4,UL1,UL2 : 5EA)

Duty Assignment DP: HONG GIL SOON/77 / Duty Purser confirmed

Duty	RANK	TEAM	NAME	J/S	Duty	RANK	TEAM	NAME	J/S	Duty	RANK	TEAM	NAME	J/S
FAL	AP16			R1	FAG	PS05			R1	FAR	SS11			R2
CUL	SS11			UR1	CUG	AP16			UL1					
CVL	SS12			UL2	CVG	AP14			UR1	CVR	SS10			59C
CVM	SS07			59B						CVD	SS11			UR2 CVS SS10 59D
CWL	SS10			R5	CWG	PS15			UL1	CWR	SS11			59A
					CWD	AP15			UL3					
YBL	JR14			L2	YBG	PS16			L2	YBR	SS16			R2
YCL	SS16			L3	YCG	AP15			L4	YCR	SS14			R3
YDL	SD15			L4	YDG	SS00			R4	YDR	SS15			R4
BAR	AP11			UR3	DFS	SS03			L5					

Purser's Comment

ANN	Bar.	**ANN.Monitoring**	ALL CREW
In-flight Sales	YDG, CVM	**TASER**	YBG, FAL
Catering Seal CHK	YCG		

▲ Cabin Briefing Sheet의 예

(4) Seat Configuration

좌석 배열을 의미하며 F/C/Y 클래스별로 12/94/298석 장착되었음을 의미한다.

- System: eX2는 기내 엔터테인먼트 시스템 설비 종류이다.
- AVOD: 기내 엔터테인먼트 시스템 방식이 Audio Video On Demand 방식임을 알 수 있다.
- Satellite Phone: 기내 위성 전화 장착 위치는 해당 도어 벽면이며 L1, L2, L4, UL1, UL2로 총 5EA(개)임을 알 수 있다.

(5) Duty Assignment

업무 할당으로 객실 사무장(홍길순/77번 팀)이 확인하였음을 알 수 있다.

업무 할당 시 각 클래스에 Left & Right Aisle과 Galley 업무를 지정하고, 기내판매 담당과 기내방송 담당, Bar가 있는 기종인 경우 Bartender, Taser 확인 담당 등을 추가로 지정한다.

예를 들어 'FAL AP16 *** R1'은 F 클래스 A Zone L side Aisle 담당자는 2016년 AP 진급자로 해딩 Jump Seat은 R1이다.

A380 Upper Deck은 3개의 Zone으로 구별하며 모두 C 클래스로 운영하므로(해당 항공사의 경우) 앞쪽부터 순서대로 U, V, W Zone으로 나뉜다. 그러므로 'CUL SS11*** UR1'은 C 클래스Upper Deck 최전방 Zone인 U Zone L side Aisle 담당 승무원은 2011년 입사한 SS 직급자이며 해당 Jump Seat은 UR1임을 의미한다.

'YBL JR14 *** L2'는 Y 클래스 최전방 Zone인 B Zone L Side 담당 승무원은 Japan Regional Stewardess로 2014년 입사자로 해당 Jump Seat은 L2임을 알 수 있다.

(6) 객실 사무장의 코멘트

객실 사무장이 기타 전달사항을 기재하는 곳으로 기내판매 담당자로 YDG, CVM을 지정하였고, 방송 상태 모니터링은 전 승무원이 하도록 지정하였음을 알 수 있다.

Taser 확인 담당은 YBG, FAL로 지정하였고 소모품 Sealing 책임은 YCG로 지정하였음을 알 수 있다.

To Be More Professional Crews!

항공기 편명 KE와 KAL의 차이

항공사 호출부호인 KE와 KAL은 모두 동일한 항공사를 지칭하는 것으로, 어느 국제기구에 의해 지정된 부호인지에 따라 2 Letters 혹은 3 Letters로 표시한다.

- **ICAO(International Civil Aviation Organization, 국제민간항공기구):** 비행의 안전을 확보하고, 항공로와 공항, 항공시설의 발전을 촉진하며, 부당경쟁에 의한 경제적 손실을 방지할 목적으로 1947년에 설립된 유엔 전문기구이며, 각 항공사에 고유의 3 Letter Codes를 부여하여 식별한다.
- **IATA(International Air Transportation Association, 국제항공운송협회):** ICAO가 정부 간 국제기구인 반면에, IATA는 1919년 헤이그에서 발족한 국제항공수송협회가 발전하여 1945년 설립된 순수 민간단체이다. 항공운송 발전과 제반 문제를 연구하고 안전하고 경제적인 항공운송, 회원사 간의 우호 증진을 목적으로 한다. 주로 국제선의 운임, 주요 국제공항에서의 운항시간 조절 및 공항 이용료 등에 대한 항공사들의 의견을 대변하고 있다. IATA는 각 항공사에 고유의 2 Letter Codes를 부여하여 식별한다.

항공사	ICAO 호출부호	IATA 호출부호
대한항공	KAL	KE
에어부산	ABL	BX
사우스웨스트 항공	SWA	WN

3 합동 브리핑

객실 브리핑에 이어서 운항 승무원까지 참석하는 합동 브리핑을 실시하며 Joint Briefing이라고도 한다. 합동 브리핑은 비행 전 객실 승무원과 운항 승무원이 모두 참석하며, 브리핑은 운항 승무원이 주관한다. 합동 브리핑 내용은 다음 표와 같다.

객실 승무원과 운항 승무원의 업무 협조가 안전운항에 중요한 영향을 미치므로, 동승한 전 승무원들 간의 원활한 의사소통이 필요하며 합동 브리핑을 통해 CRM(Crew Resource Management)이 이루어지도록 하는 승무원 모두의 노력이 필요하다.

합동 브리핑 장소는 항공사별로 상이하며 회사 내 정해진 장소, 항공기 탑승 전 Door Side, 탑승 후 최전방 A Zone 등에서 이루어지는 경우도 있다.

합동 브리핑 시점은 항공사별로 다소 차이가 있으며, 항공사별로 회사 위치 변경 등에 따라 합동 브리핑 장소와 시점이 변경되는 경우가 있다. 이는 효과적인 시간 안배를 통해 가장 합리적인 브리핑 절차를 찾기 위한 것이다.

합동 브리핑 내용

항목	내용
운항 승무원 소개	
운항 관련 정보	비행 시간 항로 운항 고도 운항 속도 현지 및 비행 중 기상 상태
승객 탑승 현황 화물 탑재 현황	
조종실 출입 절차 재확인	
비상 절차 및 보안 관련 유의사항	

To Be More Professional Crews!

CRM(Crew Resource Management)

승무원 자원관리로 해석되며, 인적 요인에 의한 항공기 사고 발생을 방지하기 위해 개발된 교육 프로그램으로 미 연방항공법에 의거하여 전 승무원은 CRM 교육을 이수하도록 되어 있다.

실제로 항공기 안전사고의 가능성을 없애기 위해서는 운항 승무원과 객실 승무원 간의 업무 이해와 긴밀한 협조가 절대적으로 필요하다는 인식을 토대로, 각 항공사에서는 전 승무원을 대상으로 매년 CRM 훈련을 실시하고 있다.

To Be More Professional Crews!

Critical 11(마(魔)의 11분간)

통계에 따르면, 항공기 사고는 이륙 후 3분과 착륙 전 8분을 합친 11분에 집중되어 있어 사고의 70% 이상이 이 시점에 발생하는 것으로 밝혀졌다. 따라서 운항 승무원을 비롯하여 전 승무원은 안전 업무에 집중해야 하며, 이 시점을 Critical 11이라고 한다.

To Be More Professional Crews!

Sterile Cockpit의 개념

항공기가 지상을 이동하여 고도 10,000피트 이하에서 운항하는 시점을 '비행 중요단계'(비행안전 취약단계라고도 한다)로 규정하고 있으며, FAA 규정인 비행 중요단계(Critical Phases Flight)에서는 운항 승무원의 업무에 방해되는 객실 승무원의 어떠한 행위도 금지하고 있다.

단, 비정상 상황이 발생하여 안전에 필요하다고 판단되는 사안인 경우, 비행 중요단계에서도 연락을 취할 수 있다. 이러한 안전관리 개념을 일컬어 Sterile Cockpit이라고 한다.

Sterile Cockpit Rule의 유래

The Sterile Cockpit Rule is a regulation requiring pilots to refrain from non-essential activities during critical phases of flight, normally below 10,000 feet.

The FAA imposed the rule in 1981(and adopted by most regulatory bodies) after reviewing a series of accidents that were caused by flight crews who were distracted from their flying duties by engaging in non-essential conversations and activities during critical parts of the flight.

One such notable accident was Eastern Air Lines Flight 212, which crashed just short of the runway at Charlotte/Douglas International Airport in 1974 while conducting an instrument approach in dense fog.

The National Transportation Safety Board (NTSB) concluded that a probable cause of the accident was distraction due to idle chatter among the flight crew during the approach phase of the flight.

출처: Wikipedia, the free encyclopedia

4 터미널 업무

합동 브리핑을 마친 후 공항 터미널로 이동하며 필요시 직원 카운터에서 위탁 수화물을 탁송하고 편승(Deadheading)인 경우 좌석 배정을 받아 탑승 게이트로 이동한다.

1) 테이저(Taser) 수령

비행 중 항공 테러 위험 및 항공 안전을 저해하는 범법 행위 발생률이 증가함에 따라 비살상 전기충격기인 테이저를 기내에 탑재하고 있으며, 테이저를 운반하고 보관할 때 각별한 주의가 필요하다.

비살상 전기충격기인 테이저를 기내 탑재하는 항공사인 경우는 여객터미널 내의 안전보안실에서 수령하고 수령 이후에는 바로 항공기로 탑승하며 개인적인 용무를 위해 이탈하지 않도록 한다. 항공기 탑승 후에는 바로 항공기 내의 무기함에 안전하게 보관해야 한다.

테이저 수령은 회사에서 정한 비행 근무자 2인이 실시한다. 단, 항공기 무기고 내에 테이저를 상시 보관하는 항공사인 경우는 항공기 탑승 후 무기고를 열어 탑재 상황을 확인하는 절차로 대신한다.

승무원은 테이저 사용 규정을 반드시 숙지해야 하며, 출입국 시 안전보안 규정에 따라 타인에게 부탁받은 서신 및 우편물 등은 운반하지 않는다.

2) 출국 수속

브리핑 종료 후 국제선 청사로 이동하며 위탁 수화물이 있는 경우 직원 전용 카운터에서 Baggage에 Crew Tag를 부착하여 탁송하고 출국 수속을 한다. 그리고 위탁 수화물 탁송 후 승무원 전용 출구를 통과하여 항공기 반입 제한물품 소지 여부를 확인하는 엑스레이 검사대를 통과한다.

또 승무원 출국 절차에 따라 여권과 비자 심사를 거치는 출국심사 C.I.Q를 거쳐 해당 게이트를 찾아 항공기에 탑승한다. 전 세계적으로 안전 규정이 강화되어 도착지에 따라 항공기 탑승 직전 게이트 앞에서 보안검색이 재차 이루어지는 경우도 있다. 여기서 C.I.Q란 모든 승객 및 승무원이 출입국 시 거치는 절차를 말하며, 각각은 다음을 뜻한다.

- Custom Check: 세관 신고
- Immigration: 출입국 수속
- Quarantine: 검역 신고

QUIZ

1. 비행 전 준비 사항 중 반드시 휴대해야 하는 물품에는 어떤 것이 있는지 국제선 승무원을 기준으로 설명해 보자.

2. 객실 브리핑의 내용을 설명해 보자.

3. 브리핑 자료를 보고 각 클래스별 승객 현황과 장착 좌석 수를 설명해 보자.

4. 브리핑 자료를 보고 해당 Jump Seat와 Duty를 설명해 보자.

5. 대한항공과 제주항공, 아시아나항공의 ICAO와 IATA의 항공사 호출부호를 설명해 보자.

6. 합동 브리핑의 내용을 설명해 보자.

7. Sterile Cockpit Rule의 개념을 설명해 보자.

8. CRM(Crew Resource Management)에 대해 설명해 보자.

QUIZ

9 Critical 11을 설명해 보자.

10 출국 수속 시 이루어지는 C.I.Q.가 무엇인지 각각 설명해 보자.

11 객실 승무원이 비행 근무를 위해 항공기에 탑승하기 전까지 거치는 일련의 절차를 시간 순으로 설명해 보자.

PREPARATION AFTER CABIN CREW ON-BOARD AND **BEFORE PASSENGER ON-BOARD**

Chapter 4

객실 승무원 항공기 탑승 후 승객 탑승 전 준비

NCS 능력 단위 명칭	능력 단위 요소
승객 탑승 전 준비 1203010502_13v1	1. 기내 서비스 용품 점검하기 1203010502_13v1 2. 서비스 설비 및 기물 점검하기 1203010502_13v2 3. 특별 서비스 요청사항 점검하기 1203010502_13v3

학습 목표

I. 기내 서비스에 필요한 서비스 용품을 점검하고 서비스 준비를 할 수 있다.

II. 각종 서비스 설비 및 필요한 기물을 점검하고 배분할 수 있다.

III. 특별 서비스 요청사항을 점검하고 서비스할 수 있다.

Stoyan Yotov / Shutterstock.com

PREPARATION AFTER CABIN CREW ON-BOARD AND **BEFORE PASSENGER ON-BOARD**

4 객실 승무원 항공기 탑승 후 승객 탑승 전 준비

1 승객 탑승 전 안전 업무

NCS 능력 단위 명칭	능력 단위 요소
기내 일상 안전 관리 1203010501_15v2	**1. 승객 탑승 전 안전 · 보안 점검하기 1203010501_15v2.1**
	2. 항공기 이 · 착륙 전 안전 · 보안 관리하기 1203010501_15v2.2
	3. 비행 중 안전 · 보안 관리하기 1203010501_15v2.3
	4. 착륙 후 안전 · 보안 점검 · 관리 1203010501_15v2.4
	5. 비상사태 발생 시 대응하기 1203010501_15v2.5
	6. 상황별 안전안내 방송하기 1203010501_15v2.6

1. 승객 탑승 전 안전 · 보안 점검하기 수행준거

1 항공기 안전 규정에 따라 승객 탑승 전, 항공기 객실의 안전장비를 점검할 수 있다.
2 항공기 안전 규정에 따라 승객 탑승 전, 항공기 객실의 보안장비를 점검할 수 있다.
3 항공기 안전 규정에 따라 항공기 안전 운항에 관계되는 의심스러운 물건에 대하여 신속히 보고할 수 있다.
4 항공기 안전 규정에 따라 기내 작업 인력에 대한 동향을 파악하여, 이상 발생 시 보고할 수 있다.

1) 승무원 짐 보관

항공기 탑승 후 승무원 각자는 신속하게 업무 할당표에 명시된 Jump Seat 근처로 이동하여 기내화로 갈아신고, 앞치마, 서류 등 비행 중 필요한 물품을 갤리 등에 보관하며, 그 밖의 짐은 정해진 곳에 보관한다. 승무원 짐 보관 장소는 승객과 마찬가지로 다음과 같다.

(1) 선반

선반(Overhead Bin)에 승무원 짐을 보관하는 경우 해당 승객의 안전과 편의를 최우선 고려해야 한다. 해당 승객의 짐을 보관하기에 공간이 부족하지 않도록 승무원 짐을 분산해서 보관하며, 비행 중 필요한 물건을 꺼내기 위해 자주 열거나 닫아 소음을 초래하거나 보관한 짐이 떨어지지 않도록 한다.

(2) 도어가 장착된 코트룸

코트룸은 승객 탑승 후 상위클래스 승객들의 의복을 보관하는 공간인 만큼 적절한 공간을 확보해 두고 활용하는 것이 필요하다.

(3) 좌석 하단에 전방과 통로 측 방향으로 고정장치(Restraint Bar)가 설치된 공간

승객이 좌석 점유를 하지 않는 경우나 승객 불편에 지장을 주지 않는 경우, 좌석 하단을 이용하여 짐을 보관할 수 있으나 반드시 고정장치가 있는 좌석 하단에 보관해야 한다.

▲ ❶ 고정장치가 있는 좌석

2) 비행 전(Pre Flight) 점검

비행 전 점검은 NCS 능력 단위인 <승객 탑승 전 준비>의 능력 요소에는 포함되지 않으나 탑승 후 실제 준비 절차에 의거하여 이루어지는 중요한 안전 업무이다. 넓은 의미에서 이륙 전 실시해야 하는 비상, 보안, 설비, 기내식 및 기용품 등 모든 상황에 대한 점검을 의미하며 여기서는 안전·보안장비 및 청소상태의 점검을 중심으로 기술한다.

비행 전 객실 승무원은 해당 Jump Seat 및 도어 주변과 각자 배정받은 근무 담당구역에서 비상·보안장비의 위치, 작동법 및 서비스 부문에 대해 정확, 신속하게 점검하여 이상 유무를 객실 사무장에게 보고해야 한다. 이와 같은 비상 및 안전장비 점검은 매 비행 시 이루어져야 하는데, 이는 비행 중 환자 및 비상사태 발생 시 신속하게 대처하기 위함이다.

비행 전 점검할 장비는 응급 의료장비, 화재 진압 장비, 안전장비, 보안장비, 비상탈출 및 착수장비로 다음과 같다.

(1) 응급 의료장비

PO2 Bottle(Potable Oxygen Bottle)

PO2 Bottle(휴대용 산소통)은 산소마스크가 연결된 상태로 Jump Seat 하단과 벙크(Bunk)에 탑재되어 있다. 압력게이지 이상 유무와 정위치에 탑재되어 있는지를 확인한다.

AED(Automated External Defibrillator)

심장의 세동을 제거하는 기구로 자동 심실 제세동기라고 한다. 심장근육의 전기적 조율 상태가 비정상적일 때 전기충격을 통해 심장의 리듬을 정상으로 회복하도록 돕는다. 담당 승무원은 정위치와 배터리 충전 상태를 확인해야 하며 그린라이트가 보이면 충전된 것이다.

FAK(First Aid Kit)

주로 외상 환자에게 필요한 의료용 약품이 포함되며 기종별로 탑재되어야 하는 개수가 정해져 있으므로 담당 승무원은 FAK의 밀봉 상태(납땜)와 정위치를 확인해야 한다. 점검 시 개봉된 것은 유효하지 않은 것으로 간주되므로 새것으로 교체 후 출발해야 한다.

Medical Bag

객실 승무원이 소지하고 있는 비상 구급약통으로 특정 직급 이상의 승무원이 소지하도록 되어 있는 항공사의 경우 해당 승무원은 반드시 휴대하고 비행에 임해야 한다.

EMK(Emergency Medical Kit)

전문 의료진만이 사용할 수 있는 최상위 기내 의료장비이며, FAK와 마찬가지로 정해진 위치와 밀봉 상태를 확인해야 한다.

Resuscitator Bag

Resuscitator Bag은 신속하게 꺼내 사용할 수 있도록 EMK 외부에 부착되어 있고 Resuscitator(인공호흡기)는 말의 의미대로 산소가 폐로 들어가서 폐를 부풀게 하는 장치로 '구강 대 구강' 호흡을 대신할 수 있다. EMK 확인 시 탑재 유무를 확인한다.

기내용 휠체어(On Board Wheelchair)

기내 복도와 화장실 출입이 가능한 크기의 접이식 휠체어로, 장애 승객이나 보행이 어려운 승객이 이용할 수 있으며 탑재 위치의 보관 유무를 확인해야 한다.

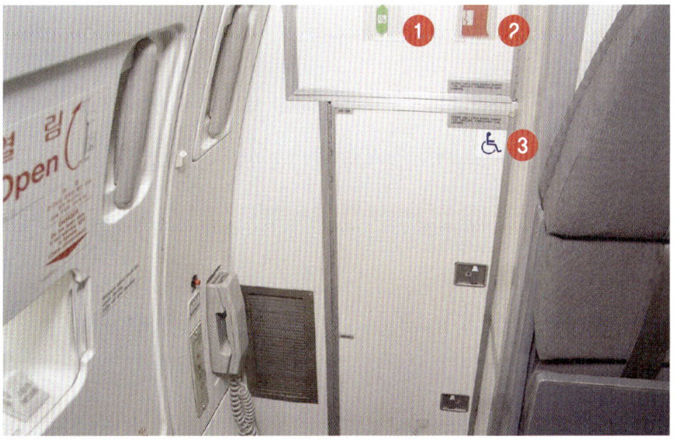

▲ 탑재 위치 표시의 예 _ ❶ PO2 Bottle ❷ PBE ❸ 기내용 휠체어

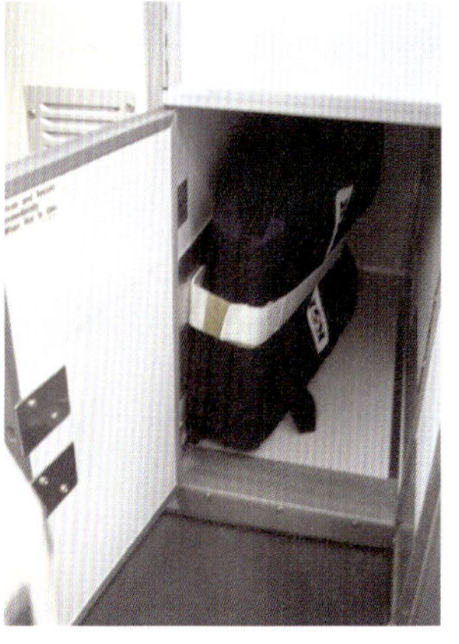

▲ 기내용 휠체어 보관의 예

(2) 화재 진압 장비

물(H_2O) 소화기

물 타입 소화기로 전기 화재에 사용할 수 없고 Seal 상태와 정위치를 확인한다.

할론(Halon) 소화기

산소를 차단하여 화재를 진화하는 소화기로 모든 화재 종류에 사용 가능하며 Seal 상태와 게이지, 정위치를 확인한다.

열감지형 소화기

화장실 쓰레기통 내부가 72도(섭씨) 이상인 경우 자동 소화액을 분사하는 소화기로, 쓰레기통 뚜껑의 닫힘 상태를 확인하여 소화기가 정상적으로 작동되도록 한다.

PBE(Protective Breathing Equipment)

화재 진압 시 승무원의 호흡을 보호하기 위한 방염 마스크로, 정위치와 포장 비닐의 진공 상태를 확인한다.

연기 감지기(Smoke Detector)

화장실 천장에 설치되며, 화장실 천장과 벙크 내 연기를 감지하여 경고음을 울리며 경보 점멸등이 점등되는 장치로, 이물질의 부착 여부를 확인한다.

손도끼

화재의 진원이 외부로 드러나지 않는 경우 구조물 등을 부수어 진화할 수 있는 도구로, 조종실 내에 탑재되어 있다.

회로 차단기(Circuit Breaker)

갤리에 장착되어 있는 버튼형의 전기차단기로 전기가 과부하된 경우 검은색 버튼이 앞으로 튀어나와 자동으로 전원 공급을 차단한다. 갤리 점검 시 위치를 확인한다.

주전원 차단 스위치(Master Power Shut Off Switch, Emergency Power Control)

B747과 B777 항공기인 경우, 갤리 내 화재 발생 시 해당 갤리의 모든 전원을 차단하는 스위치로 갤리 점검 시 위치를 확인한다.

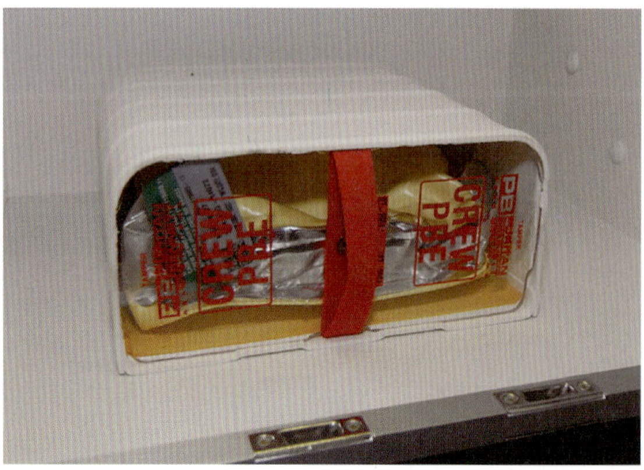

▲ PBE(Protective Breathing Equipment)

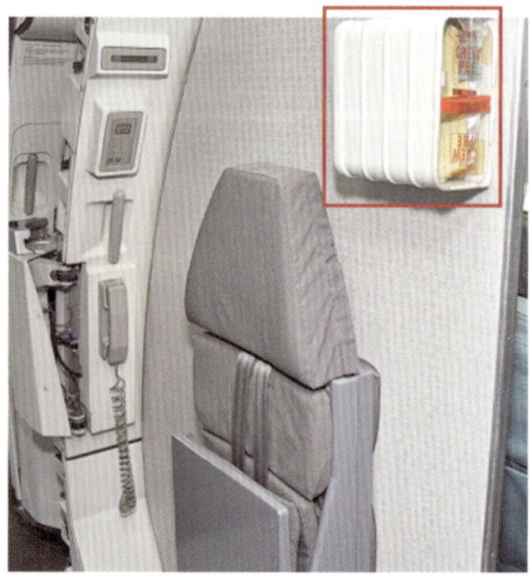

▲ Jump Seat 주위에 탑재된 PBE

▲ 객실 내 PBE

▲ 할론 소화기

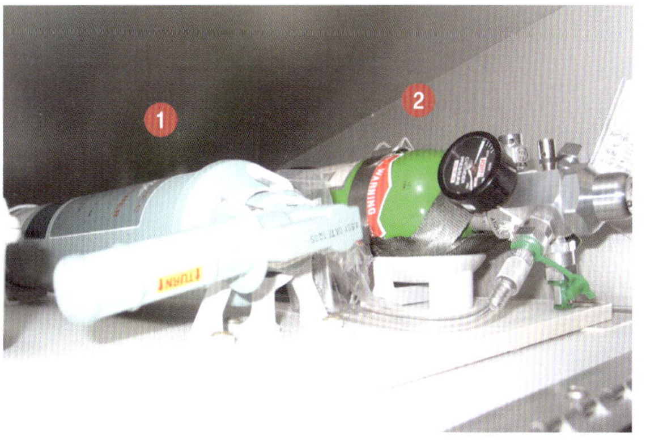

▲ ❶ 물 소화기 ❷ PO2 Bottle

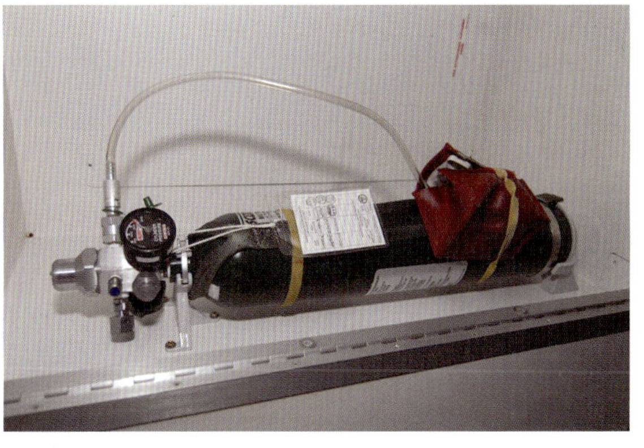

▲ PO2 Bottle

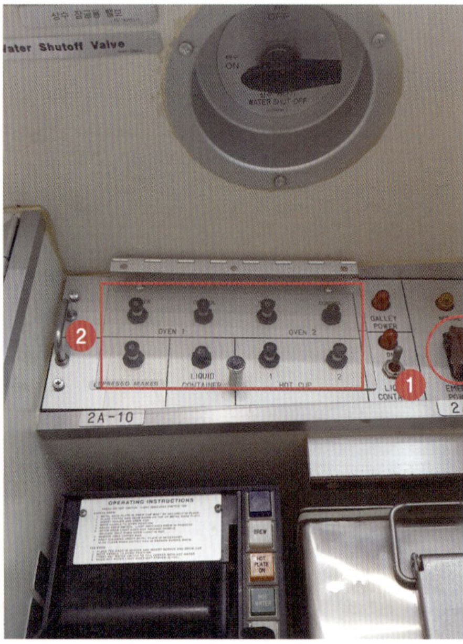

▲ ❶ 주전원 차단 스위치 ❷ 회로 차단기

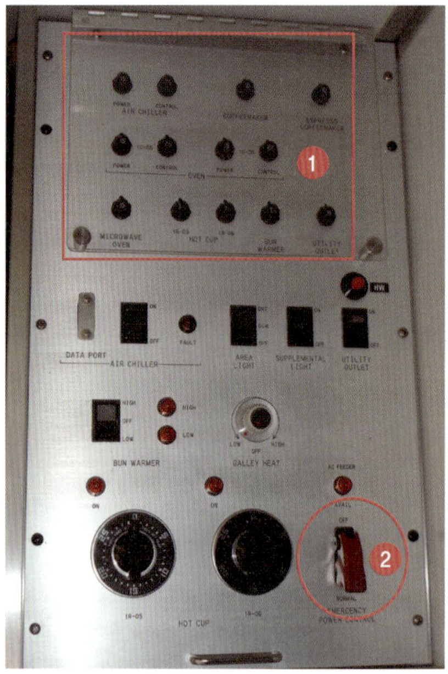

▲ Galley Panel의 ❶ 회로 차단기 ❷ 주전원 차단 스위치

(3) 안전장비

담당 Jump Seat 내 승무원용 구명복, Safety Demonstration 용구, 도어 개방 시 낙상 방지용 Safety Belt, Safety Strap 등이 있으며 탑재 유무를 확인한다.

▲ Safety Strap의 예

안전벨트(Safety Belt)

Safety Belt를 입은 후 벨트의 끈을 Door Assist Handle에 연결하여 도어 개방 시 낙상을 방지할 수 있는 안전장비이다.

안전 끈(Safety Strap)

도어 개방 시 도어 내부를 가로지르는 끈으로, 이 또한 도어를 개방한 상태로 지상 조업을 하는 동안 지상 직원과 승무원의 낙상 사고를 막기 위한 안전장비이다.

Polar Suit

Polar Suit는 항공기가 북극항로를 이용하여 운항 시 비상 착륙하게 될 경우를 대비한 안전장비로 체온 유지를 위한 장갑과 의복으로 구성되어 있다.

(4) 보안장비

보안장비는 사람으로 인한 위험으로부터 안전을 확보하기 위한 장비를 말하며 다음과 같은 종류 외에 방폭담요, 방탄조끼, 포승줄, 타이랩의 보관 위치, 탑재 유무를 확인한다.

테이저(Taser)

비살상 전기충격기로, 담당 승무원이 기내 무기함 내에 보관된 카트리지와 테이저의 보관 여부와 개수를 확인한다.

비상벨

Jump Seat 주변과 갤리에 있는 비상벨의 위치를 확인한다.

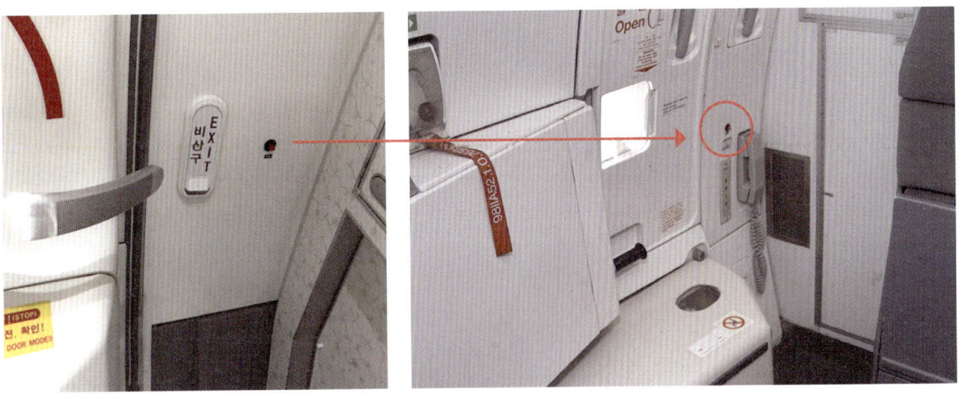

▲ Jump Seat 주변 Door Side의 비상벨의 근경과 원경

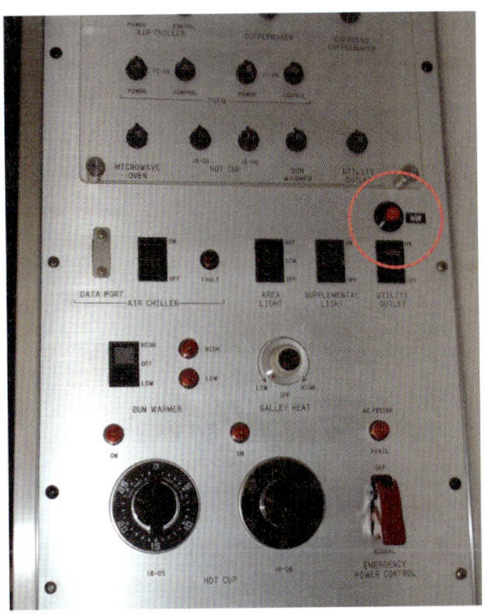

▲ Galley Panel의 비상벨 위치

조종실 도어

키패드 비밀번호를 숙지하고 조종실 출입 절차를 확인한다.

(5) 비상탈출 및 착수장비

비상착륙 및 착수 시 필요한 비상장비의 종류와 출발 전 점검 요령은 다음과 같다.

Door Slide Mode

Door Slide Mode에는 팽창위치와 정상위치 두 가지가 있으며, Slide는 항공기 도어 하단에 장착되어 있다. Slide Mode를 팽창위치에 두고 도어를 개방하면 미끄럼대가 자동 팽창된다. 이와 반대로 Slide Mode를 정상위치에 두고 도어를 개방하면 일상적인 도어로 승객 탑승과 하기, 기내물품 탑재를 할 수 있다.

Slide Mode 변경을 위한 손잡이인 Slide Arming Lever는 지상에서 항상 정상위치로 옮겨 두어야 하며, 기종에 따라 Slide Mode를 정상위치에 옮겨 둔 후에 오작동을 방지하기 위해 Safety Pin을 끼워 Slide Mode를 고정한다.

▲ Safety Pin으로 고정된 정상위치의 Slide Mode 원경(항공기가 지상에 있는 경우)

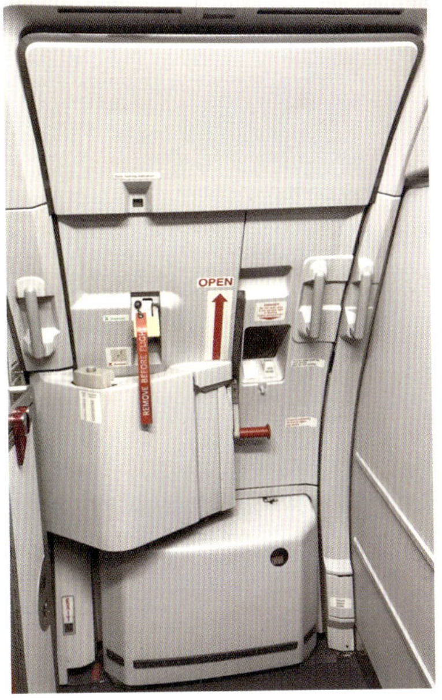

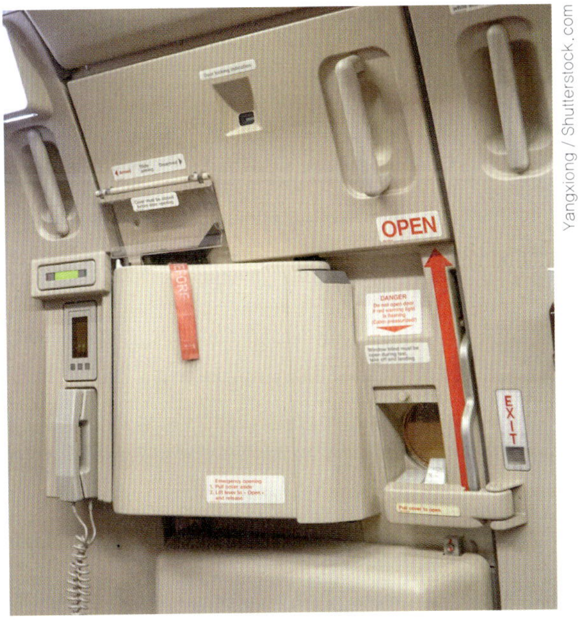

Yangxiong / Shutterstock.com

▲ Safety Pin으로 고정된 정상위치의 Slide Mode 근경(항공기가 지상에 있는 경우)

Door Locking 상태

도어 닫힘 상태를 확인하고 이물질 등이 경첩 부위에 끼어 있는지 확인한다.

▲ A380 항공기 도어 닫힘 상태의 원경과 닫힘(Locked) 상태 Indicator 표시 근경의 예

ELT(Emergency Locator Transmitter)

비상 착륙 시 조난 위치를 알리는 송신기로 정위치의 탑재 여부를 확인한다.

손전등(Flash Light)

거치대에서 탈착하는 순간 자동으로 라이트가 켜지도록 되어 있으며 점검 시 장착 유무를 확인한다.

확성기(Megaphone)

비상 탈출 시 필요한 것으로 점검 시 정위치 탑재와 작동버튼을 눌러 소리가 나는지 확인한다.

▲ ❶ 손전등 ❷ 확성기

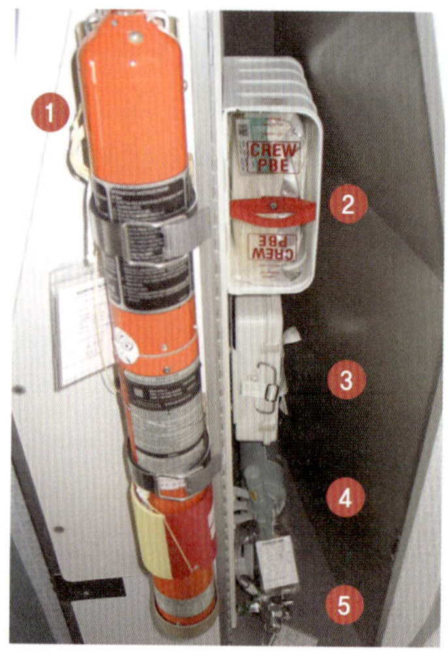

▲ ❶ ELT ❷ PBE ❸ FAK ❹ 물 소화기 ❺ PO2 Bottle 탑재의 예

▲ ❶ 확성기, ELT 등 비상장비 표시
❷ PO2 Bottle, 할론 소화기, 손전등 표시

Sorbis / Shutterstock.com

▲ PO2 Bottle, 확성기, 착수 시 사용하는 이동형 Raft

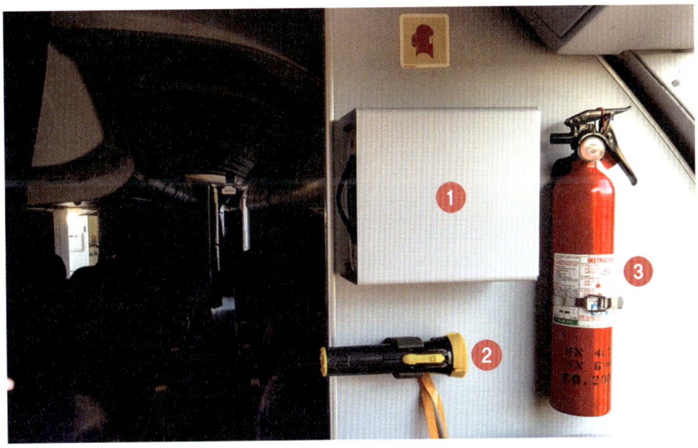

▲ ❶ PBE ❷ 손전등 ❸ 할론 소화기

(6) 그 외 청소상태

객실 승무원은 담당구역별로 청소상태를 확인한 후, 이상이 있는 경우 객실 사무장에게 보고하여 적절한 조치가 이루어지도록 한다.

청소상태 점검 시 객실(Cabin), 바닥(Floor), 갤리(Galley), 좌석(Seat), 승객 Tray, 좌석 앞주머니(Seat Pocket), 화장실(Toilets), 선반(Overhead Bin), 창문과 블라인드(Window & Blind), 코쿤스타일 슬리퍼(Cocoon Style Sleeper) Seat 혹은 Prestige Plus Seat 장착 기종은 파티션(Partition)의 청소상태도 확인해야 한다. 승객 의복을 보관하는 공간이므로 코트룸 청결상태도 중요하며 벙크 청소상태도 담당 승무원이 책임지고 확인한다.

통로의 카펫이나 객실 내 커튼 등에 얼룩 등 오염이 있는 경우를 포함하여 통로와 화장실 청결상태 또한 확인하여 이상이 있는 경우 신속히 객실 사무장에게 보고하여 조치될 수 있도록 한다.

2 기내 서비스 용품 점검

NCS 능력 단위 명칭	능력 단위 요소
	1. 기내 서비스 용품 점검하기 1203010502_13v1
승객 탑승 전 준비 1203010502_13v1	2. 서비스 설비 및 기물 점검하기 1203010502_13v2
	3. 특별 서비스 요청사항 점검하기 1203010502_13v3

1. 기내 서비스 용품 점검하기 수행준거

1 운송 서비스 규정에 따라, 객실 서비스에 필요한 서비스 용품 탑재 여부를 점검하고, 조치할 수 있다.
2 운송 서비스 규정에 따라, 서비스 용품의 품질 상태 및 이상 유무를 점검하여, 조치할 수 있다.
3 객실 서비스 규정에 따라, 서비스 용품을 지정된 서비스 위치에 배열할 수 있다.

1) 기내 서비스 용품의 개요

기내 서비스 용품은 기내 서비스를 위해 탑재되는 물품으로 종류에 따라 소모품과 기물로 구분할 수 있으며, 탑재 장소에 따라 해외에 배치하여 현지에서 탑재되도록 하는 물품과 모기지에서만 탑재하고 하기하는 물품으로 구별된다.

소모품은 일회용이거나 시간이 지나면 서비스 효과가 없어지는 물품을 말하며 각 항공사마다 고유의 로고가 디자인되어 서비스된다.

소모품의 종류로는 기내식 보조품(각종 컵, 냅킨, 일회용 젓가락, 이쑤시개 등), 기내식 보조식품(설탕, 크림, 소금, 후추, 소스류 등), 화장실 용품(화장품, 면도용품, 여성용품, 클리넥스, 롤페이퍼, 3oz 컵 등), 독서물(신문, 잡지류), 좌석 비치품(Safety Instruction Card, 구토대, 각종 서비스 스티커), 음료(각종 주스류, 커피와 차, 생수), 주류(증류주, 맥주, 와인 등)가 있다.

기물이란 소모품과 달리 재사용 가능한 물품으로 식기류, 트레이, Meal Cart, Serving Cart, Carry-on Box, Oven Rack, Pot, Fabric & Cotton 류(담요, 베개, 리넨류, 타월) 등 많은 종류가 있으며, Catering 작업을 위해 해외지점에 배치하여 사용하기도 한다.

기내 서비스는 비행 시간과 좌석 등급에 따라 상이하고 그에 따라 탑재되는 서비스 용품이 다르나 장거리 노선을 기준으로 다음과 같은 서비스 용품이 있다.

2) 기내 서비스 용품 점검 및 서비스 준비

(1) 신문, 잡지

신문은 국내선과 국제선의 경우 탑재 방식이 상이하며 국내선의 지선(지방공항)에서는 탑재되지 않는 경우가 있으므로, 비행 패턴에 따라 적당량을 배분하여 서비스해야 한다. 또 국제선은 현지 도착 후 교대팀에게 인계해야 하는 신문의 분량이 정해져 있으므로 별도로 보관하고 그외의 분량을 서비스한다.

승객 예약 상황을 참고하여 상위클래스와 일반석의 서비스 분량을 적절히 분배하며 일반석은 Serving Cart를 이용하여 신문을 세팅한 후 탑승교에 비치해 두고 일부는 갤리

▲ 신문 전용 Cart의 예

에 세팅하여 서비스한다. 이륙 후 신문 잔여분은 Magazine Rack에 가지런히 정리해 둔다. 상위클래스는 신문 전용 카트를 이용하여 지상에서 개별 서비스하기도 한다.

잡지는 일회용이 아니며 월간지, 주간지는 해당기간 동안 다시 서비스되므로 도착 전 서비스된 모든 잡지는 회수하여 탑재되었던 가방에 보관한 후 밀봉하여 인계한다.

(2) 기내식과 메뉴 리스트

기내식은 일등석의 경우 한식, 양식, 중식 등 다양한 메뉴가 서비스되고 주요리(Entree)로는 3~4개의 종류가 제공되며 이와 함께 서비스되는 Starch, Vegetable이 별도로 탑재된다. 그러므로 빵, 전채요리, 스프, 샐러드, 치즈, 과일, 디저트 등 코스에 따른 식재료를 확인해야 하며 한식이나 중식 등 식사 종류에 따라 제공되는 식재료의 탑재 상태와 개수를 메뉴 리스트를 참조하여 확인한다.

비즈니스 클래스의 경우 Semi-course로 서비스되므로 그에 따른 식재료의 탑재 상태를 메뉴 리스트를 참조하여 확인한다. 일반석의 경우 식사 제공 횟수에 따라 첫 번째와 두 번째 식사에 서비스되는 Tray의 개수와 주요리의 개수를 각각 확인하고 별도로 서비스되는 빵이 Bulk로 실리는 경우 그 개수를 확인해야 한다.

첫 번째 식사는 각 갤리별로 오븐에 주요리가 세팅되어 있다. 일반석의 경우 각 갤리에 탑재된 Meal Cart에 담긴 Tray의 개수와 오븐에 세팅된 주요리의 개수가 일치하지 않는 경우, 서비스 전 Meal Cart와 주요리를 서로 다른 갤리로 적절히 이동하여 서비스 준비를 해야 한다.

두 번째 식사 주요리는 냉동 상태로 탑재되며 드라이아이스가 카트 상단과 중단에 함께 세팅되어 주요리를 신선하게 보관할 수 있다. 두 번째 주요리가 탑재된 Cart 보관 Compartment는 Chiller를 가동해 둔다.

상위클래스에서는 메뉴 리스트와 와인 리스트를 별도로 서비스하므로 해당 편명과 일치하는 리스트가 탑재되었는지 확인한다.

To Be More Professional Crews!

기내식 탑재 비율(Ratio)

일반석을 기준으로 대부분의 항공사에서 두 종류, 상위클래스는 3~4가지 메뉴를 서비스하며 각 메뉴를 동일한 비율로 탑재하는 것이 아니라 탑승 승객의 선호도나 국적 분포도에 따라 정기적으로 조절하여 운영하고 있다.

To Be More Professional Crews!

PMO(Preliminary Meal Order)와 FMO(Final Meal Order)

PMO는 항공기 출발 24시간 전에 승객 예약 상황을 전달하여 기내식 제조에 필요한 식자재 양을 정하고 제조를 주문하는 단계를 말하며, PMO를 기준으로 투입되는 식자재 종류와 양, 제조 시점 등을 결정하게 된다.

반면, FMO는 항공기 출발 4~6시간 전에 실제 승객수에 맞게 업데이트되어 최종적으로 PMO 수량이 조정된 것을 말한다. 일정률 이상의 수정이 있는 경우는 취소 수수료가 발생하며 FMO Meal 수량은 최종 조정된 기내식 수량으로 기내식 운반 차량인 Food Car로 항공기까지 운반 및 탑재되며 갑작스러운 변동이 발생하는 경우의 추가는 Additional Meal로 간주한다.

실제 비행 중에 승무원들이 접하게 되는 추가 Meal은 대부분 Additional Meal(통상 Add Meal이라고 부름)이며 추가로 탑재되는 Additional Meal이 있는 경우는 서비스되는 모든 코스와 간식, 기내 특별식, 그에 따른 기물 등도 충분한지 확인해야 한다.

(3) 음료

장거리 노선의 경우 특히 충분한 음료가 제공되어야 하므로 생수를 비롯한 각종 음료의 탑재 상태를 확인해야 한다.

갤리 Compartment 내 Carry On Box와 음료 Cart 그리고 냉장고에 탑재되므로 수량 확인 후 차갑게 서비스될 수 있도록 Chilling을 한다. 국내선인 경우 냉장고가 없는 기종은 드라이아이스를 이용하며 그 외에는 갤리 Compartment의 Chiller를 작동시키고 냉장고에는 너무 많은 음료를 빼곡하게 쌓지 않아 냉기가 잘 순환되도록 한다.

음료에는 각종 주스류, 청량음료, 맥주류, 와인, Liquor류, 우유, Mixer류가 있으며 상위클래스인 경우 샴페인, Liqueur 등이 있다. Hot Beverage 용으로는 커피 팩, 티 백 등을 확인하고 상위클래스인 경우 에스프레소 용 커피 캡슐 탑재 여부를 함께 확인한다.

▲ 일등석 에스프레소 메뉴 리스트, 와인 리스트, 메뉴 리스트, 한정식 안내지의 예

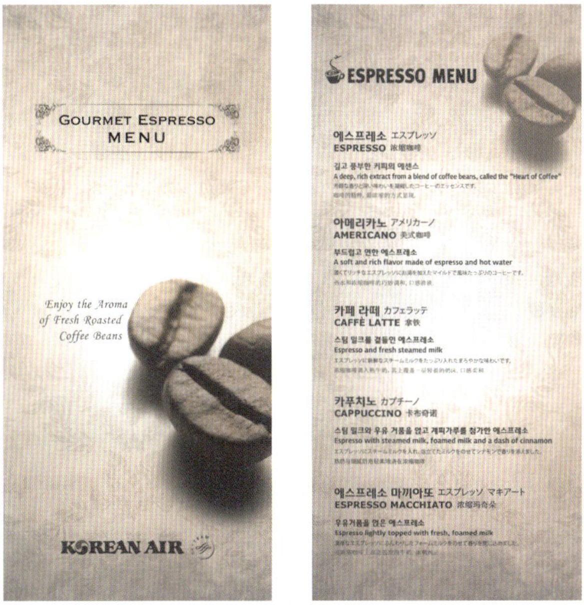

▲ 에스프레소 메뉴 리스트

(4) 기내 특별식

승객이 건강이나 종교상의 이유로 신청한 기내 특별식이 사전 정보에 맞게 탑재되었는지 S.H.R(Special Handling Request)/S.S.R(Special Service Requirement)을 참고하여 예약된 기내 특별식의 종류와 수량을 확인한다. 별도로 서비스되는 빵과 승객 휴식시간에 서비스되는 간식 서비스가 있는 경우 별도의 간식이 탑재되었는지 함께 확인해야 한다.

To Be More Professional Crews!

S.H.R과 S.S.R

승객 요청사항과 인식이 필요한 승객의 정보가 적혀 있는 승객 예약정보 리스트이며 지상 직원으로부터 전달받아 활용한다. 이는 개인정보가 담겨 있는 만큼 비행 중 승객에게 노출되지 않도록 하며 비행 종료 후 폐기하거나 회사에 반납해야 한다.

S.H.R(혹은 S.S.R)은 상위클래스인 경우 모든 승객의 이름, 직함, 마지막 탑승편명과 일자와 특별 요청사항 등이 기록되며, 일반석인 경우 상용 고객, 특별 요청사항이 있는 고객의 정보 등이 기록된다.

(5) 각종 소모품(Catering Item)

서비스에 필요한 소모품은 종이컵과 플라스틱 컵, 칵테일 냅킨, 페이퍼 타월, 설탕, 크림, 머들러(Muddler), 인공감미료, 빨대와 플라스틱 컵 뚜껑, 볼펜 등이다. 그리고 면세품 판매가 있는 구간에서는 Plastic Bag(쇼핑백)이 탑재되므로 수량과 탑재 위치를 확인한다.

(6) 각종 리넨

상위클래스에서 코스별로 다양한 형태의 코튼과 리넨이 필요하므로 그 종류와 수량을 점검한다. 일반석에서는 와인과 생수 서비스, 빵 바스켓에 담아 별도로 빵 서비스를 하는 경우에 필요하므로 식사 종류에 따라 적정 수를 확보하여 서비스할 수 있도록 조치한다.

(7) 증정품(Giveaway)

대부분 어린이용 증정품이 서비스되며 서울 출발 시 왕복분이 탑재되므로 그 수량을 확인하고 복편용은 교대팀에게 전달되도록 인수인계하고 편도분만 서비스하도록 한다.

(8) 편의용품(Amenity Kit)

일반석 편의용품은 주로 이륙 후 카트에 담아 서비스하며 승객 예약 수를 감안하여 탑재 수량을 확인한다. 상위클래스에서는 탑승 후 바로 서비스하기도 한다. 일등석에 편의복 서비스를 제공하는 항공사에서는 편의복 사이즈와 수량을 확인하여 출발 전 승객이 원하는 사이즈의 편의복을 제공할 수 있도록 한다.

(9) 슬리퍼

대한항공의 경우는 일반석에 서비스되는 편의용품 내에 일회용 슬리퍼가 제공되며, 상위클래스는 별도의 슬리퍼를 서비스하므로 그 수량과 탑재 위치를 확인한다.

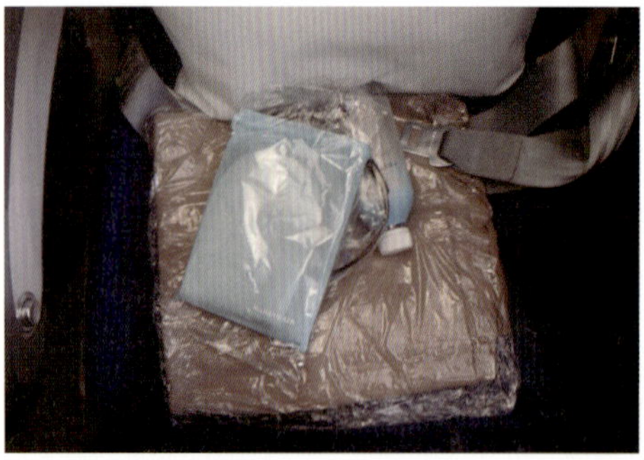

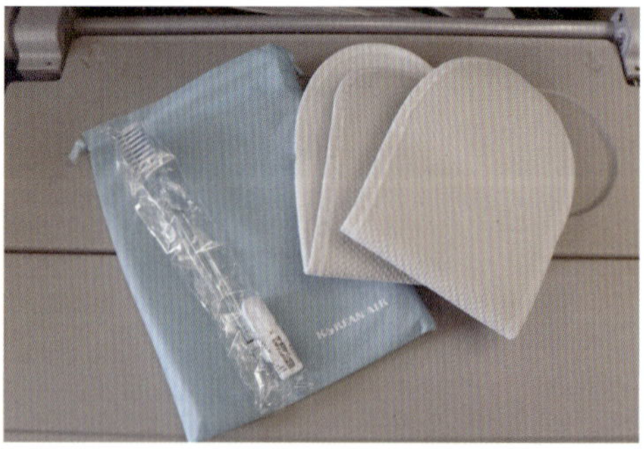

▲ 일반석 편의용품의 예

Sorbis / Shutterstock.com

▲ 일등석 편의용품의 예
Dmitry Birin / Shutterstock.com

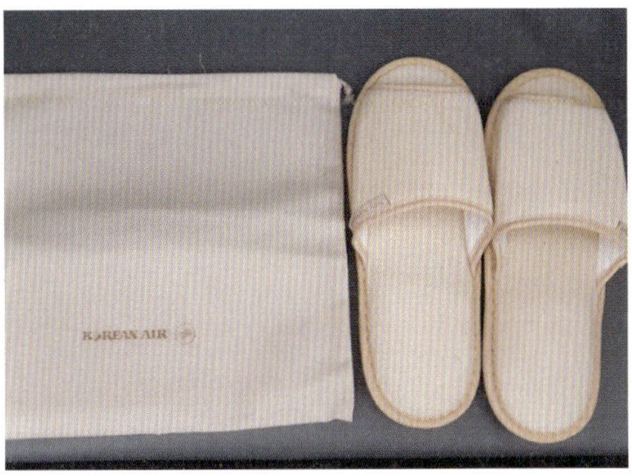

▲ 일등석 슬리퍼 서비스의 예

▲ 일등석 편의복 서비스의 예

(10) 헤드폰과 이어폰

이어폰은 단거리에서 필요로 하는 승객들에게 증정하며, 헤드폰은 편의용품과 함께 이륙 후 카트에 올려 서비스한다. 일등석에 제공되는 헤드폰은 탑승 후 지상에서 서비스한다.

(11) 코튼 타월(Cotton Towel)과 일회용 타월(Disposable Towel)

제공되는 식사 타입에 따라 코튼 타월과 일회용 타월이 서비스된다. 코튼 타월은 오븐을 이용하여 뜨겁게 히팅하여 제공하므로 수량과 함께 탑재된 코튼 타월의 상태를 확인하여 수분 함유 정도와 냄새 유무를 확인한다.

▲ 오븐을 이용한 코튼 타월 히팅 준비의 예

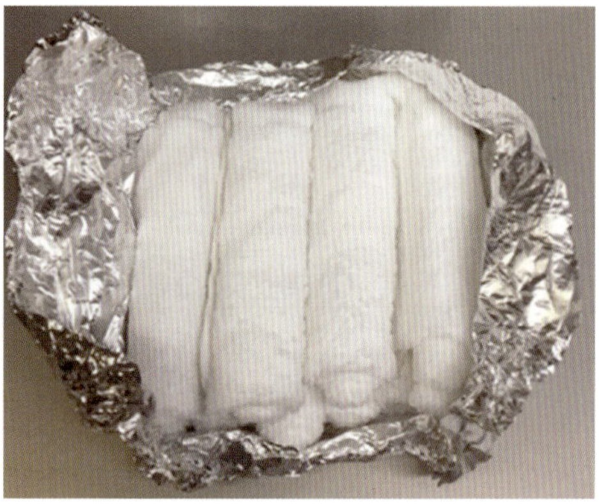

▲ Tin Foil에 쌓인 코튼 타월 모습

(12) 화장실 용품

화장실 롤 페이퍼(Roll Paper)와 미용티슈, 3oz 컵, 물비누, 면도기, 일회용 가글, 빗, 여성 용품과 화장품 등이 충분히 탑재되었는지 확인하고 지상에서 필요한 용품을 세팅한다.

(13) 베개 및 담요

승객 좌석에 준비되어 있는 베개와 담요 외에 별도로 여유분이 탑재되므로 그 위치와 수량을 확인한다. 승객 탑승 후 승객 짐에 가려 승객의 추가 요청 시 신속히 서비스할 수 있도록 보관 위치를 조정하고 동료 승무원과 정보를 공유하는 것이 필요하다.

(14) 돋보기

돋보기는 갤리 내 소모품 보관 장소에 탑재되며, 승객 요청 시 서비스하며 도착 전 회수하여 다시 원위치에 보관하도록 한다.

(15) 대나무 지압대

일등석에서 승객 휴식 시 객실 바닥에 부직포를 깔고 준비하는 편의용품으로 서울 도착 후에도 하기하지 않으며 재활용하는 용품이다.

QUIZ

1. 객실에서 승무원을 포함하여 승객의 짐 보관이 가능한 장소는 어디인지 설명해 보자.

2. 비행 전(Pre Flight) 점검 시 이루어지는 비상 및 안전장비 중 응급 의료장비에는 어떤 것이 있는지 설명해 보자.

3. 기내에 구비된 화재 진압 장비의 종류를 설명해 보자.

4. 기내 안전장비 중 Safety Strap은 무엇이며 어디에 있는 장비인지 설명해 보자.

5. 기내 보안장비 중 비상벨은 어디에 있는지 설명해 보자.

6. 항공기 Door Slide Mode란 무엇이며 어떻게 작동하는지 설명해 보자.

7. 비상탈출 장비 중 ELT는 무엇인지 설명해 보자.

QUIZ

8 기내 청소상태를 점검하는 요령을 설명해 보자.

9 기내 서비스 용품 점검 시 서울 출발편의 경우에 신문과 잡지를 점검하는 요령을 설명해 보자.

10 기내식 서비스 방법은 클래스별로 상이하다. 그 특징을 각각 설명해 보자.

11 기내식 탑재 기준인 PMO와 FMO를 설명해 보자.

12 운송 직원에 의해 전달되는 S.H.R(S.S.R)은 무엇인가?

3 기내 서비스 설비 점검

NCS 능력 단위 명칭	능력 단위 요소
승객 탑승 전 준비 1203010502_13v1	1. 기내 서비스 용품 점검하기 1203010502_13v1
	2. 서비스 설비 및 기물 점검하기 1203010502_13v2
	3. 특별 서비스 요청사항 점검하기 1203010502_13v3

2. 서비스 설비 및 기물 점검하기 수행준거

1 객실 서비스 규정에 따라, 항공기 운항 시 반드시 필요한 서비스 설비 및 기물의 이상 여부를 점검하고, 조치할 수 있다.
2 객실 서비스 규정에 따라, 항공기 운항 시 반드시 필요한 화장실 설비의 이상 유무를 점검하고, 조치할 수 있다.
3 운송 서비스 규정에 따라, 항공기의 목적지 도착 시, 입국에 필요한 제반 입국 관련 서류의 탑재 여부 및 수량을 점검하고, 조치할 수 있다.
4 객실 서비스 규정에 따라, 항공기 운항 시 판매할 면세품의 탑재 여부 및 수량을 점검하고, 조치할 수 있다.

1) 승객 좌석 관련 설비

(1) 좌석

승객 좌석의 청결상태를 확인하며 승무원 호출버튼, 독서등과 같은 PSU의 이상 여부를 확인한다. 좌석 앞주머니에 Safety Instruction Card가 맨 앞에 세팅되어 있어야 하며 개인용 모니터의 정상 작동 여부를 확인한다.

(2) Safety Instruction Card

모든 승객 좌석 앞주머니 전면에 보이도록 세팅되어 있는지 확인한다.

▲ Safety Instruction Card 세팅 모습

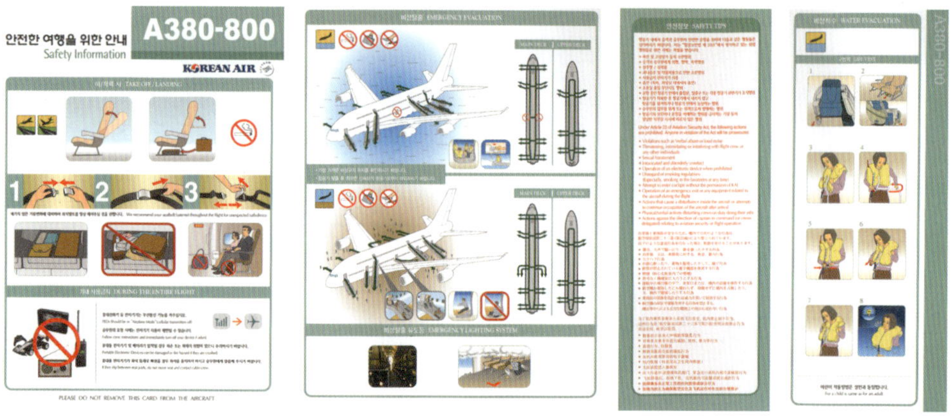

▲ Safety Instruction Card 내용

(3) 창문과 창문 덮개(Window & Window Shade)

창문 파손 여부와 청결상태를 확인하고, B787-9 항공기의 경우 EDW(Electronic Dimmable Window) 고장 시 외부 빛 차단용 덮개가 별도 탑재(상위클래스 용)되므로 그 탑재 여부를 확인해야 한다.

(4) 개인용 비디오 시스템(IVS, Individual Video System)

승객 좌석의 모니터 작동 상태를 확인한다.

(5) 선반(Overhead Bin)

담당구역의 모든 선반을 열어 이물질과 청소상태를 확인하며 여분의 베개와 담요 등은 승객 요청 시 서비스할 수 있도록 보관 장소를 동료 승무원들과 공유하고 보관 위치를 조정하여 승객 짐 보관 시 불편을 초래하지 않도록 한다. 선반 고정장치 고장은 안전사고로 이어지므로 모든 선반의 닫힘 상태를 확인해야 한다.

▲ 선반과 선반에 보관중인 담요의 예

(6) Privacy Door

Privacy Door는 B747-8i와 일부 B777-300ER 항공기 일등석 좌석에 설치된 도어로 이륙 후 승객 휴식시간에 사용 가능하며 도어 잠금 장치는 없으나 여닫음 상태와 청결, 파손 상태를 점검한다.

▲ 좌석에 설치된 도어 닫힘 상태의 예

(7) 코트룸(Coatroom)

코트룸 안의 옷걸이와 좌석번호를 기재할 수 있는 Hanger Tag 부착 여부를 확인하고 승객 의복 보관 시 의복이 손상되지 않도록 충분한 공간을 확보해 둔다.

▲ B747-8i와 일부 B777-300ER 항공기 일등석에 설치된 코트룸, Hanger와 Hanger Tag

2) 의사소통 시스템(Communication System)

(1) PA(Public Address)

모든 승무원은 업무에서 할당된 Station의 핸드셋을 점검하고 인터폰 작동 상태를 확인해야 하며, 객실 사무장과 방송 담당자는 PA(Public Address) 상태를 모든 승무원들이 모니터링할 수 있도록 한다. 이를 통해 기내방송의 음량과 상태를 조절하고 효과적인 방송이 될 수 있도록 한다.

(2) Interphone Call

기장을 포함한 승무원 상호 간의 호출을 인터폰 콜이라고 한다. 인터폰 콜이 행해지면, Master Call Light Panel에 Pink Light가 켜지며 High Low Chime이 2회 울린다. 인터폰 사용 시 PA와 마찬가지로 핸드셋을 이용하는 것은 동일하나 방송이 아닌 일반 전화와 같이 사용할 수 있다.

(3) Passenger Call

승객 좌석에서 승무원 호출버튼을 누르면, Master Call Light Panel에 Blue Light가 켜지며 Single High Chime이 1회 울린다.

(4) Lavatory Call

화장실에서 승무원 호출버튼을 누르면, Master Call Light Panel에 Amber Light가 켜지며 Single High Chime이 1회 울린다.

▲ Master Call Light Panel(각종 Call 상태가 표시되는 Panel)

3) 갤리 점검과 Air Bleeding

갤리에는 전기에 의해 작동되는 기기들이 설치되어 있으므로, 비행 중 화재 발생에 대한 주의를 기울여야 한다. 갤리 점검 시 갤리 장비의 작동 여부를 확인하고 Air Bleeding을 실시한다.

To Be More Professional Crews!

Air Bleeding

워터 보일러 작동 시, 전원을 켜기 전에 Faucet(수도꼭지)에서 공기를 빼내 기포가 없는 정상적인 물줄기가 흘러나올 때까지 Faucet을 열어 두는 작업을 에어 브리딩이라고 한다. 에어 브리딩이 충분히 이루어지지 않은 채로 워터 보일러를 사용할 경우 과열에 의한 화재 발생의 원인이 될 수 있다.

4) 화장실

화장실 청결상태와 물내림(Flushing) 상태, 물비누 보충 상태, 화장실 용품 보관 장소에 이물질이 있는지 확인한다. 또 기종별로 객실 내에 정해진 Compartment에 롤 페이퍼, 클리넥스, 페이퍼 타월, 3oz 컵 등이 충분량 탑재되었는지 확인하고 갤리 소모품 상자에 면도기와 일회용 쉐이빙 폼, 가글, 방향제 등이 탑재되었는지 확인한다.

▲ 화장품, 면도용품, 일회용 구강청결제, 방향제 세팅의 예

▲ 여성용 화장실 표시의 예

5) 장애 및 환자 승객을 위한 설비

(1) 기내용 휠체어(On Board Wheelchair)

담당 승무원은 보관 장소에 기내용 휠체어 탑재 유무를 확인하고 이상이 있는 경우 사무장에게 보고하여 신속히 조치되도록 해야 한다. 특히 미주행 항공편의 경우 반드시 기내용 휠체어가 탑재되어야 하며 그외 항공편에서는 정시운항에 지장이 없는 범위 안에서 탑재하고 출발해야 한다.

To Be More Professional Crews!

기내용 휠체어 사용법

기내용 휠체어는 접이식으로 객실에 정해진 Compartment에 보관되어 있으며 펴고 접는 방법은 다음과 같다.

1. 아랫부분의 발판을 누른 상태에서 손잡이를 위로 들어 올린다.
2. 좌석 밑의 케이블 선을 위로 당겨서 휠체어를 완전히 펼친다.
3. 접을 때는 좌석 밑에 있는 케이블 선을 위로 당긴 후 손잡이를 눌러 접는다.
4. 승객이 앉거나 이석할 때는 안전을 위해 항상 페달 브레이크를 아래 방향으로 하여 고정한다.

(2) 의료용 침대(Stretcher)

앉아서 여행할 수 없는 승객을 위해 사전예약 시 좌석에 설치하는 것으로 스트레처 승객이 있는 경우 설치 여부를 확인한다.

6) 승객 편의를 위한 설비

(1) 아기 요람(Baby Bassinet)

아기 요람은 국제선 전편에 제공되며 사전예약 시 요청한 승객에게 우선적으로 서비스하는 것으로 항공기별로 탑재 수량이 정해져 있다. 요청 승객은 SHR상에 BSCT로 표시되며 BSCT 제공 시 허용 중량을 초과하지 않는지 유아 신체 사이즈를 확인한다.

담당 승무원은 이륙 후 Fasten Seat Belt Sign이 꺼지면 아기 요람을 장착하고, 장착 후 제대로 장착되었는지 아기 요람의 좌석 쪽 Bar를 잡아당기고 수직 방향으로 눌러 보는 등의 확인 작업을 해야 한다. 아기 요람 설치 시 개인용 모니터를 세울 수 없는 기종은 모니터를 먼저 세운 후 아기 요람을 설치해야 하며, 옆 좌석 승객에게 불편사항을 안내하고 양해를 구하여 승객 불만 발생을 미연에 방지하는 노력을 해야 한다.

아기 요람 이용 가능한 조건은 해당 유아의 몸무게가 11kg(24lb) 이하이며 키는 75cm (29.5 inch) 이하이며 기준을 초과하는 경우 유아가 낙상할 위험이 있으므로 제공하지 않는다.

To Be More Professional Crews!

아기 요람(Bassinet) 장착방법

아기 요람을 장착할 때는 아기 요람을 수평으로 두어야 칸막이벽(Bulkhead)에 난 홈(Hole)에 고정할 수 있기 때문에 다른 승무원의 협조를 받거나 보호자의 도움을 받는 것이 필요하며 다음 순서대로 장착한다.

1. Do Not Open Tab을 들어 올린다.
2. 돌출된 단추를 누른 채로 Pin을 잡는다.
3. 아기 요람의 평행을 유지하며 단추를 누른 채로 Pin을 칸막이벽에 난 홈에 완전히 넣는다.
4. Do Not Open Tab을 원위치한다.
5. 철제 플러그에 안전덮개(벨크로 테이프)를 씌운다.

▲ Do Not Open Tab

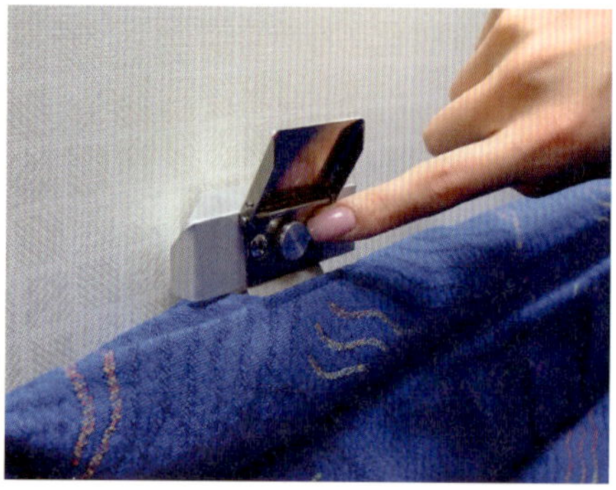

▲ Do Not Open Tab을 들어 올린 모습

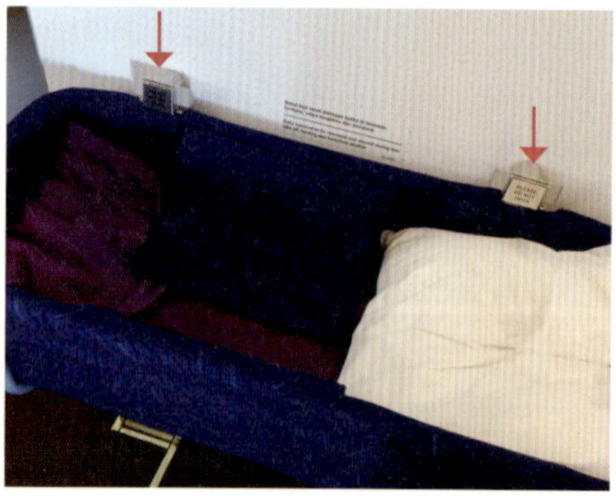

▲ 화살표 부분: Do Not Open Tab

▲ 아기 요람 장착 후 안전덮개(벨크로 테이프)를 씌운 모습

(2) 연장용 좌석벨트(Extension Seatbelt)

연장용 좌석벨트는 Jump Seat 하단에 보관되어 있으며 기종별로 보관 위치가 정해져 있으므로 담당 승무원이 확인한다.

(3) 커튼과 Class Divider

커튼 고리의 고장 여부와 청결상태를 확인하고 Class Divider 고장 상태도 함께 점검한다. 상위클래스 좌석에 설치된 Privacy Divider 주변의 청결상태를 확인한다. 커튼과 Class Divider는 이착륙 시 반드시 고정해 두어야 하며, 승객 휴식 시 닫아 둔다. 커튼은 기류 변화인 Turbulence 시 고정해 두어 객실 내 승객 상황을 파악할 수 있도록 한다.

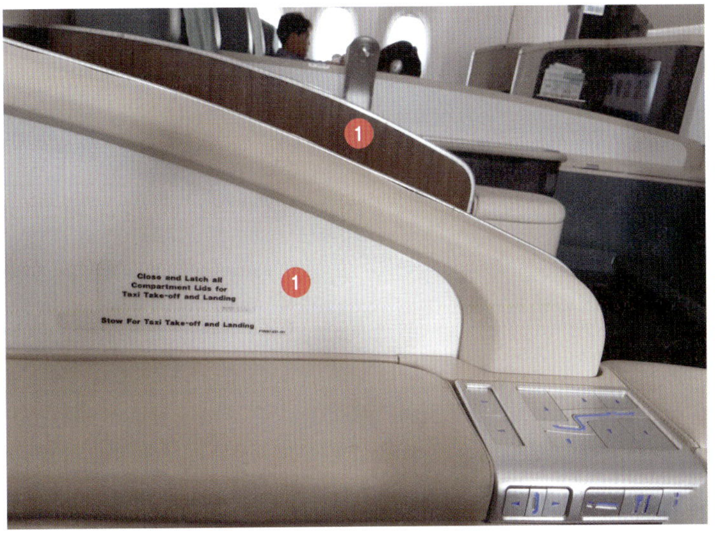

▲ ❶ Privacy Divider의 예

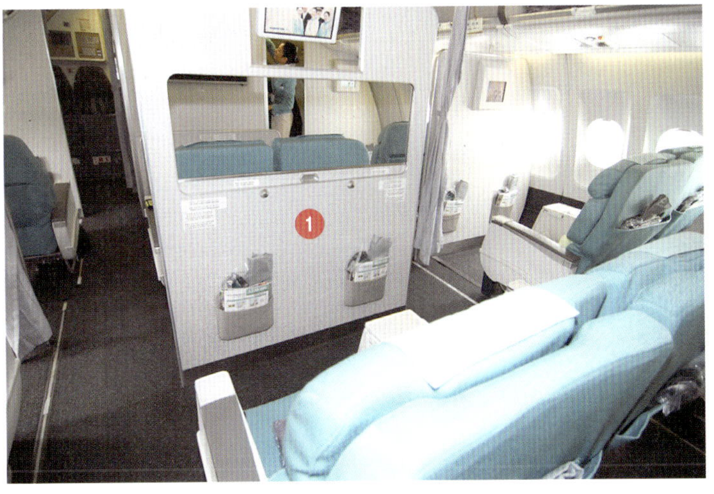

▲ ❶ Class Divider의 예

▲ 커튼 고정의 예

(4) 잡지꽂이(Magazine Rack)

잡지꽂이는 내부에 이물질이 없는지 확인하고 기내 탑재된 잡지를 제호가 보이도록 가지런히 꽂아 둔다.

(5) 장애인용 화장실, 기저귀 교환대가 있는 화장실

사진과 같은 픽토그램이 표시되어 있는 화장실은 기내 휠체어(On Board Wheelchair) 출입이 가능하도록 출입문이 반접이형(Bi-Folding Type)이 아닌 여닫이 형태로 되어 있고 내부 공간은 일반 화장실에 비해 넓으며 장애 승객의 편의를 위해 보조 손잡이가 벽면에 설치되어 있다.

또 유아동반 승객의 편의를 위해 기저귀 교환대가 설치된 화장실은 그림과 같은 픽토그램이 표시되어 있으므로 승무원들은 담당구역에 유아 승객이 있는 경우 해당 화장실의 위치를 유아동반 승객에게 사전에 안내하는 것이 필요하다.

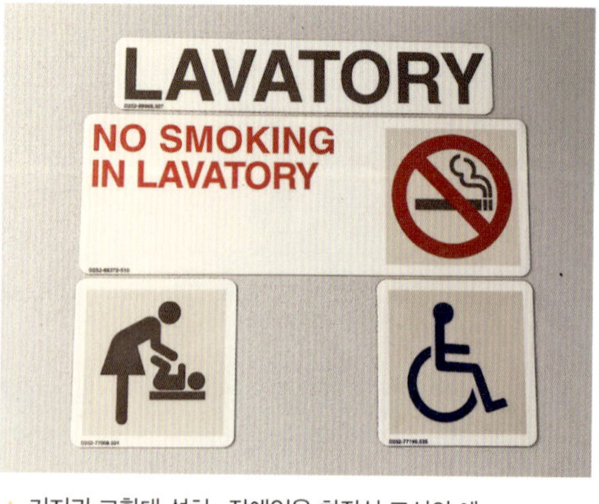

▲ 기저귀 교환대 설치, 장애인용 화장실 표시의 예

4 기내 서비스 기물 점검

(1) 각종 Tongs(집게)

기내식 서비스 시 필요한 각종 텅즈(Tongs)로는 Ice Tongs, Bread Tongs, Salad Tongs, Lemon Tongs, Food Tongs 등이 있다. 클래스별로 제공되는 식사 메뉴에 따라 필요한 Tongs의 탑재 여부와 수량을 확인해야 한다.

(2) Tray & Tray Mat

Tray는 개별 서비스 시 필요하며 크기별로 Large와 Small Tray가 있고 음료 등이 미끄러지지 않도록 Mat를 깔아 사용한다. 상위클래스 용 Tray가 별도로 운영되므로 해당 클래스 승무원은 Mat와 함께 탑재 여부와 수량을 확인한다.

(3) Pot

Hot Beverage나 뜨거운 물을 서비스해야 하는 한식, 라면 등을 제공할 때 사용하며, 갤리 내 커피머신에 모두 장착하고 여분의 Pot이 충분한지 확인하고, 손잡이 고정 상태와 뚜껑이 있는 Pot인 경우 고정 여부를 확인한다.

(4) Basket

Basket은 나무 재질로 되어 있으며 상위클래스 용 와인 바스켓, 타월 바스켓, 빵 바스켓 등이 있고 Basket류는 비행 종료 후 하기하지 않고 기내에 비치하여 계속 사용하는 기물이나 파손이 발견되거나 오염된 경우 하기하여 새것으로 교체되도록 한다.

(5) Ice Bucket & Ice Scoop & Ice Pick

Ice Bucket은 일반석 용(플라스틱)과 상위클래스 용이 구별되며 일반석은 음료 서비스 시 담당구역별로 여러 개가 필요하므로 수량과 파손 여부를 확인한다. 얼음을 배분할 때 필요한 Ice Scoop과 얼음을 쪼갤 때 사용하는 Ice Pick도 함께 탑재되므로 확인한다.

(6) Muddler Box(Shelf)

Muddler Box(Shelf)는 Hot Beverage 서비스에 필요한 각종 크림, 설탕, 인공감미료, 머들러(Muddler), 디카페인 커피 가루, 티백 등을 적절히 담아 준비해 두는 상자로, 항공사 로고가 디자인되어 있다. 국내선의 경우 대부분 음료 서비스 시 Cart에 올려 사용하므로 특히 청결상태를 확인해야 한다.

(7) Cart & Cart Holder

Cart에는 접이식 Serving Cart와 Serving Cart 상단에 음료 등 서비스 용품을 고정하기 위한 Cart Holder, 그리고 Meal Cart, Liquor Cart 등이 있다. 모든 Cart는 바퀴를 고정하는 장치가 있으므로 고장 여부를 확인하며 Meal Cart, Liquor Cart 등은 도어의 잠금 상태도 확인한다.

(8) 기타(오븐 장갑, 와인 오프너, 와인 서버)

오븐 장갑은 히팅한 식재료 등을 집을 때 사용하는 것으로, 갤리에서만 사용하고 승객 서비스 시 사용하지 않는다. 와인 오프너는 갤리 내 장착된 경우와 별도 탑재되는 경우가 있으며 사용 후 원위치하여 인계해야 한다. 와인 서버(Wine Server)는 와인 오픈 후 병 입구에 끼워 사용하는 것으로 재사용 시 세척 후 사용하며 탑재 위치에 보관 후 인계해야 한다.

▲ ❶ Wine Basket ❷ Wine Server 사용의 예

❶ Soup Ladle ❷ Gravy Boat ❸ Lemon Tongs ❹ Pepper Mill ❺ Salt Shaker ❻ Serving Cart ❼ Cart Linen ❽ Chinaware ❾ Cutlery ❿ Salad Bowl ⓫ Salad Tongs 사용의 예

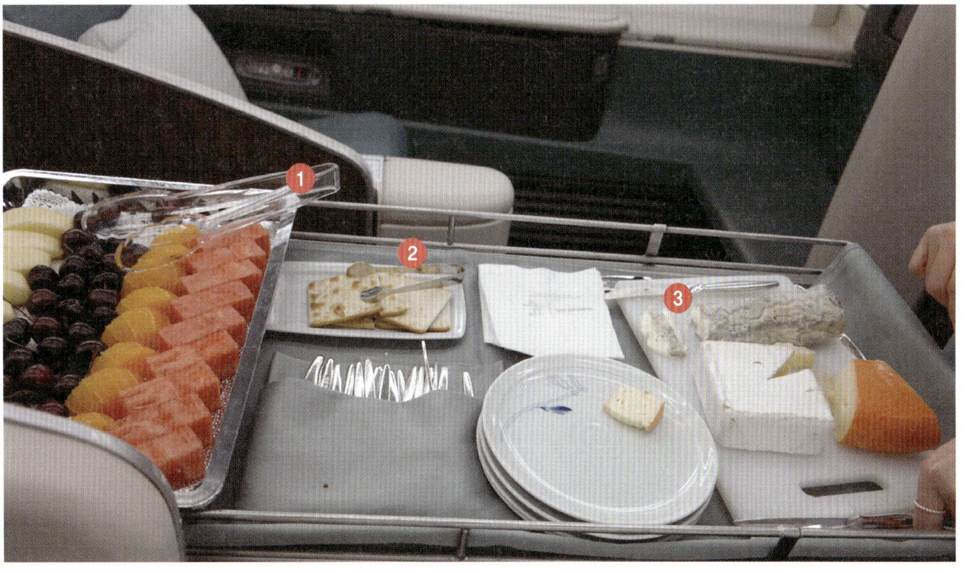

❶ Salad Tongs ❷ Lemon Tongs ❸ Cheese Board 사용의 예

▲ 양념 세트(Condiment Set)의 예

▲ ❶ Ice Bucket과 ❷ Ice Tongs의 예

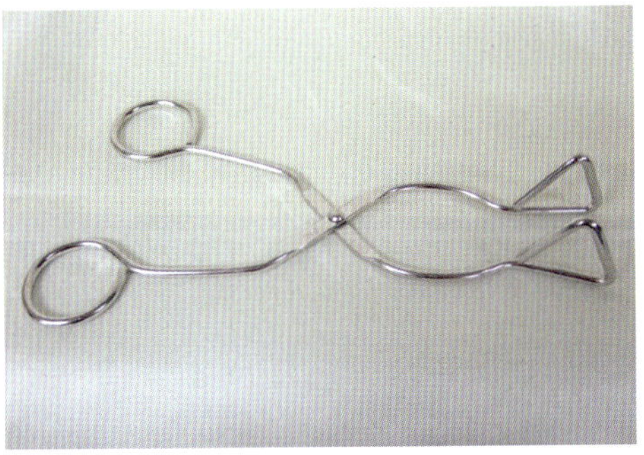
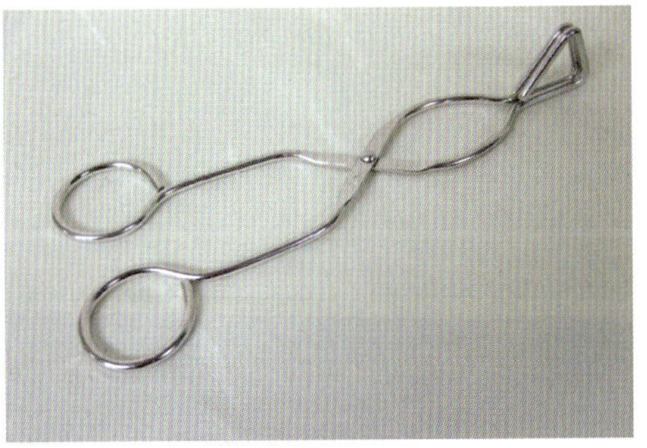

▲ Towel Tongs

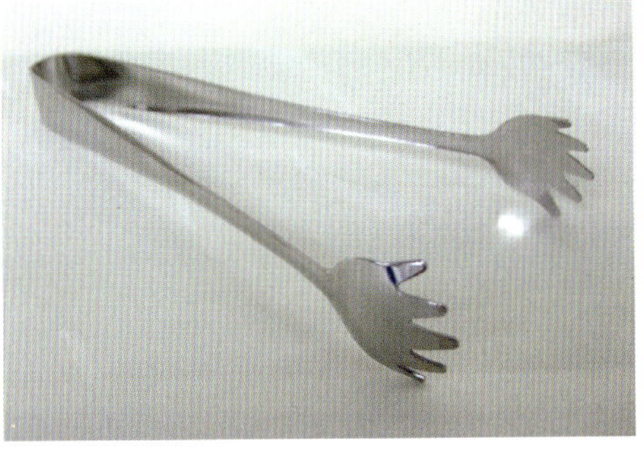

▲ Ice Tongs

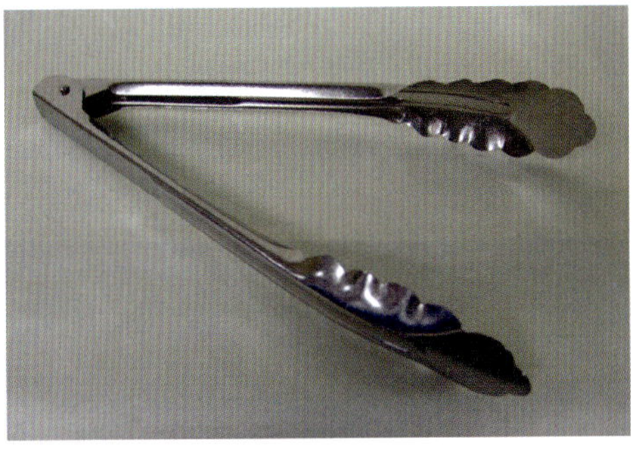

▲ Food Tongs

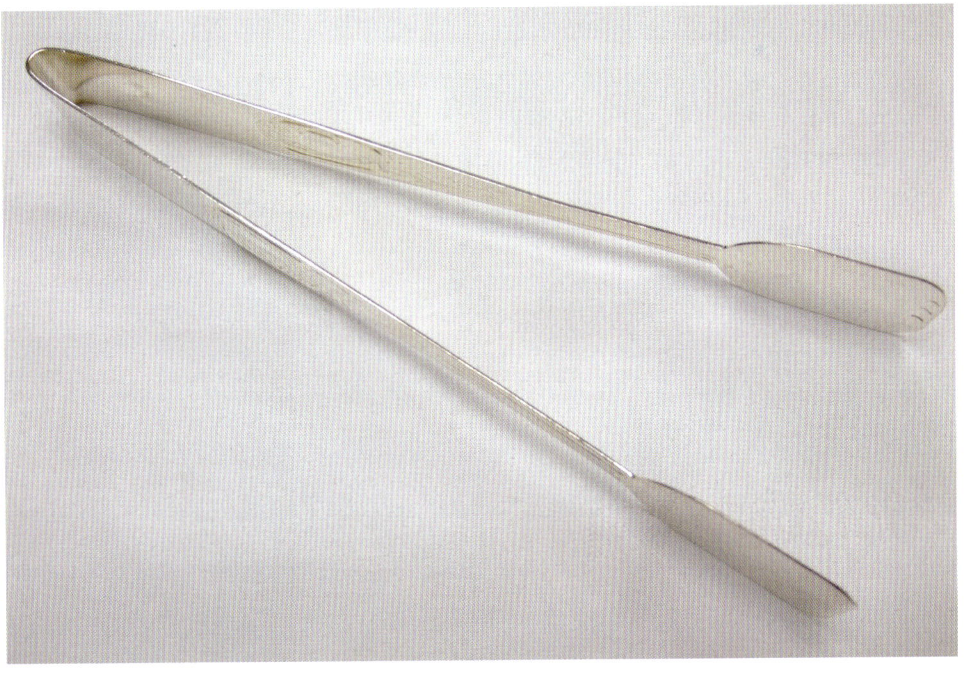

▲ Bread Tongs

▲ Wine Server

▲ 상위클래스 용 Linen(Table Cloth의 예)

▲ Casserole Tongs와 사용의 예

▲ 일부 항공기 갤리에 장착된 Wine Opener의 예

▲ Ice Bucket의 예(상위클래스)

▲ 일반석 Ice Bucket 사용의 예

5 기타 장비 및 시스템 점검

이상과 같은 기본적인 설비의 이상 유무 확인 이외에 비행 전(Pre Flight) 점검 시 객실 사무장은 객실 조명을 단계별로 조절하여 이상 유무를 확인하고 Potable Water Tank의 잔존량 등을 확인한다. 노선별로 Potable Water Tank의 양이 정해져 있으므로 이상이 있는 경우 지상 직원에게 알려 조치되도록 한다.

6 입항서류 점검

객실 사무장은 운항에 필요한 서류(승객이 목적지에 입국하기 위해 필요한 입국카드와 세관신고서, 검역신고서 등 도착지 국가별로 필요한 서류와 화물 운송 관련 서류, Flight Coupon 등)를 지상 직원으로부터 인수하고, 입국에 필요한 서류는 승객 예약 수와 국적 분포를 고려하여 적정량이 탑재되었는지도 함께 확인한다.

또 항공기 도착 후 지상 직원에게 인계해야 할 각종 서류[G/D(General Declaration), P/M(Passenger Manifest), C/M(Cargo Manifest)] 등이 있는 경우 분실되지 않도록 잘 보관 후 인계해야 한다,

환자 승객이 있는 경우 병약 정도가 중할 경우, 의사의 진료기록과 환자서약서 등을 전달받아야 하며, 모든 승객에 대한 서비스 정보를 확인할 수 있는 S.H.R (Special Handling Request) 혹은 S.S.R(Special Service Requirement)을 지상 직원에게서 전달받아 서비스 시 적극 활용한다. 이러한 모든 서류는 Ship Pouch에 담아 전달한다.

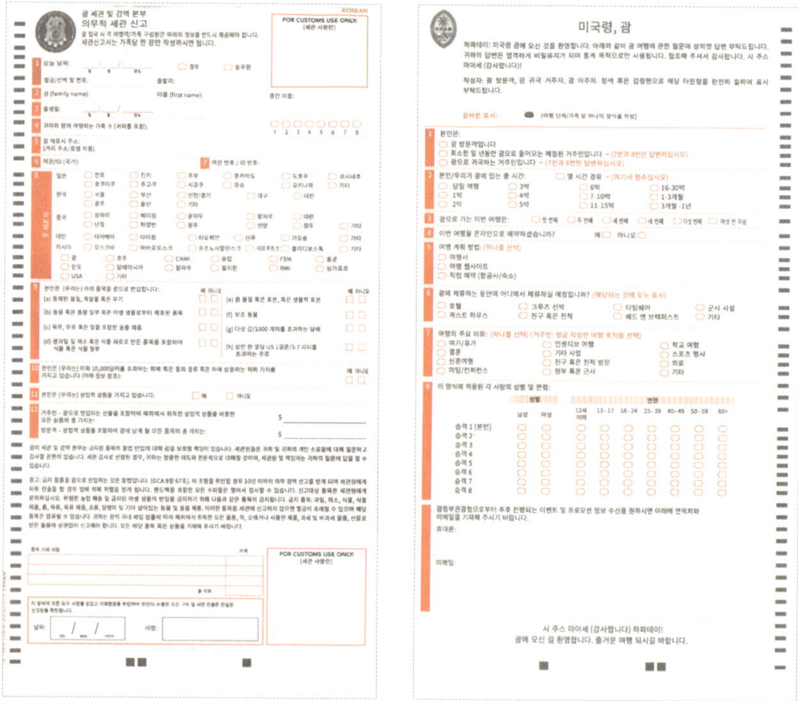

▲ 미국 입국 시 필요한 세관신고서의 예

7 면세품 확인

서비스 가용시간이 적은 노선인 경우 기내 면세품 판매를 전담하는 승무원이 별도로 추가 탑승하는 경우도 있으며 기내 면세품 판매 담당자는 출발 시 판매대금 수납창구에서 기내판매 잔돈(다양한 종류의 화폐로 준비), 승무원용 면세품 가격표 카탈로그, Sales Money Bag 등을 수령한다. 또 판매 당일 적용환율 및 기내판매에 관한 지시와 공지사항을 확인한다.

탑승 후에는 지상 조업원으로부터 판매품목을 인수하고 POS 시스템 장비와 쇼핑백(Shopping Bag) 등 판매에 필요한 물품의 탑재를 확인한다. 해외 출발편인 경우 인계받은 면세품 보관 Carry On Box의 잠금장치인 Seal의 번호를 확인하며, 고가품은 Seal을 개봉하여 물품 수량을 확인한다. 판매 리스트와 비교하여 부족분이 있는 경우, 출발이 지연되지 않도록 최대한 신속히 보고하여 조치되도록 한다.

기내판매 시작 시점은 해당편 서비스 절차에 따르고, Cart로 판매하는 경우는 상위클래스부터 시작한다. 기내판매 전 안내방송을 하며 기내 조명은 Full Bright로 하되 야간 비행인 경우 Dim 상태를 유지한다. 기내판매는 Approaching 시점을 기준으로 마감하는 것이 원칙이며, 판매보고서 작성 및 판매대금 정리, 산량소사 등을 감안하여 종료 시점을 조정할 수 있다.

기내판매 시 만 19세 미만의 미성년 승객에게는 주류를 판매하지 않으며, 면세품 판매 업무는 판매대금과 물품잔량 등이 정확히 인수인계되어야 하는 만큼 담당 승무원을 포함하여 모든 승무원의 협조가 요구되는 업무이다.

To Be More Professional Crews!

면세품의 인수인계

면세품의 인수인계에는 Seal To Seal 방식과 Item By Item 방식이 있다.

- **Seal To Seal 방식:** 면세품 인수인계 시 Carry On Box나 Cart에 Seal을 하고 그 Seal의 번호를 확인하는 방식을 의미한다.
- **Item By Item 방식:** 주로 고가품인 경우 Seal 번호만 확인하는 것이 아니라 Seal을 개봉한 후 물품을 일일이 직접 확인하는 방식을 말한다.

▲ 기내판매 안내책자 및 내용

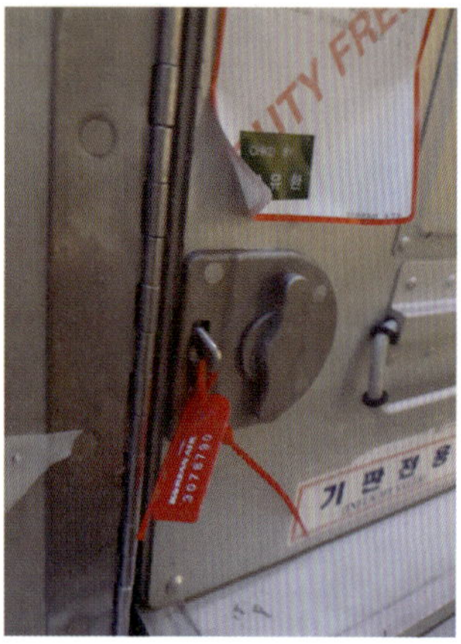

▲ 갤리에 탑재된 기내 면세품 보관 Carry On Box

▲ Red Seal로 잠겨 있는 면세품 Carry On Box의 모습

8 특별 서비스 요청사항 확인

NCS 능력 단위 명칭	능력 단위 요소
승객 탑승 전 준비 1203010502_13v1	1. 기내 서비스 용품 점검하기 1203010502_13v1
	2. 서비스 설비 및 기물 점검하기 1203010502_13v2
	3. 특별 서비스 요청사항 점검하기 1203010502_13v3

3. 특별 서비스 요청사항 점검하기 수행준거
1 객실 서비스 규정에 따라, 승객 탑승 전, 해당 항공기의 특별 서비스 항목을 점검하고 조치할 수 있다. 2 객실 서비스 규정에 따라, 승객 탑승 전, 해당 승객의 특별 서비스 용품이 탑재되어 있는지를 점검하고, 조치할 수 있다. 3 고객 서비스 규정에 따라, 승객 탑승 후, 해당 승객의 특별 서비스 요청사항 외 추가 요청사항이 없는지를 확인하고, 조치할 수 있다.

1) S.H.R(S.S.R)

객실 사무장은 지상 직원으로부터 전달받은 S.H.R(승객 요청사항과 승객 정보가 적혀 있는 승객 예약 정보 리스트)을 각 클래스 담당 승무원이 참고할 수 있도록 전달한다. 담당 승무원은 S.H.R에 표기된 승객의 특별 서비스 요청사항을 확인하여 탑승 시점부터 요구되는 승객 지원 업무를 준비해야 하며, 갤리 담당 승무원은 기내 특별식 요청 내역이 있는 경우 기내식 점검 시 이를 참고하여 탑재 여부를 확인한다.

S.H.R상에 기록된 정보는 승객의 탑승 정보 외에도 VOC(Voice of Customer: 승객 제언) 관련, 탑승 당일이 생일인 경우 표시, 아기요람 요청, 휠체어 승객, 장애 승객, 환승 여객 등 다양하다.

2) 기내 특별식

특별식(Special Meal)이란 비행 중 승객의 건강이나 기호 또는 종교 등의 이유로 일반 기내식을 취식하지 못하는 경우에 특별히 요청하는 식사로, 종교식, 유아 및 아동식, 야채식, 식사조절식, 기타 특별식으로 구분한다.

(1) 종류

종교식

종류	약어	특징
Hindu Meal	HNML	No Beef: 비야채식의 인도식 식사로 양고기, 가금류, 해산물과 생선류를 사용하며 소고기, 송아지고기를 사용하지 않는다.

종류	약어	특징
Moslem Meal	MOML	No Pork: 소고기, 양고기, 가금류 등을 회교 율법에 따라 준비하여 사용하며 알코올, 돼지고기, 햄, 베이컨, 젤라틴 또는 돼지고기 부산물이 포함된 식품을 사용하지 않는다.
Kosher Meal	KSML	유대 정교 신봉자의 식사로 율법에 따라 조리하고 기도를 올린 것으로, 돼지고기는 사용하지 않으며 소고기, 양고기 등도 기도를 올린 것에 한하여 쓰인다. 따라서 닭고기나 생선이 주가 되며 빵 대신 맛초(Matzo)라는 건빵이 서비스된다. 식기는 한 번 사용한 것을 다시 씻어 재사용하는 것을 금지하므로 1회용 기물을 사용하며, 밀봉되어 있다.

To Be More Professional Crews!

종교식 서비스 시 유의점

Kosher Meal은 유대교 율법대로 조리한 식사를 말한다. Kosher Meal은 서비스 전 반드시 주문한 승객에게 탑재된 식사가 개봉되지 않은 상태임을 보인다. 또 주요리를 가열해야 하는 경우, 내열 비닐이나 Foil이 아닌 주요리 포장을 제거한 후 가열한다는 것을 승객에게 안내해야 한다.

Hindu Meal, Moslem Meal 요청 승객은 종교상의 이유로 특정 식재료를 취식하지 못하므로 기내식 탑재에 문제가 있는 경우 대체 서비스 시 취식 가능한 메뉴가 있는지 확인해야 한다. 그러나 Kosher Meal은 율법에 따라 조리하고 기도를 올린 재료로 조리해야 하므로 대체 서비스가 불가한 식사이다. 따라서 밀봉되어 실리는 Kosher Meal은 승객의 허락 없이 개봉하는 일이 없도록 각별한 주의가 필요하다.

▲ Kosher Meal의 예

유아식 및 아동식

종류	약어	특징
Baby Meal	BBML	유아식으로는 24개월 미만의 유아에게 서비스되는 이유식과 아기용 주스가 있다.
Infant Child Meal	ICML	유아용 아동식은 아동식 식사가 가능한 24개월 미만의 영유아에게 제공되며, 메뉴는 Child Meal과 동일하다.
Child Meal	CHML	아동식은 만 2~12세 미만의 아동에게 제공되며, 대한항공의 경우 한국 출발편에서는 스파게티, 햄버거, 오므라이스, 돈가스 중에 선택할 수 있으며, 해외 출발편에서는 햄버거, 피자, 스파게티, 핫도그 중에 선택할 수 있다. 특히 아동식의 경우는 해외 기내식 조달 형편이 상이하므로 한국 출발편과 동일한 식사가 주문되지 않을 수 있음을 안내할 필요가 있다.

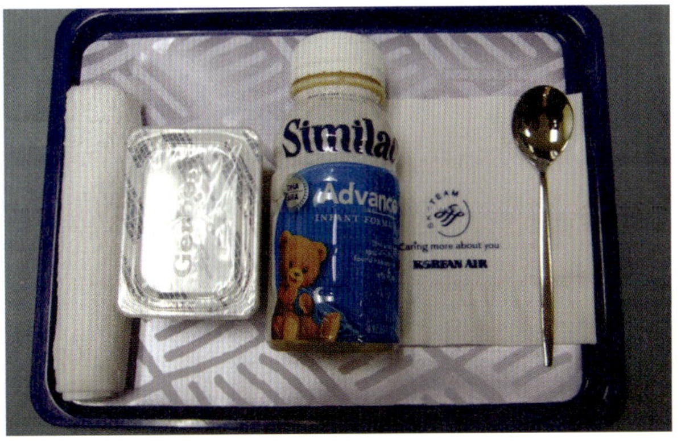

▲ 유아식 서비스 준비의 예

야채식

종류	약어	특징
Vegetarian Lacto-Ovo Meal	VLML	서양 채식으로 달걀 및 유제품은 사용하되 생선류, 가금류를 포함한 모든 육류와 동물성지방, 젤라틴을 사용하지 않는다.
Vegetarian Vegan Meal	VGML	엄격한 서양 채식으로 달걀 및 유제품을 포함하여 생선류, 가금류 등 모든 육류와 동물성지방, 젤라틴을 사용하지 않는다.
Vegetarian Hindu Meal	AVML	인도 채식으로 유제품은 사용하되 생선류, 가금류를 포함한 모든 육류와 달걀을 사용하지 않는다.
Vegetarian Jain Meal	VJML	엄격한 인도 채식으로 유제품, 생선류, 가금류 등 모든 육류와 달걀을 포함하는 모든 동물성식품 및 양파, 마늘, 생강 등의 근채류를 사용하지 않는다.

종류	약어	특징
Vegetarian Oriental Meal	VOML	동양 채식으로 양파, 마늘, 생강 등의 근채류를 사용하나 생선류, 가금류를 포함한 모든 육류와 달걀, 유제품을 사용하지 않는다.
Raw Vegetarian Meal	RVML	카페인 함유 음료나 보존료, 첨가물, 가공식품을 포함하지 않고 순수 생야채, 생과일이 포함된 채식이다.

To Be More Professional Crews!

자이나 달마(Jain Dharma)라고 알려진 자이나교는 고대 인도의 종교로 자이나교의 추종자들은 '자인(Jain)'이라 불린다.

출처: https://en.m.wikipedia.org/wiki/Jainism 요약

식사조절식

종류	약어	특징
Low Fat Meal	LFML	저지방식으로 콜레스테롤 함량이 높은 고지방 육류, 농축된 육수, 달걀 노른자, 갑각류 등을 사용하지 않고, 저지방 육류, 저지방 생선 등을 사용한다.
Diabetic Meal	DBML	당뇨식으로 열량과 단백질, 지방, 당질의 섭취량을 조절하고 식사량과 포화지방산의 섭취를 제한하는 식사를 말한다.
Low Calorie Meal	LCML	저열량식으로 체중 조절을 목적으로 열량을 제한한 식사이다. 지방, 설탕은 조리 시 필요한 최소량을 첨가하며 튀김 조리법은 사용하지 않는다.
Bland Meal	BLML	저자극식으로 소화기능이 저하되어 있는 고객을 위한 식사이다. 강한 향신료, 가스를 유발할 수 있는 야채 및 기름기가 많은 음식을 제한하며, 저지방 육류 및 흰살생선 등을 재료로 한 식사를 말한다.
Gluten Intolerant Meal	GFML	글루텐 제한식으로 식재료 내의 글루텐 함유를 엄격히 제한하여 밀, 보리, 호밀, 귀리 등을 피하고 쌀, 감자, 고구마, 옥수수, 콩을 사용한다.
Low Salt Meal	LSML	저염식으로 염분 성분이 제한된 식사를 원하는 승객에게 제공된다.
Low Lactose Meal	NLML	유당 제한식으로 유당을 함유하고 있는 모든 형태의 유제품(우유, 크림, 분유)을 엄격히 제한한 식사이다.

기타 특별식

종류	약어	특징
Seafood Meal	SFML	해산물식으로 생선 및 해산물을 주재료로 하며 곡류, 야채류, 과일류가 함께 제공된다.
Fruit Platter Meal	FPML	과일식으로 기내식 대신 신선한 과일로만 구성된 식사이다.
Allergy -Free Meal	SPML	알레르기 제한식으로 특정 식재료 알레르기 반응이 있는 승객에게 해당 식재료를 제외한 식사가 제공된다.

To Be More Professional Crews!

땅콩 알레르기가 있는 승객

땅콩 알레르기가 있는 승객으로 인한 사고가 빈번해지면서 점차 많은 항공사에서 기내식 제공 시 땅콩 성분이 함유된 식재료를 사용하지 않는 추세이다. 그러나 다른 승객들이 땅콩 제품을 기내로 반입하거나 비행기 내부에 땅콩 성분이 남아 있을 가능성이 있다,

그러므로 땅콩 알레르기가 있는 승객은 항공 여행 전에 전문 의료진과 상의하여 항공 여행의 적합성을 확인해야 하며 사전 예약 시 이를 항공사 직원에게 알리고, 탑승 시 정해진 양식을 작성하는 등의 절차를 따라야 한다.

(2) 서비스 시 유의점

갤리 담당 승무원은 기내식 탑재 담당 지상 직원과 특별식 탑재 내역을 확인하고 그 내용을 객실 사무장에게 보고한다. 탑재 내역을 확인할 때는 S.H.R(S.S.R)을 참고하여 특별식 요청 내역과 실제 탑재 내역을 비교하며, 이상이 있는 경우 운송 직원이나 기내식 탑재 담당 지상 직원에게 알려 신속히 조치되도록 한다. Aisle Duty 승무원은 담당구역에 특별식 요청 승객이 탑승한 경우, 승객 탑승 후 그 주문 내역을 확인한다.

요청사항이 확인된 특별식은 식사 서비스 시 일반 기내식보다 우선적으로 서비스하며 특별식이 잘못 전달되지 않도록 좌석번호, 성명, 특별식 종류를 해당 특별식 Tray에 표시한다. 그리고 해당 승객 서비스 시에는 주문한 특별식이 맞는지 재차 확인한다.

QUIZ

1. 승객 좌석 점검 시 Safety Instruction Card가 없는 좌석을 발견했다면 어떻게 조치해야 하는지 설명해 보자.

2. Master Call Light Panel의 Light 종류 및 점등 시 상황을 설명해 보자.

3. 갤리 점검 시 Air Bleeding의 기능이 무엇인지 설명하고 Air Bleeding을 실습해 보자.

4. 화장실 점검 요령을 설명해 보자.

5. On Board Wheelchair의 사용법을 설명해 보자.

6. Baby Bassinet은 어디에 설치하며 어떻게 장착하는지 설명해 보자.

QUIZ

7. 보조 좌석벨트의 연장이 필요한 승객이 탑승한 경우 응대 요령을 설명해 보자.

8. 이착륙 시 Class Divider 정리 요령을 설명해 보자.

9. 기물의 종류에는 어떤 것이 있는지 용어를 설명해 보자.

10. 기내 특별식의 종류를 설명해 보고 Kosher Meal 서비스 방법을 시연해 보자.

11. Bland Meal의 특징을 설명해 보자.

12. MOML로 표기된 기내식이 탑재되었다. 어떤 식사를 의미하는지 설명해 보자.

SERVICE FOR PASSENGERS GETTING ON-BOARD AND **BEFORE TAKE-OFF**

Chapter 5

승객 탑승 시 및 이륙 전 서비스

NCS 능력 단위 명칭	능력 단위 요소
승객 탑승 및 이륙 전 서비스 1203010503_13v1.1	1. 탑승 위치 대기하기 1203010503_13v1.1 2. 탑승권 재확인하기 1203010503_13v1.2 3. 좌석 안내하기 1203010503_13v1.3 4. 수화물 정리 지원하기 1203010503_13v1.4 5. 특수 고객 지원하기 1203010503_13v1.5 6. 탑승 환영 안내 방송하기 203010503_13v1.6

학습 목표

I. 탑승 위치에 대기하고 환영인사 및 눈높이 서비스 자세를 취할 수 있다.

II. 탑승권 재확인 업무를 할 수 있다.

III. 승객에게 좌석 안내 및 설비 사용법을 안내할 수 있다.

IV. 승객 수화물 보관 협조를 할 수 있다.

V. 특수 고객 응대를 할 수 있다.

VI. 탑승 환영안내 방송을 할 수 있다.

Stoyan Yotov / Shutterstock.com

5 승객 탑승 시 및 이륙 전 서비스

1 탑승구 및 담당구역 대기

NCS 능력 단위 명칭	능력 단위 요소
승객 탑승 및 이륙 전 서비스 1203010503_13v1.1	**1. 탑승 위치 대기하기 1203010503_13v1.1**
	2. 탑승권 재확인하기 1203010503_13v1.2
	3. 좌석 안내하기 1203010503_13v1.3
	4. 수화물 정리 지원하기 1203010503_13v1.4
	5. 특수 고객 지원하기 1203010503_13v1.5
	6. 탑승 환영 안내 방송하기 203010503_13v1.6

1. 탑승 위치 대기하기 수행준거

1 객실 서비스 규정에 따라, 승객의 항공기 탑승 전, 각자에게 부여된 임무를 수행하기 위하여 해당 근무 지역에서 탑승을 위해 대기할 수 있다.

2 객실 서비스 규정에 따라 승객 탑승 시 대기 자세를 취할 수 있다.

3 객실 서비스 규정에 따라 승객 탑승 시 밝은 표정으로 환영 인사를 할 수 있다.

4 객실 서비스 규정에 따라 탑승 승객에 따른 눈높이 서비스 자세를 취할 수 있다.

1) 탑승구 종류

▲ 항공기에 접안 중인 Boarding Bridge

승객 탑승은 터미널에서 대기 후 항공기로 바로 연결되는 탑승교(Boarding Bridge)를 이용하거나 버스로 이동 후 Ramp에서 Step Car를 이용하여 탑승하는 경우가 있다.

탑승교 이용 시 대형기종인 경우 L1, L2 두 곳의 도어를 개방하여 연결하며 L1은 상위클래스 전용으로 사용된다. 상위클래스 승객 예약이 없는 경우 L2 한 곳만 사용하기도 한다. A380 항공기는 L1, L2 외에 Upper Deck 첫 번째 도어인 UL1을 추가로 개방하여 Upper Deck 승객의 편의를 도모하고 신속한 탑승으로 출발 지연을 방지한다.

▲ 3개의 Boarding Bridge로 접안하는 A380 항공기

EQRoy / Shutterstock.com

▲ R1 Door에 접안된 Step Car

2) 담당구역

객실 브리핑을 통해 배정된 자신의 담당구역을 확인하고 승객 탑승 전에 환영인사 준비를 하고 대기해야 한다. 대기 장소는 해당 Jump Seat 주변이나 승객 탑승 흐름에 맞추어 적극적으로 이동하며 좌석 안내와 짐 보관 등을 도와야 한다.

Dmitry Birin / Shutterstock.com

3) 대기 자세와 환영인사

승객 탑승시각은 항공사별로 상이하나 보통 국내선의 경우 출발시각 기준 20분 전에 이루어지며 국제선의 경우는 출발시각 기준 30분 전에 탑승이 시작되므로 모든 승무원은 유니폼 착용 상태를 점검한 후 담당 Zone에 대기한다.

승객 탑승 전 필요한 Pre Flight 점검 등을 신속히 마치고 지상 서비스 준비 등 탑승 준비가 완료되면, 객실 사무장은 기장과 협의하여 승객 탑승 가능 시점을 지상 직원에게 통보한다.

Komenton / Shutterstock.com

L1, L2 탑승구를 모두 개방한 경우 객실 사무장은 L1, 부사무장은 L2에서 대기하며, 객실 사무장은 L1 탑승구에 위치하여 전반적인 승객 탑승이 원활히 이루어지도록 객실 승무원을 배치하고 안내 업무를 지휘한다.

탑승구 안내 업무를 부여받은 승무원은 주 탑승구에서 밝은 표정으로 환영인사를 하고 탑승권의 날짜와 편명을 확인하고 좌석을 안내한다. 특히 노약자, 환자, 어린이, 유아 동반 승객은 적극적으로 안내한다.

기타 객실 내 승무원은 담당구역 비상구 주변을 기본으로 승객이 도움을 필요로 할 때 즉시 응대할 수 있도록 유연성 있게 이동하면서 승객 좌석을 안내하고 휴대 수화물을 적절한 장소에 보관할 수 있도록 협조한다.

승객 탑승 순서는 직원의 도움이 필요한 승객이 먼저 탑승하도록 하고, 상용 고객과 상위클래스 승객에서 일반석 승객 순으로 탑승한다. 일반석의 경우 원활한 객실 이동을 위해 객실 후방에 좌석을 배정받은 승객부터 전방에 좌석을 배정받은 승객 순으로 탑승할 수 있도록 지상에서 방송을 통해 안내한다.

To Be More Professional Crews!

승객 탑승 순서의 예

Stretcher 승객
UM[비동반 소아(Unaccompanied Minor)]
노약자, 유아동반 승객

VIP, CIP,
PF/CL, FR/CL, PR/CL 승객, 상용 고객(High Mileage 승객)

EY Plus 승객

EY/CL 승객

4) 눈높이 자세

눈높이 자세는 객실 승무원이 승객의 앞이나 좌석 팔걸이 옆쪽에서 자세를 낮추어 앉아 있는 승객과 눈높이를 맞추고 응대하는 자세로, 승객과 장시간 대화를 나누어야 할 때나 승객에게 사과할 때 등 필요한 경우에 취한다. 상위클래스에서는 기내식 주문을 받을 때도 눈높이 자세를 취한다.

승객의 앞이나 좌석 팔걸이 옆쪽에서 자세를 낮출 때 승객 쪽 무릎만을 바닥에 닿도록 하고, 다른 쪽 무릎은 약간 세워 상체가 흔들리지 않도록 안정된 자세를 취하며 이때 기내화가 벗겨지지 않도록 주의한다.

2 탑승권 재확인

NCS 능력 단위 명칭	능력 단위 요소
승객 탑승 및 이륙 전 서비스 1203010503_13v1.1	1. 탑승 위치 대기하기 1203010503_13v1.1
	2. 탑승권 재확인하기 1203010503_13v1.2
	3. 좌석 안내하기 1203010503_13v1.3
	4. 수화물 정리 지원하기 1203010503_13v1.4
	5. 특수 고객 지원하기 1203010503_13v1.5
	6. 탑승 환영 안내 방송하기 203010503_13v1.6

2. 탑승권 재확인하기 수행준거

1 객실 서비스 규정에 따라, 승객의 출발 일시를 확인할 수 있다.
2 객실 서비스 규정에 따라, 승객의 목적지를 파악할 수 있다.
3 객실 서비스 규정에 따라, 승객의 좌석 등급을 구별할 수 있다.
4 객실 서비스 규정에 따라, 승객의 좌석번호를 확인할 수 있다.

항공기 탑승 전 지상 직원에 의해 탑승권 확인이 이루어지나 그와 별도로 기내에서 승무원들은 다시 한 번 승객의 탑승권 소지 여부와 탑승권에 기재된 날짜와 편명을 확인해야 하므로 승객의 적극적인 협조를 부탁하고 협조에 대한 감사를 전한다.

탑승구에서 환영인사와 좌석 안내를 하는 객실 사무장을 포함하여 담당 승무원은 승객의 탑승권을 확인하고 해당 좌석의 방향을 안내한다. 주 탑승구에는 주로 상위클래스 좌석이 연결되어 있으므로, 상위클래스 담당 승무원이 함께 대기하여 상위클래스 승객 탑승 시 해당 승객을 좌석으로 직접 안내한다.

❸ 좌석 안내

Yannik Bikker / Shutterstock.com

NCS 능력 단위 명칭	능력 단위 요소
승객 탑승 및 이륙 전 서비스 1203010503_13v1.1	1. 탑승 위치 대기하기 1203010503_13v1.1
	2. 탑승권 재확인하기 1203010503_13v1.2
	3. 좌석 안내하기 1203010503_13v1.3
	4. 수화물 정리 지원하기 1203010503_13v1.4
	5. 특수 고객 지원하기 1203010503_13v1.5
	6. 탑승 환영 안내 방송하기 203010503_13v1.6

3. 좌석 안내하기 수행준거

1 객실 서비스 규정에 따라, 승객들에게 지정된 좌석번호를 재확인할 수 있다.
2 객실 서비스 규정에 따라, 좌석 배열을 파악하고, 승객에게 정확한 좌석으로 안내할 수 있다.
3 객실 서비스 규정에 따라, 승객에게 좌석 설비 사용법을 안내할 수 있다.
4 객실 서비스 규정에 따라, 좌석 상태를 파악하여, 조치할 수 있다.

1) 기종별 좌석번호의 이해

B737 시리즈, A220-300 등 소형기종은 통로(Aisle)가 하나로, 뒤쪽과 앞쪽으로 구분하여 안내하고 승객 진입 방향을 기준으로 왼편 창측, 왼편 복도측 자리 등으로 안내할 수 있다. 대형기종은 통로가 2개이므로 건너쪽 복도, 이쪽 복도 등 복도 방향을 안내한 후 복도측 자리인지 창측 자리인지 등 추가 설명으로 안내할 수 있다.

특히 2층이 있는 B747이나 A380 항공기인 경우 2층 좌석번호를 숙지하여 안내하고 상위클래스 좌석 배열도 사전에 숙지하여 혼동하지 않도록 한다. (단, A380 항공기 2층 고객은 별도의 탑승구를 이용하여 탑승한다. 179p 사진 참조.)

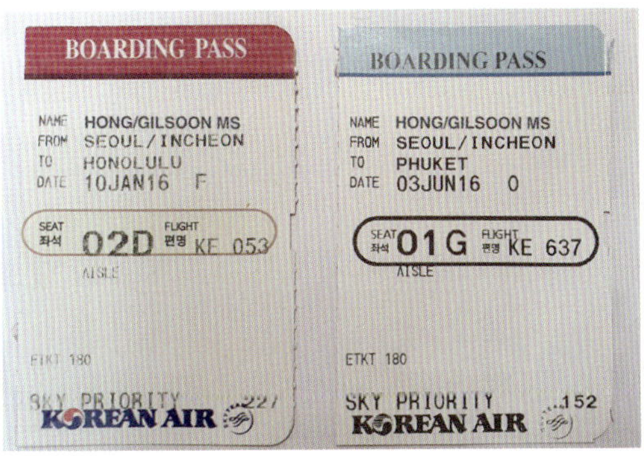

▲ 일등석 탑승권의 예

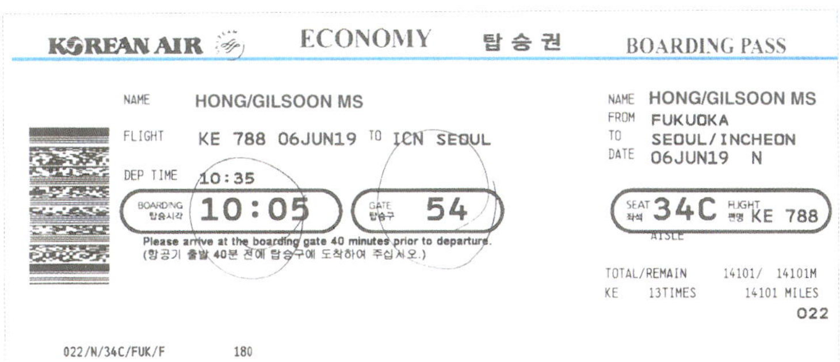

▲ 일반석 탑승권의 예

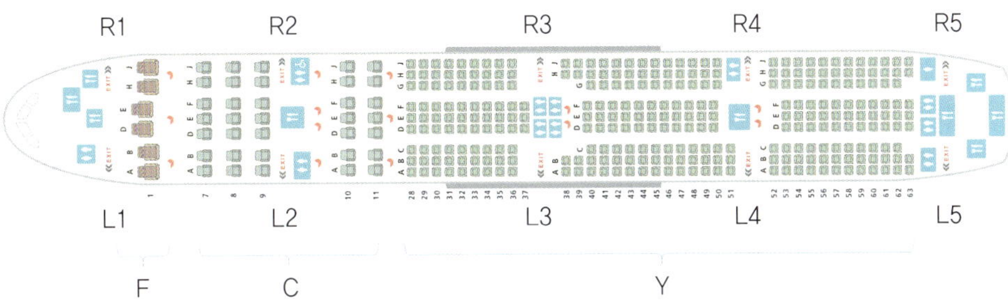

▲ B777-300 항공기 좌석 배치도

탑승구가 L1, L2 모두 개방되어 승객 탑승이 이루어지는 경우 L1 도어에는 객실 사무장과 환영인사 담당 승무원, 일등석 담당 승무원이 대기한다.

L1 도어는 주로 상위클래스 승객들이 이용하며 B777-300 항공기의 경우 일등석 좌석은 6석으로 1A, 1B 좌석은 탑승 후 바로 오른쪽 방향으로 진입하도록 안내한다. 1D 또한 탑승 후 바로 오른쪽 방향으로 안내 후 복도를 기준으로 왼편에 좌석이 있으므로 일등석 담당 승무원은 환영인사와 함께 좌석까지 해당 승객을 안내하고 의복 보관 및 휴대수화물 정리에 협조한다.

L2 탑승구에는 객실 부사무장과 인사 담당 승무원, 이등석 담당 승무원이 대기하며 L2로 탑승하는 상위클래스 승객은 이등석 담당 승무원이 해당 좌석까지 동행하여 안내한다.

L2에 대기 중인 담당 승무원은 일반석 승객의 탑승권을 신속히 확인하여 A, B, C, D열(E열 포함) 승객은 바로 보이는 복도 쪽으로 진입하도록 안내하고 F, G, H, J열 승객은 건너편 복도를 이용하도록 안내한다. 52번 열(L4, R4 Door 근처) 이후 승객은 객실 뒤편에 있는 좌석으로 안내하며 중간에서 복도를 다시 가로지를 수 있음을 안내하는 것도 필요하다.

L1에 위치한 승무원이 1D 좌석을 안내하는 경우, 바로 인접해 있는 복도 쪽으로 안내하며 "왼편 좌석입니다"라고 안내할 수 있다. 또 1H 좌석의 경우는 건너편 복도 쪽으로 안내하며 "첫 번째 열, 복도쪽 좌석입니다"라고 안내할 수 있다.

34C 좌석을 L2에 위치한 승무원이 안내를 한다면(B777-300 항공기인 경우) 바로 인접해 있는 복도쪽으로 안내하며 "조금만 들어가셔서 오른쪽 복도 자리입니다"라고 안내할 수 있다.

2) 좌석 설비 사용법 안내

승객 좌석에 대한 상세한 설명은 'Chapter 1.의 2. 항공기의 이해' 편을 참고하기 바란다. 승객 좌석은 객실 등급에 따라 간격과 설비에 차이가 있으며 대부분 팔 받침대(Arm Rest), 발 받침대(Foot Rest), 좌석벨트(Seat Belt), 식사 테이블(Tray Table), 승객 좌석 주머니(Seat Pocket), 창문 쪽 좌석인 경우 창문 덮개와 창문 등으로 구성되어 있다.

(1) 구명조끼

좌석 구조에 따라 좌석 하단이나 팔걸이 아랫부분 등에 비행기가 바다에 착수했을 때 사용하는 구명조끼가 탑재되어 있다.

(2) 좌석벨트

이착륙 시와 기류 변화 시에는 안전을 위해 반드시 좌석벨트를 착용하도록 안내하며 장착된 벨트가 작은 경우 기내 일부 Jump Seat 하단에 비치된 연장형 좌석벨트(Extention Seatbelt)를 승객 좌석벨트에 연결하여 매도록 안내한다.

유아동반 승객은 보호자가 벨트를 먼저 맨 후 유아는 팔로 감싸 안도록 안내하며, 이륙 후에는 아기요람(Baby Bassinet) 설치를 돕는다. (Baby Bassinet은 사전주문 승객에게 우선 제공한다.)

(3) 팔 받침대(Movable Aisle Armrest)

일반석의 복도쪽 좌석의 팔 받침대는 팔걸이 안쪽 하단에 있는 버튼을 눌러 완전히 올림 상태를 유지할 수 있으므로 거동이 불편한 승객(휠체어 승객 등)이 착석할 때 사용하도록 안내한다.

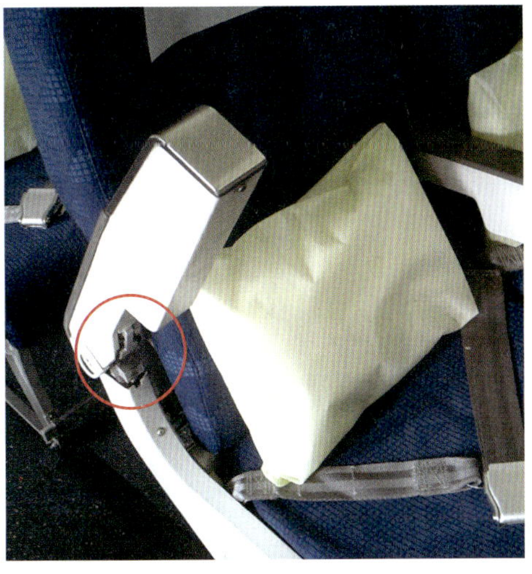

▲ 복도쪽 팔걸이 올림 버튼

▲ 복도쪽 팔걸이 올림 버튼 작동

(4) Divider와 Ottoman

상위클래스 좌석은 Divider가 있어 비행 중 프라이버시를 보호할 수 있으나 이착륙 시에는 사용할 수 없다. 일등석 일부 기종은 좌석마다 도어가 설치되어 있고 개인 코트룸이 있으며 도어 역시 이착륙을 제외하고 사용할 수 있음을 안내한다. 일등석 좌석에는 앞쪽에 Ottoman(등받이 없는 의자 형태)이 있는데, 이곳에는 승객 착석이 금지되어 있다.

▲ 상위클래스 좌석의 Ottoman

First Class Photography / Shutterstock.com

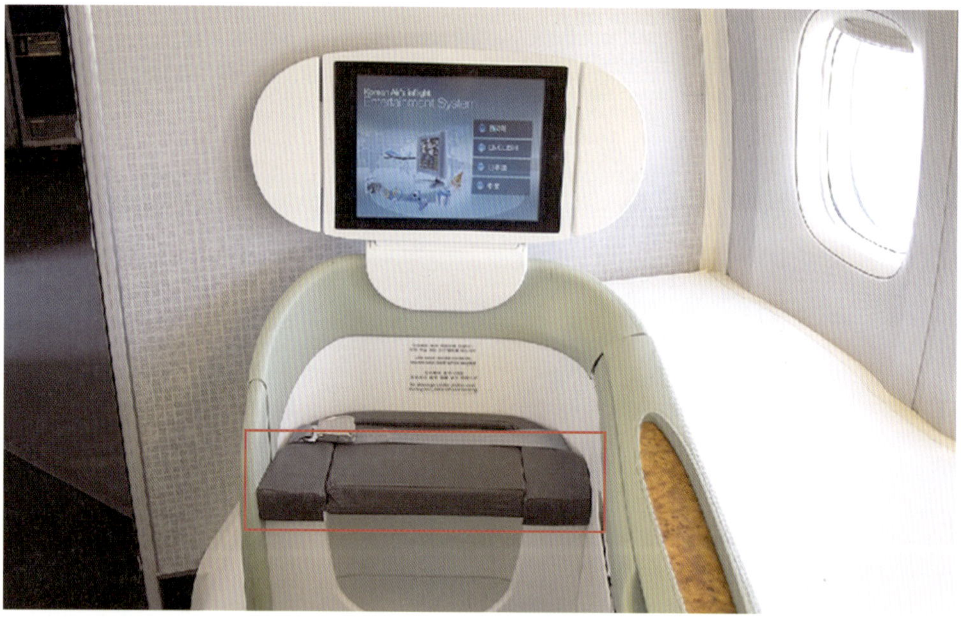

▲ B777-200 항공기 일등석 좌석의 Ottoman

(5) 창문과 창문 덮개

창문 덮개는 이착륙 시 열어 두어야 하나, 일부 국내 공항(군사공항인 경우)에서는 이착륙 시에도 닫힘 상태를 유지해야 한다. B787-9 항공기는 전자로 빛을 차단하는 자동 기능이 있어 이착륙 시 객실 사무장이 일괄적으로 열림 상태로 고정한다. 따라서 이 시점에는 승객의 개별 조절이 불가하다.

(6) 좌석 등받이

일반석 좌석 등받이는 팔걸이 부분의 버튼을 눌러 뒤로 젖힐 수 있으며, 식사 서비스 시와 이착륙 시에는 정위치할 수 있도록 안내한다. 상위클래스 좌석 등받이는 조절버튼을 이용하며 이착륙 시에는 정위치하도록 안내한다.

(7) Overwing Window Exit 열 좌석의 좌석 등받이

소형기종의 날개 부분에 위치한 좌석에는 Overwing Window Exit이 있다. 승객 탈출을 위해 이곳은 좌석 간격이 넓고, 승객 탈출에 방해되지 않도록 하기 위해 해당 좌석의 등받이가 뒤로 젖히지 않도록 설계되어 있다. 따라서 해당 기종 비행 시 좌석의 특성을 숙지하고 승객 문의 시 정확하게 안내한다.

(8) PSU(Passenger Service Unit)

좌석 위에 있는 선반의 아랫부분에는 PSU인 독서등(Reading Light)과 좌석벨트 착용 표시등, 금연 표시등, 승무원 호출버튼, 공기 순환장치, 산소마스크 등이 장착되어 있다.

(9) PCU(Passenger Control Unit)

팔걸이 부분에는 PCU가 장착되어 있는데 이는 PSU의 독서등, 승무원 호출버튼, 개인 모니터 조절버튼 등이 있는 장치이다.

(10) 독서등과 승객 호출버튼

독서등과 승객 호출버튼은 승객이 개별적으로 켜고 끌 수 있으며, 좌석벨트 착용 표시등은 이륙과 착륙, 기류 변화 등 승객이 좌석벨트를 착용해야 할 시점에 점등된다.

(11) 그 외 좌석 설비

일부 소형기종을 제외하고 대부분의 항공기에는 기내 엔터테인먼트 시설의 하나인 IVS(개인용 모니터, 리모컨)가 장착되어 있다.

그 밖에 승객이 소지한 전자장비를 충전할 수 있는 ISPS(In Seat Power Supply)가 있으며 AVOD를 즐길 수 있도록 이어폰 잭을 꽂는 구멍이 있다. 항공기별로 ISPS, 이어폰 잭 연결 구멍의 위치가 다르므로 승객 탑승 전 해당 위치를 확인하여 승객 문의 시 신속히 안내할 수 있도록 한다.

❹ 수화물 정리 지원

NCS 능력 단위 명칭	능력 단위 요소
승객 탑승 및 이륙 전 서비스 1203010503_13v1.1	1. 탑승 위치 대기하기 1203010503_13v1.1
	2. 탑승권 재확인하기 1203010503_13v1.2
	3. 좌석 안내하기 1203010503_13v1.3
	4. 수화물 정리 지원하기 1203010503_13v1.4
	5. 특수 고객 지원하기 1203010503_13v1.5
	6. 탑승 환영 안내 방송하기 203010503_13v1.6

4. 수화물 정리 지원하기 수행준거

1 객실 서비스 규정에 따라, 좌석 주변의 공간을 파악하여, 승객에게 객실 선반의 위치를 안내할 수 있다.
2 객실 서비스 규정에 따라, 안전하게 선반을 작동할 수 있다.
3 객실 서비스 규정에 따라, 수화물의 특성별로 보관하도록 안내할 수 있다.
4 객실 서비스 규정에 따라, 수화물을 안전하게 다룰 수 있다.
5 객실 서비스 규정에 따라, 수화물의 보관 위치를 기억하여, 승객에게 다시 전달할 수 있다.

1) 선반의 이해

(1) 선반 내부 확인

선반(Overhead Bin)은 승객 탑승 전 모두 개방하여 위험물 유무와 청결상태를 확인해야 한다. 선반 내부에 거울이 부착되어 있으므로 내부 잔여물 등 청결상태 확인 시 이를 활용한다. 항공사에 따라 상위클래스 선반은 내부 상태를 확인하고 다시 닫은 후 승객 탑승이 이루어지기도 한다.

(2) 선반 정리

선반 안에 비상장비와 여분의 담요와 베개, 그 밖의 서비스 용품 등을 탑재하거나 승무원 짐을 보관하게 되므로 해당 좌석을 배정받은 승객이 불편하지 않도록 승객 탑승 전에 앞서 열거한 물품의 보관 위치를 적절하게 조정한다.

(3) 허용 중량 준수

선반 내부에는 허용 중량이 표시되어 있다. 허용 중량을 초과하는 짐을 보관하게 되면 이착륙 시나 기류 변화 시 떨어질 위험이 있으므로 주의하고, 선반을 열 때 물건이 떨어질 수 있으므로 겹쳐 보관하지 않도록 안내한다.

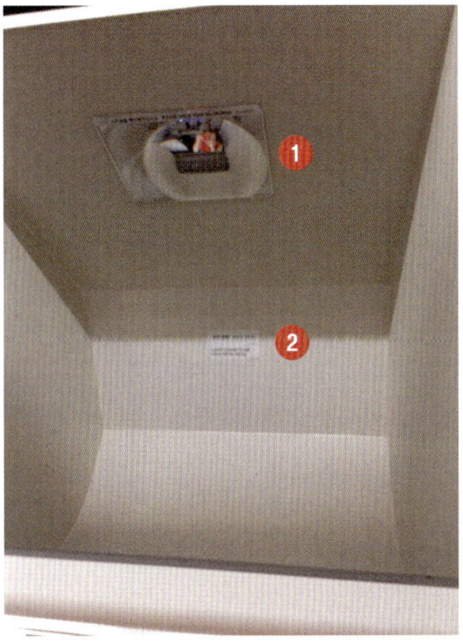

▲ B787-9 항공기 선반 내부 모습 _ ❶ 내부 확인용 거울 ❷ 허용 중량 표시

2) 코트룸의 이해

코트룸(Coatroom)은 승객 의복을 보관할 수 있는 장소이지만, 객실 안전 규정에 의해 부피가 큰 물건(접이식 유모차, 목발, 우산, 좌석 구매한 유아에게 제공되는 베이비 시트 등)은 도어가 장착된 코트룸에 보관할 수 있다. 이때 고객 의복이 오염되지 않도록 조치하는 것이 필요하며 코트룸에 고객 의복을 포함하여 수화물은 보관표(Tag)에 좌석번호를 기재하여 보관한다.

항공기 도착 준비 시점에 승객 보관 물품을 빠짐없이 전달하여 유실물이 발생하지 않도록 하며, 비행 중 승객 의복이 옷걸이에서 미끄러져 바닥에 떨어지거나 코트룸 공간이 협소하여 구겨지지 않도록 주의해야 한다.

코트룸은 클래스별로 설치되어 있다. 특히 상위클래스에서는 Coat Handling 서비스가 이루어지므로 옷걸이와 좌석번호에 맞는 Hanger Tag을 준비하고, 코트룸 안에 서비스 용품 등이 과다 탑재되어 코트 보관 공간이 협소해지지 않도록 주의해야 한다.

3) 초과 휴대 수화물 처리

승객 탑승 중 휴대 수화물의 크기가 크거나 개수가 많아 허용 규정을 초과한 경우를 발견하면 즉시 운송 직원의 도움을 받아 승객의 최종 목적지까지 일반 화물로 보내도록 조치해야 한다. 현금이나 중요 서류 등은 짐에서 꺼내 승객이 소지하도록 하고, 깨지기 쉬운 수화물은 승객의 서명을 받은 후 'Fragile Tag'을 부착하도록 한다.

To Be More Professional Crews!

여행자의 짐(Baggage)

항공 여행에서 여행자들의 짐은 크게 휴대 수화물과 위탁 수화물로 나뉜다.

- **휴대 수화물(Checked Baggage):** 기내에 반입이 가능한 부피와 무게의 짐으로 항공사별, 좌석 등급별로 제한에 차이가 있다.
- **위탁 수화물(Hand Carried Baggage):** 기내에 반입이 불가하거나 승객이 원하는 경우, 항공기 Cargo Compartment에 실리는 짐을 말하며, 무료로 위탁되는 짐에 대한 규정도 항공사별로 차이가 있다.

To Be More Professional Crews!

대한항공 휴대 수화물 허용 규정

대한항공 휴대 수화물 허용 규정

등급	상위클래스	일반석
크기	가방 하나의 규격은 세 변의 합이 115cm/45in 이내이거나, 각 변이 각각 A 40cm, B 20cm, C 55cm를 초과하지 않는다.	
무게	8kg/40lb	12kg/25lb
개수	2개	1개 (단, 노트북 컴퓨터, 서류가방, 핸드백 중 1개를 추가 허용하나 가방 1개와 합해 총무게는 12kg 이하여야 한다.)
악기 허용 중량 세 변의 합이 115cm(45in) 이내인 소형악기(바이올린 등)는 무료로 기내에 반입할 수 있으나 규정보다 큰 대형악기는 별도의 좌석을 구입해야 한다.		

기내 반입 금지 물품

기내 반입 금지 물품	비고
발화성 · 인화성 물질	페인트, 라이터용 연료
고압가스 용기	산소캔, 부탄가스캔 등
무기 및 폭발물류	총기, 폭죽 등
리튬배터리 장착 전동휠	리튬배터리는 개인 용도의 휴대용 전자기기(용량: 160Wh)에 한해 기내 반입 가능하나, 리튬배터리 장착 전동휠은 위탁와 휴대 모두 운송이 불가하다.

제한적으로 기내 반입이 가능한 품목

품목	조건
액체류	개별 용기당 100ml 이하이며 1인당 총 1L 용량의 비닐 지퍼백 1개
여행 중 필요한 개인용 의약품	의사의 처방전 등 관련 증명서를 제시하고 보안 검색 요원이 적정하다고 판단할 경우 비행 중 필요한 용량에 한해 기내 반입이 가능하다.
항공사의 승인을 받은 의료용품	
1개 이하의 라이터 및 성냥	중국 출발편의 경우 운송이 허용되지 않으며, 출발지 국가 규정에 따라 상이할 수 있다.
1인당 2.5kg 이내의 드라이아이스	
일자형으로 완전히 접히는 우산형 휴대용 유모차	접었을 때 100×20×20cm 이내 일자형으로 완전히 접혀야 하며, 기내에 보관 공간이 부족한 경우 위탁 수화물로 처리될 수 있다. 세 변의 합이 115cm를 초과하는 유모차는 탑승구까지만 사용할 수 있으며, 기내 탑승 시 위탁 수화물로 처리된다.

출처: 대한항공 홈페이지(koreanair.com)

5 특수 고객 지원(Special Passenger Care)

NCS 능력 단위 명칭	능력 단위 요소
승객 탑승 및 이륙 전 서비스 1203010503_13v1.1	1. 탑승 위치 대기하기 1203010503_13v1.1
	2. 탑승권 재확인하기 1203010503_13v1.2
	3. 좌석 안내하기 1203010503_13v1.3
	4. 수화물 정리 지원하기 1203010503_13v1.4
	5. 특수 고객 지원하기 1203010503_13v1.5
	6. 탑승 환영 안내 방송하기 203010503_13v1.6

5. 특수 고객 지원하기 수행준거

1 객실 서비스 규정에 따라, 특수 고객 탑승 여부를 확인할 수 있다.
2 객실 서비스 규정에 따라, 특수 고객의 특성에 따른 인사를 하고, 좌석을 안내할 수 있다.
3 객실 서비스 규정에 따라, 특수 고객에게 기내 설비 사용법을 안내할 수 있다.
4 객실 서비스 규정에 따라, 특수 고객에 대한 여행 편의를 제공할 수 있다.

기내에서 특별한 도움이 필요한 승객을 배려하는 것은 해당 승객에게 서비스할 뿐만 아니라 주위 승객에게 부담이 될 수 있는 해당 승객을 적극적으로 보살핌으로써 승객들이 편안하게 여행할 수 있는 환경을 조성하는 것이기도 하다. 도움이 필요한 승객뿐만 아니라 VIP, CIP, High Mileage 승객 등도 특별한 관심을 갖고 응대해야 한다.

또 승객의 심신상의 이유로 항공사가 정한 일정 조건에 의해 운송하는 승객은 의사소견서, 건강상태 확인서 등의 제출이 필요하며 객실 승무원은 비행 중 이런 승객들에게 세심한 서비스를 해야 한다. 승객 특성에 따라 유료 서비스를 신청하고 탑승하는 경우도 있으므로 각별한 주의를 기울여 응대하는 것이 필요하다.

1) VIP

승객 탑승 전 SHR을 참조하여 정확한 호칭을 사용하며 탑승에 대한 감사의 마음을 전달한다. 고객 응대 시에는 지나치게 눈에 띄게 응대하여 타 승객이 차별을 받는 느낌을 갖게 하거나 거부감을 느끼지 않도록 주의하며, 하기 시에는 일반 승객보다 먼저 하기하도록 한다.

2) 유아동반 승객

승객 탑승 전 SHR을 참조하여 아기 요람(Bassinet), 유아용 시트(Baby Seat), 유아용 안전벨트(Baby Harness) 등을 요청한 승객이 있는지 확인하여 탑승 시점부터 비행 종료 시점까지 지속적인 관심을 갖고 필요한 사항이 있는 경우 적극적으로 응대해야 한다.

(1) 탑승 시 안내사항

탑승 시에는 휴대 수화물 정리를 돕고 유모차가 있는 경우 승무원이 직접 접지 않고 사용법이 익숙한 보호자가 접도록 하며 선반이나 코트룸에 보관한다. 탑승구에서 위탁 수화물로 유모차를 위탁한 경우는 도착 후 지상 조업원에 의해 유모차가 탑승구에 준비됨을 안내한다.

담당 승무원은 자기소개와 함께 보호자가 요청하면 언제든지 적극적으로 도와줄 수 있음을 안내한다. 쓰레기 등을 담을 수 있는 비닐백을 제공하며 지속적으로 처리해 줄 것과 비행 중 편안한 여행을 지원할 것을 안내한다.

비행 중 필요한 물티슈와 휴지 등이 있는지 확인하여 서비스하고 기저귀 교환대가 있는 화장실 위치와 기내 설비에 관해 설명한다. 특히 아기 요람 요청 승객은 비행 중 아기의 안전을 위해 항상 아기요람에 장착된 벨크로 테이프를 닫아 둘 것을 안내한다.

그리고 이착륙 시 기압 차이로 유아나 소아가 울거나 통증을 호소할 수 있으므로 소량의 음료를 지속적으로 삼키게 하는 것이 효과가 있음을 알린다. 안전을 위해 이착륙 시 보호자만 좌석벨트를 매고 유아는 안고 있도록 안내한다.

(2) 비행 중 안내사항

보호자 식사 시, 수유 시, 유아식 제공 시, 입국서류 작성 시 필요한 도움을 제공하며 비행 중 나오는 쓰레기를 신속하게 처리하여 해당 승객과 주위 승객의 불편을 최소화하도록 노력해야 한다.

어린이 승객에게는 이륙 후 기념품을 전달하며 비행 중 친숙해질 수 있도록 한다. 안전을 위해 기류 변화 시에는 보호자가 벨트를 매고 유아를 안고 있도록 도움을 제공한다.

(3) 착륙 시 안내사항

착륙 시에는 유아동반 승객의 휴대 수화물 정리를 돕고 탑승구까지 짐을 들어 준다. 유아동반 승객은 다수의 짐을 휴대하는 경우가 많으므로 승객 하기 시 유실물이 없는지 재확인하고 탑승구에 유모차가 준비되었는지 확인하여 필요한 도움을 제공한다.

To Be More Professional Crews!

유/소아 전용 서비스

■ **Baby Seat(CRDS) 제공 서비스:** 대한항공에서는 좌석 점유 소아 항공권을 구매한 유아 고객을 대상으로 사전 신청한 경우 특정 노선과 이용 기준에 따라 베이비 시트를 제공한다. 베이비 시트는 비행 방향으로 부착하며 비행 중 해당 승객이 탈착을 요구할 경우 코트룸 또는 빈 좌석에 보관한다.

■ **Baby Harness(CRDH) 제공 서비스:** 대한항공에서는 좌석 점유 소아 항공권을 구매한 만 5세 미만 유/소아 고객에게 유아용 벨트를 제공한다. 유아용 벨트는 기내 전용 공간에 보관하므로 사용 후 청결상태를 확인한 후 원위치에 보관한다.

To Be More Professional Crews!

유아 승객 적용 범위

구분	국제선	국내선
적용 범위	생후 14일부터 2세 미만	생후 7일부터 2세 미만
요금	성인 정상운임의 10%	무료
조건	별도의 유아 좌석은 제공되지 않는다.	

기타 조항

- 유아는 생후 7일 이상부터 항공 여행이 가능하다.
- 소아운임을 지불한 유아인 경우 좌석이 제공된다.
- 성인 승객 1명당 동반유아 1명으로 제한된다.
- 성인 승객 1명이 2명 이상의 유아를 동반할 경우는 별도로 하나의 좌석을 구매해야 한다.

3) 노약자

탑승 시 휴대 수화물 운반에 도움이 필요한 경우 좌석까지 들어 주며 담당 승무원은 자기소개와 함께 비행 중 언제든지 도움을 드릴 수 있음을 알린다. 호칭 사용 시 '할아버지'나 '할머니' 등의 용어는 지양하고 직함이 없는 경우 손님으로 칭하는 것이 적당하다. 항공 여행이 처음이거나 탑승 기종이 생소한 승객에게는 기내 설비 사용법을 안내하고 화장실 위치와 좌석벨트 사용법을 알려 준다.

식사 시나 승객 휴식 시에도 승객의 필요사항이 있는지 확인하고 입국서류 작성을 돕는다. 비행 중 지속적으로 관심을 갖고 불편사항이 없도록 협조하며 승객 하기 시 필요한 경우 휴대 수화물을 들어 탑승구까지 안내한다.

4) 임산부

임산부 고객 탑승 시 휴대 수화물 운반을 돕고 베개나 담요 등 필요한 것이 있는지 확인하여 제공한다. 비행 중 지속적으로 관심을 갖고 건강상태를 살피며 도움을 주고 하기 시에도 필요시 휴내 수화물을 들어 준다.

To Be More Professional Crews!

임산부 항공 여행 제한 기준

구분	기준	내용
가능	임신 37주 미만 (다태 임신 시 33주 미만)	
제한	임신 32주에서 36주	건강상태 서약서 제출
	합병증이 있는 임산부	주수와 관계없이 건강상태 서약서와 의사진단서 제출
불가능	임신 37주 이상 (다태 임신 시 33주 이상)	

주수는 탑승일자를 기준으로 하며, 객실 사무장은 건강상태 서약서와 의사진단서를 도착지 공항에 인계한다.

5) 장애 승객

장애 승객이 탑승한 경우 지나친 배려를 하거나 동정을 보이는 행동은 하지 말아야 하며 보편적으로 행해지는 기내 서비스와 비행 정보를 제공하는 것이 좋다. 장애 승객에게 도움을 줄 때는 일방적으로 도움을 주지 않고 도움이 필요한지 확인하고 도움이 필요한 경우 도움을 제공하도록 한다.

그러나 안전과 관련한 브리핑(가까운 비상구 위치와 비상탈출 절차 및 좌석벨트 사용법 등)은 해당 승객에게 개별적으로 해야 하며, 이때에도 주변 승객들의 주목을 받는 일이 없도록 주의한다.

(1) 청각장애 승객

탑승 시 좌석 안내와 짐 정리를 돕고 담당 승무원 소개를 하되 항상 눈을 마주치고 정확한 발음으로 말하며 간결한 문장을 사용해야 한다. 기내지에 설명되어 있는 내용인 경우에는 이를 적극 사용하여 안내하며 기내 방송은 글씨를 이용하여 설명한다.

(2) 시각장애 승객

시각장애 승객을 도와 탑승 안내를 할 경우 승객을 잡지 말고 해당 승객이 승무원을 잡을 수 있도록 안내하며 승무원이 앞장서서 인도하는 것이 좋다. 지팡이를 사용하는 경우 지팡이 반대편에서 안내하며 담당 승무원 소개 시 이름을 알린다.

휴대 수화물 보관 위치를 자세히 알려 주고 기내 설비와 화장실 위치 등을 안내한다. 서비스 용품 제공 시 손으로 만져 보도록 하고 방향을 안내할 때는 '12시 방향', '3시 방향' 등 '몇 시 방향'으로 설명한다.

6) 휠체어(WCHR) 사용 승객

탑승 시 휠체어 승객이 원할 경우 탑승구에 On Board Wheelchair를 준비하여 승객 좌석으로의 이동을 돕는다. 담당 승무원은 휴대 수화물 보관을 돕고, 좌석벨트 착용을 안내한다. 기내에서 이동 시 On Board Wheelchair를 이용할 수 있음을 안내하고 요청 시 신속히 준비해 제공한다.

착륙 후 탑승구에 휠체어가 준비되도록 조치하고, 승무원이 안내할 때까지 자리에서 기다려 줄 것을 사전에 안내하며, 하기 시에도 On Board Wheelchair를 준비하여 승객 하기를 돕는다. 지팡이를 휴대한 경우 정해진 장소에 보관한다.

To Be More Professional Crews!

지팡이 보관이 가능한 장소

1. 문이 달려 있는 코트룸
2. 비상구 열 좌석을 제외한 창 측 좌석의 옆 객실 벽면 하단에 밀착하여 보관
3. 비상구 열 좌석을 제외한 모든 좌석의 하단 바닥에 가로로 보관
   (지팡이가 통로로 나오지 않아야 함)

To Be More Professional Crews!

장애 고객의 보조동물

장애 고객의 보조동물은 항공사에 따라 인정 기준이 상이하나 보통 개에 한정한다. 감성적 보조동물은 정신적, 정서적으로 장애가 있는 승객이 동반하는 동물로 시청각 장애가 있는 승객이 동반하는 장애 고객 보조동물과 동일하게 취급하며 특징은 다음과 같다.

Service Animal (장애 고객 보조동물)	Emotional Support Animal (감성적, 정서적 장애 고객 보조동물)
시청각 장애가 있는 승객이 동반	정신적, 정서적으로 장애가 있는 승객이 동반
	미국 출발/도착편의 경우에만 허용한다. 출발 예정일 1년 이내에 발급된 전공 의료인의 소견서가 필요하다.
별도 용기(Cage) 불필요	
추가 좌석 점유 불가	
다른 반려동물과의 충분한 거리 유지 필요	
국가별 검역증명서 등의 서류가 필요할 수 있다.	

7) 비동반 소아(Unaccompanied Minor, UM)

(1) 서비스 대상

비동반 소아는 성인과 동반하지 않고 혼자 여행하는 소아를 말하며 아시아나항공과 대한항공의 경우 국내선과 국제선의 기준이 상이하다. 국내선은 만 5~13세 미만까지 이용 가능하며 국제선은 만 5~12세 미만까지 이용 가능하다.

(2) 서비스 개요

비동반 소아는 출발지 공항에서부터 담당 직원이 수속 카운터에서 항공기에 탑승하여 좌석에 착석할 때까지 동반한 후 객실 승무원에게 인계한다. 기내에서는 승무원들이 UM을 보살피며 도착 후 지상 직원에게 인계한다. 담당 지상 직원은 UM을 마중 나온 보호자와 만나는 시점까지 동반해야 한다.

UM 서비스는 항공사에 따라 상이하나 유료 서비스인 곳이 많으므로 승객들의 서비스 품질에 대한 기대가 큰바, 기대에 부응하는 세심한 서비스가 이루어지도록 해야 한다.

(3) 객실 승무원 제공 서비스

객실 사무장

UM 탑승 Zone 근무자가 관련 서비스 내용을 잘 수행하는지 확인하며, 담당 승무원이 현지인(R/S)인 경우 한국 승무원과 담당구역을 변경하는 것이 필요하다. 그 반대의 경우로 UM이 외국인인 경우 해당 언어가 가능한 승무원이 있다면 언어 소통이 원활하도록 승무원 담당구역을 조정한다. UM이 소지하고 있는 여권, 입항서류 등 입국에 필요한 서류를 잘 보관하고 도착 후 지상 직원에게 인계되도록 조치한다.

담당 승무원

지상 직원과 동반한 소아에게 자기소개를 하고 소아에게 적절한 호칭을 사용하며 지나친 존댓말이나 반말은 사용하지 않는다. 기내 설비 사용법과 좌석벨트 사용법, 화장실 위치를 알려 준다. 어린이 식사 등 특별식 주문 여부를 확인하고 식사 시 필요한 점이 있는지 보살핀다.

도착 시에는 필요한 입국서류 작성을 돕는다. 입국서류를 작성한 후 소아의 여권과 각종 서류와 함께 보관하여 하기 시 지상 직원에게 인계되도록 조치한다. 하기 시 일반석 승객보다 먼저 내릴 수 있도록 안내하고 휴대 수화물이 분실되지 않도록 짐 정리를 돕는다.

8) Pet(반려동물) 동반 승객

(1) 서비스 개요

객실에 반입이 가능한 반려동물은 생후 8주 이상의 개, 고양이, 애완용 새로 한정하며 위탁 수화물로 처리할 경우에는 생후 16주 이상부터 탁송이 가능하다.

Pet 동반 가능 기준은 항공사별, 노선별, 도착지 국가별로 차이가 있다. 대형 항공사인 경우 국내선 및 국제선 노선에서 모두 기내 반입이 가능하다. 국내 저비용 항공사 중 기내 반입이 불가하고 위탁 수화물로만 처리가 가능한 곳도 있다.

To Be More Professional Crews!

항공기 기종별 Pet 반입 가능 수(대한항공의 예)

■ **대형기**

A380: 8마리 가능하며 클래스별로 F(1)/C(3)/Y(4) 반입 가능하다.

B787: 5마리 가능하며 클래스별로 C(2)/Y(3) 반입 가능하다.

■ **소형기**

A220: 3마리 가능하다. Y(3) 반입 가능하다.

To Be More Professional Crews!

저비용 항공사(Low Cost Carrier, LCC)

LCC는 기존의 대형 항공사와 달리 부차적 서비스를 생략하고 본연의 가치인 운송 서비스에 주력함으로써 총비용의 감소를 추구하여 소비자들의 합리적 소비를 가능하게 하는 장점이 있다. 미주지역의 대표적인 LCC는 사우스웨스트 항공(SWA, Southwest Airlines/WN)이며, 유럽지역에서는 Ryan Air가 활약 중이다.

대형 항공사는 Full Service Carrier 또는 Legacy Carrier로 불리며 저비용 항공사는 Low Cost Carrier 또는 No Frills Carrier, Budget Carrier로 불리기도 한다.

(2) 허용 기준

대한항공의 경우 승객 1인당 한 마리만 동반이 허용되며 비동반 소아는 반려동물을 동반할 수 없다. 단, 한 쌍의 새 그리고 개, 고양이가 6개월 미만인 경우는 2마리까지 하나의 운송 용기에 넣어 운송할 수 있다.

(3) 보관 용기 규격과 보관

반려동물 보관 용기의 크기와 무게는 항공사별로 제한되어 있으며 별도의 좌석 점유는 불가하다. 따라서 보관 용기는 앞 좌석 아래 공간에 들어갈 수 있는 크기여야 한다. 그러나 배정된 좌석 하단에 용기를 보관할 수 없는 경우에는 이착륙 시 적정한 휴대 수화물 보관 장소(Restraint Bar가 있는 다른 좌석 하단, 도어가 장착된 코트룸, 오버헤드 빈 등)에 보관하고 비행 중에 다시 승객이 보관할 수 있도록 한다.

To Be More Professional Crews!

보관 용기 규격의 예(대한항공의 경우)

구분	기내 반입 가능	위탁 수화물 처리
무게	반려동물과 운송 용기의 총무게가 7kg 이하	반려동물과 운송 용기의 총무게가 7kg 초과 32kg 이하
크기	가로, 세로, 높이의 합이 115cm 이하, 높이 20cm(8in) 이하	가로, 세로, 높이의 합이 291cm (114in) 이하
공통	반려동물이 움직일 수 있는 충분한 공간이 있는 용기	
	환기구가 있는 방수 처리된 용기	
	잠금 장치가 있고, 비상시 외부에서 열 수 있는 용기	

(4) 주의사항

비행 중 반려동물을 꺼내거나 먹이를 줄 수 없도록 되어 있으므로 해당 승객의 협조를 요청한다. Pet 동반 다른 승객이나 장애인 보조동물과 충분한 거리를 유지하고 좌석 배정이 되었는지 항공사 기준에 의거하여 확인해야 한다.

비상시 승객 탈출에 방해되지 않도록 반려동물을 동반한 승객은 격벽(Bulkhead) 좌석이나 비상구 열 좌석에 앉을 수 없으므로 비행 중 좌석 변경 요청 시 적절히 안내해야 한다.

(5) 동물 알레르기에 대한 규정

객실 승무원은 동물 알레르기가 있는 승객과 반려동물 동반 승객이 가까운 자리에 배정되었다면 가능한 한 떨어져 앉도록 조치한다.

동물 알레르기가 있는 승객은 항공권 예약 시 직원에게 알려야 하고, 탑승 수속 시 소정의 양식을 작성해야 한다. 또 관련 의약품 및 응급 처리용 의료용품을 직접 준비해야 하며 유사시를 대비하여 동반 승객도 필요 처치법을 실시할 수 있어야 한다. 또 휴대 수화물에 의료용 주사기가 포함되는 경우 의사 소견서를 지참해야 한다.

❻ Door Close & Safety Check

NCS 능력 단위 명칭	능력 단위 요소
기내 일상 안전 관리 1203010501_15v2	1. 승객 탑승 전 안전 · 보안 점검하기 1203010501_15v2.1
	2. 항공기 이 · 착륙 전 안전 · 보안 관리하기 1203010501_15v2.2
	3. 비행 중 안전 · 보안 관리하기 1203010501_15v2.3
	4. 착륙 후 안전 · 보안 점검 · 관리 1203010501_15v2.4
	5. 비상사태 발생 시 대응하기 1203010501_15v2.5
	6. 상황별 안전안내 방송하기 1203010501_15v2.6

2. 항공기 이 · 착륙 전 안전 · 보안 관리하기 수행준거

1 객실 안전 규정에 따라 승객에게 좌석벨트 착용 안내를 정확하게 할 수 있다.

2 객실 안전 규정에 따라 미착석 승객을 확인하고, 착석을 유도할 수 있다.

3 객실 안전 규정에 따라 객실 수화물 선반(Overhead Bin) 잠금 상태를 확인하고, 조치할 수 있다

4 객실 안전 규정에 따라 설비 잠금 상태를 확인하고, 조치할 수 있다

5 객실 안전 규정에 따라 비상시 관련 정보를 제공할 수 있다.

6 객실 안전 규정에 따라 해당 항공기 문 Slide 상태를 비상 상태(Automatic Position)로 변경할 수 있다.

7 객실 안전 규정에 따라 비상구 위치에 착석한 승객에게 비상시 행동 요령과 업무 협조를 안내할 수 있다.

8 객실 안전 규정에 따라 창문 덮개(Window Shade)를 원위치하도록 안내할 수 있다.

9 객실 안전 규정에 따라 좌석 등받이와 좌석 앞 선반(Tray Table)을 원위치하도록 안내할 수 있다.

10 객실 안전 규정에 따라 좌석 벨트 착용을 확인하고, 점검할 수 있다.

11 객실 안전 규정에 따라 비상시 탈출 요령에 대한 절차를 이미지 트레이닝(Image training)할 수 있다.

12 객실 안전 규정에 따라 항공기 탑승 후 다시 하기를 원하는 승객에 대하여 신속히 보고할 수 있다.

13 객실 안전 규정에 따라 의심스러운 승객 또는 돌발 상황에 대해 선임자에게 보고할 수 있다.

14 객실 안전 규정에 따라 승객에게 전자기기 사용 금지 안내 방송을 하고, 조치할 수 있다.

1) Door Close

승객 탑승이 완료되고, 모든 휴대 수화물의 정위치 보관과 오버헤드 빈의 닫힘 상태를 포함하여 항공기의 지상 이동을 위한 모든 객실 준비가 완료되면 객실 사무장은 기장에게 '승객 몇 명, (Extra 승무원 몇 명) 탑승했습니다. 출입문 닫을 준비가 되었습니다.'라고 보고한다. 이후 기장의 동의를 확인한 후, 지상 직원에게 Door Close 준비 완료를 통보한다.

2) Safety Check

항공기의 지상 이동을 위한 모든 객실 준비가 완료되어 항공기 도어를 닫은 즉시 항공기 도어가 비상시 탈출 미끄럼대로 작동하도록 조치하는 절차이다. 객실 사무장이 All Attendant Call을 이용하여 Slide Mode 변경을 포함한 아래 사항들의 이상 없음을 확인하는 포괄적 의미를 가진다.

Safety Check 사항은 다음과 같다.

- 비상구 좌석 착석 승객의 적절성을 확인한다.
- 휴대 수화물 보관 및 오버헤드 빈의 닫힘 상태를 확인한다.
- 모든 유동 물질의 고정 상태를 확인한다.
- 승객 착석과 좌석벨트 착용 상태를 확인한다.
- 좌석 등받이, 개인용 모니터, Tray Table, Footrest 원위치 상태를 확인한다.
- Slide Mode 상태를 확인한다. 지상에서 승객 탑승 시에는 Slide Mode가 정상위치에 있어야 하며 이륙 전 사무장의 지시에 따라 팽창위치로 변경해야 한다.

3) 출발 시 Door Safety Check 절차

- PA 이용 객실 사무장 방송 "Cabin Crew! Door Side Stand By!"
- PA 이용 객실 사무장 방송 "Safety Check!"
- 모든 도어 담당 승무원은 Door Slide Mode를 변경한다. 즉 Slide Arming Lever를 팽창위치로 변경한다.

To Be More Professional Crews!

Slide Arming Lever의 위치 조정

Slide Arming Lever를 팽창위치(Armed Position, Automatic Position)에 두고 항공기 도어를 개방하면 자동으로 탈출 미끄럼대가 펼쳐지도록 제작되었다. 반대로 Slide Arming Lever를 정상위치(Disarmed Position, Manual Position)에 두고 항공기 도어를 개방하면 일상적으로 승객 탑승과 하기가 가능하다.

따라서 평상시 도어 개방 시 실수로 탈출 미끄럼대가 펼쳐지지 않도록 Slide Arming Lever의 위치 조정 시 각별한 주의가 필요하다.

- 도어 담당 승무원은 반대편 도어의 Slide Arming 상태가 제대로 변경되었는지 Thumb Up으로 Arming Lever를 가리키며 상호 확인한다.
- 사무장은 All Attendant Call을 하여 모든 도어의 Safety Check 상태를 보고받는다. 이때 각 항공기의 최후방 L Side부터 보고하고, Upper Deck이 있는 기종은 Upper Deck 상태를 나중에 보고한다.

To Be More Professional Crews!

기종별 Safety Check 보고

B747 기종의 Safety Check 보고의 예(객실 사무장이 L1에 위치한 경우)

"L5 Safety Check했습니다. L4 Safety Check했습니다. L3 Safety Check했습니다. L2 Safety Check했습니다. UL Safety Check했습니다."

A380 기종의 Safety Check 보고의 예

"L5 Safety Check했습니다. L4 Safety Check했습니다. L3 Safety Check했습니다. L2 Safety Check했습니다. UL3 Safety Check했습니다. UL2 Safety Check했습니다. UL1 Safety Check했습니다."

이때 L Side 승무원은 R Side의 Safety Check 상태를 포괄하여 보고하는 것이 된다.

To Be More Professional Crews!

비상 탈출용 미끄럼대(Slide vs Slide/Raft)

항공기의 모든 도어(Overwing Window Exit 제외)에는 비상시 승객들의 신속한 탈출을 위해 Slide(혹은 Slide/Raft 겸용)가 설치되어 있으며, 비상시 90초 안에 모든 Slide(혹은 Slide/Raft 겸용)를 팽창시켜 승객 전원을 탈출시킬 수 있도록 설계되어 있다.

- **Slide 형:** 비상착륙 시 사용 가능하며, 비상착수 시 Slide를 부유물로 활용할 수 있다.

- **Slide/Raft 겸용:** 비상착륙 및 비상착수 시 사용 가능하며 비상착수 시 Ditching Release Handle을 이용하여 Slide/Raft를 항공기 동체와 분리한다. Slide/Raft와 동체의 연결선인 Mooring Line을 절단할 수 있는 칼이 Slide/Raft에 탑재되어 있다.

7 탑승 환영 안내 방송

NCS 능력 단위 명칭	능력 단위 요소
승객 탑승 및 이륙 전 서비스 1203010503_13v1.1	1. 탑승 위치 대기하기 1203010503_13v1.1
	2. 탑승권 재확인하기 1203010503_13v1.2
	3. 좌석 안내하기 1203010503_13v1.3
	4. 수화물 정리 지원하기 1203010503_13v1.4
	5. 특수 고객 지원하기 1203010503_13v1.5
	6. 탑승 환영 안내 방송하기 203010503_13v1.6

6. 탑승 환영 안내 방송하기 수행준거

1 객실 서비스 규정에 따라 방송에 필요한 정보를 파악할 수 있다.

2 객실 서비스 규정에 따라 탑승 환영 안내 방송에 필요한 언어를 구사할 수 있다.

3 객실 서비스 규정에 따라 탑승 환영 안내 방송에 필요한 표준어 사용을 할 수 있어야 한다.

(1) 환영 안내 방송과 대고객 인사

항공기 도어를 닫고 Safety Check 직후에 방송 담당 승무원이 Welcome 방송을 실시한다. 객실 승무원은 담당구역 전방에 대기하여 Welcome 방송에 맞추어 승객을 향하여 정중례(45도)를 한다. 갤리에서 서비스 준비를 하는 등 다른 업무로 담당구역에 공백이 발생하지 않도록 방송 시점에 맞추어 승무원 전원이 인사할 수 있도록 한다.

(2) 공동운항편의 환영 안내 방송

방송 담당자는 편명과 도착지를 정확히 숙지하고 공동운항 항공편인 경우 공동운항 항공사명을 정확히 방송하도록 한다.

(3) 현지 승무원 탑승 시

현지 승무원 탑승 시 방송 문안에 포함하여 안내하며, 현지어 방송은 현지 승무원이 우선적으로 담당한다. 현지 승무원이 없는 경우 녹음된 방송문을 활용한다.

(4) 지연 시

출발시각이 예정보다 지연되었을 경우에는 지연 사유에 대한 방송 문안을 넣어 정중하게 방송해야 한다. 이때 지연으로 인정되는 시간은 항공사별로 차이가 있으므로 확인 후 적용한다.

(5) 단체 승객 탑승 시 & Special Day

국내선에서 단체 승객 탑승 시 요청이 있는 경우 단체명을 넣어 환영인사 방송을 할 수 있다. 항공사별로 정해진 특별한 날(신정, 구정, 성탄절 등)에 실시하는 특별 문안이 있는 경우 실수 없이 방송할 수 있도록 사전에 충분히 연습한다.

(6) 정확한 방송을 위한 노력

기내 방송은 무엇보다 승객들에게 정확한 정보를 전달하는 것이 목적이므로 방송할 때는 최선을 다하여 성의껏 하며 표준어 구사에 노력해야 한다. 또 회사에서 공지한 업데이트된 방송 문안이 있는 경우 수시로 확인하여 준비하고 실수 없는 방송을 할 수 있도록 노력해야 한다. 기내 방송 상태는 기종별로 상이하므로 승객 탑승 전, 이륙 후 방송 상태를 Zone별로 모니터링하여 승객 불편을 최소화한다.

8 이륙 준비

NCS 능력 단위 명칭	능력 단위 요소
기내 일상 안전 관리 1203010501_15v2	1. 승객 탑승 전 안전 · 보안 점검하기 1203010501_15v2.1
	2. 항공기 이 · 착륙 전 안전 · 보안 관리하기 1203010501_15v2.2
	3. 비행 중 안전 · 보안 관리하기 1203010501_15v2.3
	4. 착륙 후 안전 · 보안 점검 · 관리 1203010501_15v2.4
	5. 비상사태 발생 시 대응하기 1203010501_15v2.5
	6. 상황별 안전안내 방송하기 1203010501_15v2.6

2. 항공기 이 · 착륙 전 안전 · 보안 관리하기 수행준거

1 객실 안전 규정에 따라 승객에게 좌석벨트 착용 안내를 정확하게 할 수 있다.
2 객실 안전 규정에 따라 미착석 승객을 확인하고, 착석을 유도할 수 있다.
3 객실 안전 규정에 따라 객실 수화물 선반(Overhead Bin) 잠금 상태를 확인하고, 조치할 수 있다
4 객실 안전 규정에 따라 설비 잠금 상태를 확인하고, 조치할 수 있다
5 객실 안전 규정에 따라 비상시 관련 정보를 제공할 수 있다.
6 객실 안전 규정에 따라 해당 항공기 문 Slide 상태를 비상 상태(Automatic Position)로 변경할 수 있다.
7 객실 안전 규정에 따라 비상구 위치에 착석한 승객에게 비상시 행동 요령과 업무 협조를 안내할 수 있다.
8 객실 안전 규정에 따라 창문 덮개(Window Shade)를 원위치하도록 안내할 수 있다.
9 객실 안전 규정에 따라 좌석 등받이와 좌석 앞 선반(Tray Table)을 원위치하도록 안내할 수 있다.
10 객실 안전 규정에 따라 좌석 벨트 착용을 확인하고, 점검할 수 있다.
11 객실 안전 규정에 따라 비상시 탈출 요령에 대한 절차를 이미지 트레이닝(Image training)할 수 있다.
12 객실 안전 규정에 따라 항공기 탑승 후 다시 하기를 원하는 승객에 대하여 신속히 보고할 수 있다.
13 객실 안전 규정에 따라 의심스러운 승객 또는 돌발 상황에 대해 선임자에게 보고할 수 있다.
14 객실 안전 규정에 따라 승객에게 전자기기 사용 금지 안내 방송을 하고, 조치할 수 있다.

항공기가 이륙하기 전 객실 승무원들은 전 승객의 좌석벨트 착용 및 좌석 상태 점검과 객실 조명 조절, 유동 물질 고정 등 항공기 내 시설물의 안전 상태를 점검한다.

1) 안전 시범

안전 시범(Safety Demonstration)은 비상시 승객들의 신속하고 안전한 탈출 절차를 안내하는 것을 말한다. 비상구의 위치, 좌석벨트 사용법, 휴대 수화물 보관 요령, 산소마스크 착용 요령, 구명조끼 착용법, 비상구 유도등 위치 등을 안내하는 것으로 영상 혹은 승무원의 실연으로 실시한다.

영상기기가 고장 났거나 모니터가 없는 항공기인 경우 승객 탑승 전에 안전 시범 용구를 준비해 두고 내용물과 청결상태를 점검한 후 시연한다. UM이나 장애 승객, 모니터가 보이지 않는 승객이 있는 경우 개별적으로 안전 시연 내용을 안내한다.

2) 이륙 전 안전 업무

항공기 이륙 전 갤리 내의 모든 유동 물질의 고정 상태를 확인하고 승객 좌석 등받이, 발받침대, Tray Table, 개인용 모니터 등의 원위치를 확인한다. Class Divider는 원위치하고 모든 커튼을 열어 고정한다. 화장실 내부의 Compartment 닫힘 상태를 점검하고 변기 커버를 닫아 두어 이륙 시 소음으로 인한 불편을 사전에 막고 기내용품 등이 떨어져 고장이 나는 상황을 방지하도록 한다.

담당 승무원은 벙크 내 비상장비 이상 유무와 및 비인가자의 출입이 없는지 확인해야 한다. 객실과 승객의 안전 상태 점검을 마친 모든 승무원은 Jump Seat에 착석하여 좌석벨트와 Shoulder Harness를 착용한다. 또 Taxing 중 이석하는 승객이 없는지 살피고 30 Seconds Review를 하고 Ready Position을 유지한다. 객실 사무장은 기장에게 객실 이륙 준비 완료를 보고하고 이륙 전 객실 조명을 외부 밝기에 맞게 Dim으로 조절한다.

To Be More Professional Crews!

30 Seconds Review

항공기 이착륙 시 객실 승무원이 Jump Seat에 앉아 있는 동안 현 단계에서 발생 가능한 비상사태를 가상하고 자신이 행할 행동 절차를 약 30초 동안 구체적으로 리뷰(Review)하는 것을 말한다.

이때 승무원은 좌석벨트 및 Shoulder Harness를 착용하고 Jump Seat과 등 사이에 공간이 남지 않도록 바짝 기대어 앉고, 양 손바닥이 위로 향하게 하여 허벅지 아래에 고정한다.

3) 비상구 좌석 착석 승객 적정성 확인

비상구 좌석 승객은 발권 시 발권 직원의 비상구 좌석에 대한 안내를 받고 탑승하나, 객실 담당 승무원은 비상구 좌석에 배정된 승객의 적절성 여부를 Push Back 이전에 확인해야 한다.

비상구 좌석에 착석한 승객은 비상시 승무원과 함께 다른 승객의 탈출을 돕게 되어 있다. 따라서 노약자나 어린이보다는 승무원, 항공사 직원 위주로 좌석을 배정하도록 한다.

비상구 좌석 승객이 다음과 같은 업무의 수행이 불가능하거나 의사가 없는 경우 좌석 재배치가 필요하다.

- 활동성, 체력 또는 양팔이나 손 및 다리의 민첩성 정도가 아래의 동작을 수행하기에 어려운 승객
  - 비상구나 탈출용 슬라이드 조작장치에 대한 접근
  - 탈출용 슬라이드 조작장치를 잡고 밀거나 당기고 돌리는 동작
  - 비상구 작동 손잡이를 상하좌우로 잡고 당기거나 돌리거나 밀어 비상구를 여는 동작
  - Overwing Window Exit 작동 손잡이를 잡아당겨 비상구를 여는 동작
  - 날개 위의 Overwing Window Exit과 비슷한 크기와 무게의 장애물 제거
  - 신속한 비상구로의 접근
  - 장애물 제거 시 균형의 유지
  - 신속한 탈출
  - 탈출용 슬라이드의 전개 또는 팽창 후 안정 유지
  - 탈출용 슬라이드로 탈출한 승객이 슬라이드로부터 벗어날 수 있도록 돕는 동작
- 15세 미만이거나 동반자의 도움 없이 상기에 열거한 하나 이상의 역할 수행이 어려운 승객
- 글 또는 그림 형태로 제공된 비상탈출에 관한 지시를 읽고 이해하지 못하거나 승무원의 구두 지시를 이해하지 못하는 승객
- 콘택트렌즈나 안경을 제외한 다른 시력 보조장비 없이는 상기에 열거한 기능을 하나 이상 수행할 수 없는 승객
- 일반적인 보청기를 제외한 다른 청력 보조장비 없이는 승무원의 탈출 지시를 듣고 이해할 수 없는 승객
- 다른 승객들에게 정보를 적절하게 전달할 수 있는 능력이 부족한 승객
- 승객의 상태나 책임, 예를 들어 어린이를 돌보기 때문에 상기에 열거된 하나 이상의 역

할을 수행하는 데 방해가 되는 승객 또는 이러한 역할을 수행할 경우 해를 입게 되는 승객

- 비상구 좌석 착석 규정을 준수할 의사가 없거나, 기타 객실 승무원 또는 항공사의 운항 규정에 의거하여 비상구 좌석에 착석이 불가하다고 판단되는 승객

비상구 열 좌석 EXIT ROW SEATING

비상구 좌석에 앉아 계신 손님 중, 승무원의 지시에 따라 비상구 좌석임무를 수행할 의사가 없거나 이행할 수 없는 경우 또는 본 안내서의 내용을 이해하지 못하신 분께서는 즉시 승무원에게 말씀해주시기 바랍니다.

非常口座席にお座りのお客様の中で
非常時に乗務員の援助をしていただくことができないお客様や援助のお願いについて同意いただけないお客様、乗務員の指示やこのカードの記載内容がお分かりにならないお客様は、乗務員までお知らせくださいませ。

If you are seated in an exit seat and cannot or do not want to perform the functions that are listed, or do not understand the language on the information card or crew commands, please identify yourself to cabin crew.

坐在紧急出口座位的乘客当中，若不愿或不能在乘务员的指导下执行紧急出口任务，或者未理解此告示内容的乘客，请立即通知乘务员。

■ **비상상황 시 비상구 좌석 승객의 임무**
■ 非常口座席のお客様に援助していただく内容

■ Duties of the passengers seated in the emergency exit seat
■ 发生紧急情况时，在紧急出口座位上就座的乘客的义务

비상구 외부 상황을 확인하고 승무원의 지시 및 신호에 따라주십시오 → 항공기 외부에 이상이 있을 경우 (항공기 구조적인 손상, 화재, 연기) 비상구를 열지 않습니다 이상이 없을 경우 비상구를 개방하십시오 → 비상탈출 미끄럼대의 상태를 확인 후 비상통로로 먼저 탈출하십시오 → 미끄럼대의 균형을 잘 유지하여 미끄럼대에서 내려오는 승객들을 도와주며 승객들이 항공기로부터 즉시 대피하도록 안내합니다

Assess conditions outside an exit to ensure safe evacuation and follow oral instructions and / or hand signals given by cabin crew

非常口の外部の状況を確認し、乗務員の指示に従ってください。

请确认紧急出口的外部情况,并听从乘务员的指导。

Do not open the exit door if there are any hazards, such as structural damage, fire, or smoke outside / Open the emergency exit when there is nothing hazardous outside

航空機外部に異常がある場合､(機体の破損、火災、煙など)非常口は、開けません。異常がない場合､非常口を開けてください。

飞机外部有异常情况时(飞机结构损坏、火灾、烟雾)请不要打开安全门，没有异常情况时，请打开安全门。

Assess the condition of the slide and be the first to evacuate through a safe emergency exit

非常脱出用スライドの状態を確認し、まず先に脱出してください。

请检查紧急滑梯状况后，先从紧急通道逃离。

Hold the balance of the slide to assist others in evacuating, and direct other passengers away from the aircraft

脱出用スライドの下でスライドのバランスを保ち､あとから降りてくる人を援助し、飛行機からすみやかに離れるように指示してください。

使滑梯很好地保持平衡，然后帮助乘客从滑梯上滑下来并引导乘客尽快逃离飞机。

아래의 사유로 임무수행이 불가한 비상구 좌석 승객께서는 저희 승무원에게 좌석 재배치를 요청하십시오.

1. **활동성, 체력 또는 양쪽 팔이나 손 및 다리의 민첩성이 아래의 동작을 수행하기 어려운 승객**
   - 비상구나 탈출용 슬라이드 조작장치에 대한 접근
   - 탈출용 슬라이드 조작장치를 잡고 밀거나 당기고 돌리는 동작
   - 비상구 작동 손잡이를 상하좌우로 잡고 당기거나 돌리거나 밀어서 비상구를 여는 동작
   - OVERWING WINDOW EXIT 작동 손잡이를 잡아당겨서 EXIT를 여는 동작
   - 날개 위의 OVERWING WINDOW EXIT와 비슷한 크기와 무게의 장애물 제거
   - 신속한 비상구로의 접근
   - 장애물 제거 시 균형의 유지
   - 신속한 탈출
   - 탈출용 슬라이드의 전개 또는 팽창 후 안정유지
   - 탈출용 슬라이드로 탈출한 승객이 슬라이드로부터 벗어날 수 있도록 하는 동작
2. **15세 미만이거나 동반자의 도움 없이 상기 '1'항에 열거된 하나 이상의 역할을 수행하기에 불충분한 승객**
3. **글 또는 그림의 형태로 제공된 비상탈출에 관한 지시를 읽고 이해하지 못하거나 승무원의 구두지시를 이해하지 못하는 승객**
4. **콘택트렌즈나 안경을 제외한 다른 시력보조장비 없이는 상기 열거한 기능을 하나 이상 수행할 수 없는 승객**
5. **일반적 보청기를 제외한 다른 청력보조장비 없이는 승무원의 탈출지시를 듣고 이해할 수 없는 승객**
6. **다른 승객들에게 정보를 적절하게 전달할 수 있는 능력이 부족한 승객**
7. **승객의 상태나 책임, 예를 들어 어린이를 돌보기 때문에 상기 '1'항에 열거된 하나 이상의 역할을 수행하는데 방해가 되는 자 또는 이러한 역할을 수행할 경우 해를 입게 되는 승객**
8. **"비상구 좌석 착석 규정"을 준수할 의사가 없거나, 기타 객실승무원 또는 항공사의 운항규정에 의거하여 비상구 좌석에 착석이 불가하다고 판단되는 승객**

In addition to these tasks, passengers seated in an emergency exit seats are requested to identify himself / herself to allow for reseating if he / she may be unable to perform one or more of the applicable functions due to any of the following;

1. The person lacks sufficient mobility, strength, or dexterity in both arms and hands, and both legs
   - To reach upward, sideways, and downward to the location of emergency exit and exit-slide operating mechanisms;
   - To grasp and push, pull, turn, or otherwise manipulate those mechanisms;
   - To push, shove, pull, or otherwise open emergency exits;
   - To lift out, hold and place over-wing window exits to a safe area.
   - To remove obstructions of size and weight similar over-wing exit doors;
   - To reach the emergency exit expeditiously;
   - To maintain balance while removing obstructions;
   - To exit expeditiously;
   - To stabilize an escape slide after deployment;
   - To assist others getting off an escape slide;
2. The person is less than 15 years of age or lacks the capacity to perform one or more of the applicable functions listed above without the assistance of an adult companion.
3. The person lacks the ability to read and understand instructions relating to an emergency evacuation in printed or graphic form (Safety information card)or the ability to understand oral crew commands.
4. The person lacks sufficient visual capacity to perform one or more of the above functions without the assistance of visual aids beyond contact lenses or eyeglasses.
5. The person lacks sufficient aural capacity to hear and understand instructions shouted by cabin crew without assistance beyond a hearing aid;
6. The person lacks the ability adequately to impart information orally to other passengers.
7. The person has a condition or responsibilities, such as caring for small children, that might prevent the person from performing one or more of the functions listed above or a condition that might cause the person harm if he or she performs one or more of the functions listed above.
8. The person unwilling or unable to comply with exit seating regulations or not suitable determined by cabin crew or other persons designated in the operation manual. (FSR Attachment 8.4.7.9)

'본 정보는 국토교통부 고시에 의거하여 제작되었고 국토교통부 장관의 승인을 득하여 운영됨'

P/N : 388S - 04 Revision Date : March 20. 2015

KOREAN AIR

▲ 비상구 좌석 착석 승객 적정성 기준

To Be More Professional Crews!

Push Back

객실 사무장이 항공기 출발을 위한 객실 내 모든 준비를 마쳤음을 기장에게 보고하여 항공기가 이륙을 위해 터미널에서 뒤쪽으로 Tug Car에 의해 분리되는 것을 Push Back이라고 한다.

객실 내 모든 준비라 함은 Cart 및 기물, 서비스 용품의 정위치 보관, 승객의 짐 보관 상태, 좌석벨트 착용 상태, 등받이 원위치 상태, 선반의 닫힘 상태, 항공기 Door Safety Check 지시에 따른 Slide Mode 팽창위치로 변경 – R Side, L Side 담당 승무원 상호 확인 – All Attendant Call에 응답하여 Safety Check 완료 보고, 승객 착석 확인 등을 포함한다.

사무장은 최종적으로 객실의 이륙 준비를 확인하고, 기장에게 Push Back 준비가 완료되었음을 보고한다.

9 이륙 전 비정상 상황 대처

1) 좌석 중복 승객 안내

같은 좌석을 중복해서 배정받은 승객이 발생한 경우, 각 승객의 탑승권에서 날짜, 편명, 이름, 좌석번호를 확인하고, 좌석 중복 배정으로 판명되면 정중히 사과한다. 그리고 신속히 지상 직원에게 좌석 재배정을 요청하고, 담당 승무원은 조정된 좌석으로 해당 승객을 안내한다.

좌석 중복 승객을 응대하는 절차를 요약하면 다음과 같다.

- 각 승객의 탑승권에서 날짜, 편명, 이름, 좌석번호를 확인한다.
- 나중에 탑승한 승객에게는 갤리 근처에서 기다리도록 하며 Jump Seat에 착석할 경우 비상구를 가려 안전 규정에 위배될 수 있으므로 Jump Seat로 안내하지 않는다.
- 객실 사무장에게 보고한다.
- 객실 사무장은 지상 직원에게 좌석 재배정을 요청한다.
- 담당 승무원은 재배정한 좌석으로 승객을 안내한다.
- 좌석에 여유가 있는 경우 나중에 탑승한 승객을 선호 좌석으로 안내한다.

2) 좌석 분리 승객 응대

승객 탑승 중 좌석 분리 승객이 자리 변경을 요청하는 경우, 항공기 출발시각까지 시간 여유가 있는 경우에는 운송 직원과 협의하여 재조정한다. 그러나 항공기 출발시각까지 좌석 조정이 불가한 경우에는 운송 직원으로부터 전달받은 관련 정보를 활용하여 이륙 후에 조치한다. 이륙 후 조정하게 될 때는 해당편 좌석 상황을 확인하고 다른 승객의 동의를 받은 후 좌석이 재배정될 수 있음을 안내한다.

비행 중 좌석 재배정을 원하는 승객이 있는 경우, S.H.R을 참조하여 해당편 좌석 상황을 확인하고 주위 승객들의 동의를 얻어 재배정한다. 특히 다른 승객의 좌석 변경 협조를 구해야 하는 경우 혼자 여행하는 승객을 대상으로 의향을 물을 수 있으나 탑승 전에 좌석 변경 불가를 요청한 승객에게는 협조를 구하지 않는다.

3) Tarmac Delay(활주로 지연) 시 승객 응대

(1) Tarmac Delay의 개요

Tarmac Delay Rule이란 미국 교통부(Department of Transportation, DOT)의 Tarmac Delay Rule(활주로 지연 규정)에 따라 괌을 포함하여 미국지역을 출발/도착하는 모든 항공편이 활주로 이동 중 지연 상황이 발생하는 경우 승객에게 제공하는 서비스를 말한다. Tarmac Delay Rule에 따라 지연 발생 4시간 내 승객이 하기할 기회를 제공해야 하며 2시간 내 간식 및 물을 포함한 음료수를 제공해야 한다.

(2) 주의사항

활주로 지연 시 지연 사유와 후속조치에 대한 정확한 안내와 기내 방송을 주기적으로 하여 승객 불만을 최소화한다. 또 지연이 지속되어 의료진의 도움이 필요한 승객 발생 시 즉각 의료 서비스를 받을 수 있도록 조치한다. 이외에도 승객 불만사항이나 지연에 따른 연결편 상황 등 자세한 사실 관계를 기록하여 사후 보고 시 참고할 수 있도록 한다.

4) 국내 공항 지연 발생 시 승객 응대

(1) 국내 공항 지연 규정의 개요

Tarmac Delay Rule과 같은 맥락으로, 국내 공항 이동 시 지연이 발생한 경우 국토교통부 '항공교통이용자 보호기준'에 규정된 서비스를 탑승 승객에게 제공해야 한다. 그 내용은 승객을 탑승시킨 상태로 국내선은 3시간, 국제선은 4시간을 초과하여 이동 지역 내에서 지연해서는 안 된다는 것이다. (지연기준은 항공기 문이 닫힌 후 이륙 전까지/항공기 착륙 후 하기를 위해 문이 열릴 때까지의 지연이며, 기상 상태나 정부기관의 지시가 있는 경우, 안전/보안상의 사유, 승객 하기가 공항 운영에 혼란을 초래할 수 있다는 정부기관 의견이 제시된 경우의 지연은 예외로 한다.)

(2) 주의사항

공항 지연 시간이 30분 지날 때마다 지연 사유와 자세한 후속조치에 대한 기내 방송을 하며 2시간이 지속되는 경우는 기장에게 확인 후 서비스 가용 시간이 있다고 판단되면 음식물을 제공한다. Tarmac Delay 경우와 마찬가지로 보고해야 하는 구체적 상황을 기록하여 참고하도록 한다.

QUIZ

1. 승객 탑승 시 대기 위치와 자세를 설명해 보자.

2. 탑승구에서 승객에게 하는 환영인사와 탑승권 확인 요청, 좌석 안내를 시연해 보자.

3. 추가 좌석 구매 없이 유아를 동반한 승객에게 좌석벨트 착용법을 안내해 보자.

4. 상위클래스 승객이 Ottoman에 착석해 있다면 어떤 안내를 해야 하는지 설명해 보자.

5. Overwing Window Exit열 승객 좌석이 등받침이 젖혀지지 않는다고 문의한 경우 어떻게 대답해야 하는지 설명해 보자.

6. 기내 선반 사용 시 주의점을 설명해 보자.

7. 탑승 시 초과 휴대 수화물은 어떻게 처리하는지 설명해 보자.

8. 기내 반입이 제한적으로 가능한 품목은 무엇이며 조건은 어떻게 되는지 설명해 보자.

QUIZ

9 유아동반 승객이 탑승했다면 어떤 안내를 해야 하는지 설명해 보자.

10 국제선에서 별도의 좌석을 추가 구매하지 않은 경우 유아 승객의 요금과 적용 범위는 어떻게 되는지 설명해 보자.

11 임신부의 경우 항공 여행이 불가한 임신 주수는 언제부터인가?

12 시각장애가 있는 승객을 안내하는 요령을 설명해 보자.

13 지팡이를 들고 있는 승객이 보관을 요청할 경우 어디에 보관이 가능한지 설명해 보자.

14 장애 고객 보조동물과 감성적, 정서적 장애 고객 보조동물의 차이는 무엇인가?

15 S.H.R(S.S.R)에 UM으로 표기된 승객이 있다면 어떻게 응대해야 하는지 설명해 보자.

16 Pet 동반 승객 응대 시 주의할 사항을 설명해 보자.

QUIZ

17 이륙을 위해 항공기 도어를 닫은 후 객실 사무장이 전 승무원에게 Safety Check을 요청했을 경우 승무원이 행해야 하는 일련의 절차를 설명해 보자.

18 비상구 좌석 착석 승객의 적정성에 대해 설명해 보자.

19 Push Back이란 무엇인지 설명해 보자.

20 30 Seconds Review란 무엇이며 어느 시점에 취하는 행동인지 설명해 보자.

21 좌석이 중복된 승객이 있다면 어떻게 응대해야 하는가?

22 Tarmac Delay란 무엇인지 설명해 보자.

부록

1 기내 특별식의 종류와 약어

약어	내용	
AVML	Vegetarian Hindu Meal	인도 채식
BBML	Baby Meal	유아식
BLML	Bland Meal	연식(유동식)
CHML	Child Meal	아동식
DBML	Diabetic Meal	당뇨식
FPML	Fruit Platter Meal	과일식
GFML	Gluten Intolerant Meal	글루텐 제한식
HNML	Hindu Meal	힌두교식
ICML	Infant Child Meal	유아용 아동식
KSML	Kosher Meal	유대교식
LCML	Low Calorie Meal	저열량식
LFML	Low Fat Meal	저지방식
LSML	Low Salt Meal	저염식
MOML	Moslem Meal	회교도식

약어	내용	
NLML	Low Lactose Meal	유당제한식
RVML	Raw Vegetarian Meal	생야채식
SFML	Seafood Meal	해산물식
SPMA	Anniversary Cake	기념 케이크
VGML	Vegetarian Vegan Meal	엄격한 서양 채식
VJML	Vegetarian Jain Meal	엄격한 인도 채식
VLML	Vegetarian Lacto-Ovo Meal	서양 채식
VOML	Vegetarian Oriental Meal	동양 채식

2 S.H.R(S.S.R) 약어

약어	내용	
ALGY	Allergy Information	알레르기 승객
AVIH	Animal In Hold	화물칸에 반입된 반려동물
BLND	Blind	시각 장애 승객
BRDC	Bird in Cabin	객실에 반입된 새
BSCT	Bassinet/Carrycot/Baby Basket	유아용 침대(요람)
CBBG	Cabin Reserved Seat Baggage	좌석 예약 휴대 수하물
CHLD	Child	어린이
CIP	Commercial Important Passenger	거래처 중요 인사
CRDH	유아용 고정 벨트	Baby Harness 서비스
CRDS	유아용 안전의자	Baby Seat 서비스

약어	내용	
CREW	Crew	승무원
DEAF	Deaf	청각 장애 승객
DEPA	Deportee-Accompanied by an Escort	호송관 동반 추방자
DEPU	Deportee-Unaccompanied	호송관 비동반 추방자
ESAN	Emotional Support/Psychiatric Assistance Animals	감성적, 정서적 장애 고객 보조동물
EXST	Extra Seat	(보유공간 확보를 위해) 추가 좌석 구매한 (경우)
FMLY	Family Care 서비스	특화서비스의 일종
GTR	Government Travel Request	공무항공운송의뢰
I/U	Involuntary Up Grade	비자발적 승급
IFS	Inflight Sales	기내면세품 사전 주문 서비스
INAD	Inadmissible Passenger	입국 또는 통과 상륙이 거절된 승객
INFT	Infant	0~2세 미만 유아
L/O	Lay Over	승무원이 모기지에서 하루 이상 휴식 후 비행하는 것
M/A, MAAS	Meet and Assist	특별 고객에 대한 공항 영접 및 지원
M/D	Main Deck	객실 1층
MAINT	Maintenance	정비
MCT	Minimum Connecting Time	최소연결시간(환승)
MSG	Message	메시지
NOSH	No Show	예약을 하고 발권하지 않은 경우(예약 부도)

약어	내용	
NOSUB	Not Subject To Load	(무임 또는 할인 항공권임에도) 예약 확약이 되는 조건
NRC	No Record	예약이 확약된 항공권을 소지한 승객의 정보가 항공사 예약 시스템에 없는 것을 의미
OBD	On Board	탑승하다
OXYG	Oxygen	스트레처 승객용 산소 장비
P/P	Passport	여권
PAX	Passenger	승객
PETC	Pet in Cabin	객실 반입 반려동물
PRST	Preferable Seat	선호 좌석
PTN	Portion	구간
QLTY	Quality	품질
QNTY	Quantity	수량
R/C	Ramp Controller	주기장 관제사
RCFM	Reconfirm	재확인하다
RMKS	Remarks	참고사항
RPA	Restricted Passenger Advice	운송 제한 승객
RSVN	Reservation	예약
RTN	Return	되돌리는 것(Ramp Return은 탑승구로 다시 돌아오는 것을 의미하며 운항 중 Return은 회항을 의미함)
S/U	Show Up	정해진 지점에 도착하는 것(예약 승객이 해당 항공편에 정시 발권 및 탑승하는 것)
STCR	Stretcher Passenger	앉아서 이동이 어려운 환자 승객

약어	내용	
SUBLO	Subject To Load	(무임 또는 할인 항공권임에도) 예약 확약이 되는 조건인 NOSUBLO와 달리 무임 또는 할인 항공권인 관계로 예약 확약이 되지 않는 조건
SVAN	Service Animal	장애인 보조동물
TWOV	Transit Without VISA	무비자 환승
UMNR	Unaccompanied Minor	성인 비동반 소아
VIP	Very Important Passenger	중요 인사
VOCP	VOC Received PAX	고객 제언이 채택된 승객(Voice of Customer, 즉 고객의 불만 및 칭송사항을 회사에 제언한 고객)
WCHC	Wheelchair for Cabin	객실 이동 시 휠체어가 필요함

3 국외 항공사 IATA 코드와 국적

항공사	IATA 코드	국적
Aero Mexico	AM	Mexico
Aeroflot	SU	Russia
Aerolineas Argentinas	AR	Argentina
Air Canada	AC	Canada
Air China	CA	China
Air Europa	UX	Spain
Air France	AF	France
Alaska Airlines	AS	United States
Alitalia	AZ	Italy

항공사	IATA 코드	국적
British Airways	BA	United Kingdom
Cathay Pacific	CX	Hong Kong
China Airlines	CI	Taipei
China Cargo Airlines	CK	China
China Eastern Air	MU	China
China Southern	CZ	China
Czech Airlines	OK	Czech Republic
Delta Airlines	DL	United States
Egypt Air	MS	Egypt
Emirates	EK	Arab Emirates
Garuda Indonesia	GA	Indonesia
Hawaiian Airlines	HA	United States
Japan Airlines	JL	Japan
Kenya Airways	KQ	Kenya
KLM Royal Dutch Airlines	KL	Netherlands
Korean Air	KE	Korea
Lan	LA	Chile
Lufthansa	LH	Germany
Malaysia Airlines	MH	Malaysia
Miat Mongolian Airlines	OM	Mongolia
Rossiya Airlines	FV	Russia
Saudi Airlines	SV	Saudi Arabia
Shanghai Airlines	FM	China

항공사	IATA 코드	국적
Uzbekistan Airways	HY	Uzbekistan
Vietnam Airlines	VN	Vietnam

4 국내 항공사 IATA 및 ICAO 코드

항공사	IATA 코드	ICAO 코드
Korean Air Lines Co. Ltd.	KE	KAL
Asiana Airlines, Inc.	OZ	AAR
Air Busan	BX	ABL
Jeju Air Co. Ltd.	7C	JJA
T'Way Air Co. Ltd.	TW	TWB
Air Seoul, Inc.	RS	ASV
Eastar Jet Co. Ltd.	ZE	ESR
Jin Air Co. Ltd.	LJ	JNA

5 국내 공항코드와 소재지

공항코드	공항	소재지
ICN	인천	인천
GMP	김포	서울
PUS	부산 김해	부산
CJU	제주	제주

공항코드	공항	소재지
CJJ	청주	청주
HIN	진주/사천	진주
TAE	대구	대구
USN	울산	울산
KPO	포항	포항
KWJ	광주	광주
RSU	여수/순천	여수
KUV	군산	군산
WJU	원주/횡성	원주

6 국외 공항 및 도시코드와 소재지

미주

공항코드	도시코드	소재지	공항명
ANC	ANC	Anchorage	Ted Stevens
ATL	ATL	Atlanta	Hartsfield Atlanta
DFW	DFW	Dallas	Fortworth
GRU	SAO	Sao Paulo	Guarulhos
HNL	HNL	Honolulu	
IAD	WAS	Washington D.C.	Dulles
IAH	HOU	Houston	George Bush
JFK	NYC	New York	John F. Kennedy

<table>
<tr><th>공항코드</th><th>도시코드</th><th>소재지</th><th>공항명</th></tr>
<tr><td>LAS</td><td>LAS</td><td>Las Vegas</td><td>McCarran</td></tr>
<tr><td>LAX</td><td>LAX</td><td colspan="2">Los Angeles</td></tr>
<tr><td>MIA</td><td>MIA</td><td colspan="2">Miami</td></tr>
<tr><td>ORD</td><td>CHI</td><td>Chicago</td><td>O'hare</td></tr>
<tr><td>SEA</td><td>SEA</td><td>Seattle</td><td>Tacoma</td></tr>
<tr><td>SFO</td><td>SFO</td><td colspan="2">San Francisco</td></tr>
<tr><td>YVR</td><td>VAN</td><td colspan="2">Vancouver</td></tr>
<tr><td>YYZ</td><td>TOR</td><td>Toronto</td><td>Lester B. Pearson</td></tr>
</table>

유럽

<table>
<tr><th>공항코드</th><th>도시코드</th><th>소재지</th><th>공항명</th></tr>
<tr><td>CDG</td><td>PAR</td><td>Paris</td><td>Charles De Gaulle</td></tr>
<tr><td>FCO</td><td>ROM</td><td>Rome</td><td>Leonardo Davinci
Fiumicino</td></tr>
<tr><td>FRA</td><td>FRA</td><td>Frankfurt</td><td>Main</td></tr>
<tr><td>IKT</td><td>IKT</td><td colspan="2">Irkutsk</td></tr>
<tr><td>IST</td><td>IST</td><td colspan="2">Istanbul</td></tr>
<tr><td>LED</td><td>LED</td><td>St. Petersburg</td><td>Pulkovo</td></tr>
<tr><td>LGW</td><td>LON</td><td>London</td><td>London Gatwik</td></tr>
<tr><td>LHR</td><td>LON</td><td>London</td><td>Heathrow</td></tr>
<tr><td>MAD</td><td>MAD</td><td colspan="2">Madrid</td></tr>
<tr><td>MXP</td><td>MIL</td><td>Milan</td><td>Malpensa</td></tr>
<tr><td>ORY</td><td>PAR</td><td>Paris</td><td>Paris Orly</td></tr>
<tr><td>PRG</td><td>PRG</td><td>Prague</td><td>Ruzyne</td></tr>
</table>

공항코드	도시코드	소재지	공항명
SPL	AMS	Amsterdam	Schipol
SVO	MOW	Moscow	Sheremetyevo
TLV	TLV	Tel Aviv	Ben Gurion
VIE	VIE	Vienna	
VVO	VVO	Vladibostok	
ZRH	ZRH	Zurich	Kloten

중국

공항코드	도시코드	소재지	공항명
CAN	CAN	Guangzou	Baiyun
CSX	CSX	Changsa	
DLC	DLC	Dalian	Zhoushuizi
HKG	HKG	Hongkong	
KMG	KMG	Kunming	
PEK	BJS	Beijing	
PVG	SHA	Shanghai	Pudong
SHA	SHA	Shanghai	Hong-qiao
SHE	SHE	Shenyang	
SYX	SYX	Sanya	Sanya Pheonix
SZX	SZX	Shenzhen	
TAO	TAO	Qingdao	Liuting
TNA	TNA	Jinan	
TSN	TSN	Tianjin	Binhai

공항코드	도시코드	소재지	공항명
URC	URC	Urumqi	Diwopu
WEH	WEH	Weihai	Da Shui Po
WUH	WUH	Wuhan	
XMN	XMN	Xiamen	
YNJ	YNJ	Yanji	
YNT	YNT	Yantai	Yantai Laishan
TXN	TXN	Huangshan	Tunxi
NKG	NKG	Nanjing	Lukou

일본

공항코드	도시코드	소재지	공항명
AOJ	AOJ	Aomori	
AXT	AXT	Akita	
CTS	SPK	Sapporo	New Chitose
FSZ	FSZ	Shizuoka	
FUK	FUK	Fukuoka	
HKD	HKD	Hakodate	
HND	TYO	Tokyo	Haneda
KIJ	KIJ	Niigata	
KIX	OSA	Osaka	Kansai
KMQ	KMQ	Komatsu	
KOJ	KOJ	Kagoshima	
NGO	NGO	Nagoya	

공항코드	도시코드	소재지	공항명
NGS	NGS	Nagasaki	
NRT	TYO	Tokyo	Narita
OIT	OIT	OITA	Oita
OKJ	OKJ	Okayama	

동남아

공항코드	도시코드	소재지	공항명
BKI	BKI	Kota Kinabalu	
BKK	BKK	Bangkok	
CEB	CEB	Cebu	
CGK	JKT	Jakarta	Soekarno-Hatta
DPS	DPS	Denpasar Bali	Bali Ngurah Rai
HAN	HAN	Hanoi	
HKT	HKT	Phuket	
KTM	KTM	Kathmandu	Tribhuvan
KUL	KUL	Kuala Lumpur	Subang-Kuala Lumpur
ROR	ROR	Koror	Airai
MFM	MFM	Macau	
MNL	MNL	Manila	Ninoy Aquno
PEN	PEN	Penang	
PNH	PNH	Phnom Penh	
REP	REP	Siem Reap	
SGM	SGN	Hochiminh	Tansonnhat

공항코드	도시코드	소재지	공항명
SIN	SIN	Singapore	Chang I
TPE	TPE	Taipei	Chang Kai Shek
ULN	ULN	Ulaan Baatar	
DAD	DAD	Da Nang	
RGN	RGN	Yangon	
MAA	MAA	Chennai	
CNX	CNX	Chiang Mai	
CMB	CMB	Colombo	Bandaranaike
MLE	MLE	Male	

중동아프리카

공항코드	도시코드	소재지	공항명
DXB	DXB	Dubai	
RUH	RUH	Riyadh	King Khalid
JED	JED	Jeddah	King Abdulaziz
CAI	CAI	Cairo	
NBO	NBO	Nairobi	Jomo Kenyatta

대양주

공항코드	도시코드	소재지	공항명
AKL	AKL	Auckland	
BNE	BNE	Brisbane	
CHC	CHC	Christchurch	

공항코드	도시코드	소재지	공항명
SYD	SYD	Sydney	
NAN	NAN	Nandi	Nadi

7 항공사 IATA 및 ICAO 코드와 로고

IATA 코드	ICAO 코드	공식 명칭	로고
		Korea	
KE	KAL	Korean Air Lines Co. Ltd.	KOREAN AIR
OZ	AAR	Asiana Airlines, Inc.	ASIANA AIRLINES
BX	ABL	Air Busan	AIR BUSAN
7C	JJA	Jeju Air Co. Ltd.	JEJUair
TW	TWB	T'Way Air Co. Ltd.	t'way
RS	ASV	Air Seoul, Inc.	AIR SEOUL
ZE	ESR	Eastar Jet Co. Ltd.	EASTAR JET 이스타항공
LJ	JNA	Jin Air Co. Ltd.	JINAIR
		Canada	
AC	ACA	Air Canada	AIR CANADA
		United States of America	
DL	DAL	Delta Air Lines, Inc.	DELTA
WN	SWA	Southwest Airlines Co.	Southwest
AA	AAL	American Airlines	American Airlines

IATA 코드	ICAO 코드	공식 명칭	로고
China			
CA	CCA	Air China Limited	AIR CHINA
MU	CES	China Eastern Airlines	中國東方航空 CHINA EASTERN
CZ	CSN	China Southern Airlines	中国南方航空 CHINA SOUTHERN AIRLINES
CK	CKK	China Cargo Airlines Ltd.	中國貨運航空 CHINA CARGO AIRLINES
Hong Kong			
CX	CPA	Cathay Pacific Airways Ltd.	CATHAY PACIFIC
Indonesia			
GA	GIA	Garuda Indonesia	Garuda Indonesia
Thailand			
VZ	TVJ	Thai Vietjet Air Joint Stock Co., Ltd.	Thaivietjetair
Vietnam			
VN	HVN	Vietnam Airlines Corporation	Vietnam Airlines
VJ	VJC	Vietjet Aviation Joint Stock Company	vietjetair.com
United Arab Emirates			
EK	UAE	Emirates	Emirates
Netherlands			
KL	KLM	KLM Royal Dutch Airlines (Koninklijke Luchtvaart Maatschappij N.V.)	KLM

IATA 코드	ICAO 코드	공식 명칭	로고
France			
AF	AFR	Air France	AIRFRANCE
Qatar			
QR	QTR	Qatar Airways (W.L.L.)	QATAR AIRWAYS القطرية
Germany			
LH	DLH	Deutsche Lufthansa AG	Lufthansa
Malaysia			
MH	MAS	Malaysia Airlines Berhad d/b/a Malaysia Airlines	malaysia airlines
United Kingdom			
7C	COY	Coyne Airways Ltd.	coyne Airways
BA	BAW	British Airways P.L.C.	BRITISH AIRWAYS